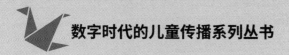
数字时代的儿童传播系列丛书

他山之石

未成年人数字安全保护与素养发展的国际实践

田　丽　等著

中国财经出版传媒集团

经济科学出版社
Economic Science Press

图书在版编目（CIP）数据

他山之石：未成年人数字安全保护与素养发展的国际实践/田丽等著 . -- 北京：经济科学出版社，2023.2

（数字时代的儿童传播系列丛书）

ISBN 978 - 7 - 5218 - 4554 - 9

Ⅰ . ①他…　Ⅱ . ①田…　Ⅲ . ①青少年保护 - 研究　Ⅳ . ①D912.74

中国国家版本馆 CIP 数据核字（2023）第 033052 号

责任编辑：崔新艳　胡成洁　梁含依
责任校对：陶立娜　王苗苗
责任印制：范　艳

他山之石：未成年人数字安全保护与素养发展的国际实践
TASHAN ZHISHI：WEICHENGNIANREN SHUZI ANQUAN
BAOHU YU SUYANG FAZHAN DE GUOJI SHIJIAN
田　丽　等著
经济科学出版社出版、发行　新华书店经销
社址：北京市海淀区阜成路甲 28 号　邮编：100142
经管中心电话：010 - 88191335　发行部电话：010 - 88191522
网址：www. esp. com. cn
电子邮箱：expcxy@ 126. com
天猫网店：经济科学出版社旗舰店
网址：http://jjkxcbs. tmall. com
北京季蜂印刷有限公司印装
710×1000　16 开　18.75 印张　350000 字
2023 年 2 月第 1 版　2023 年 2 月第 1 次印刷
ISBN 978 - 7 - 5218 - 4554 - 9　定价：85.00 元
（图书出现印装问题，本社负责调换。电话：010 - 88191510）
（版权所有　侵权必究　打击盗版　举报热线：010 - 88191661
QQ：2242791300　营销中心电话：010 - 88191537
电子邮箱：dbts@ esp. com. cn）

主要撰稿人

田　丽	陈馨婕	袁　圆
徐　滔	隋　垚	王之格
韩佳蕾	孙　妍	周慧颖
欧阳妤璐	张竞颖	罗敏纯

本书为国家社科基金重大项目"中国特色网络内容治理体系及监管模式研究"（18ZDA317）的阶段性成果。

《数字时代的儿童传播系列丛书》
总　　序

　　媒介是儿童重要的成长环境，媒介与儿童成长之间的关系密不可分。儿童依托媒介汲取知识，每一次媒介的变革均会给儿童带来重大的影响：纸媒时代，因阅读的壁垒，社会更关注儿童信息的丰富性与内容的正当性；大众传媒时代，电视对儿童的影响日益加深，关于儿童和媒介的研究逐渐兴起，电视节目的内容、时长和质量会对儿童的心智启蒙、情感培养、个性塑造等方面产生潜移默化的影响，涵化理论、社会学习理论、发展心理学等均为分析儿童与媒介的关系提供了重要的理论依据；互联网时代，新媒体的普及使得儿童的成长环境发生巨变，新媒体改变了儿童处理信息、接收信息的方式，新媒介环境的复杂性深刻影响着儿童的社交能力、注意力、认知能力和价值观，媒介素养、数字鸿沟等理论也随着技术的发展不断拓展外延。

　　儿童是站在数字时代最前沿的群体。儿童数字媒介实践已经成为儿童日常生活的重要组成部分，影响着他们的发展，加速他们认识世界的进程。然而，数字技术与网络连接使得儿童的安全、隐私和身心健康面临巨大风险，如网络欺凌、不良内容、网络诈骗等风险，很多传统线下风险在线上延伸并放大，让身心发育尚未成熟的儿童更加脆弱，甚至对他们的身心健康造成严重损害。因此，探讨如何保护儿童数字安全日益成为不容忽视的时代议题。儿童是国家的未来、民族的希望，我们迫切需要更加关注媒介与儿童的关系，了解数字世界中各种风险与挑战，整合网络空间治理和数字素养教

1

育开展的实践经验，探索如何在数字世界中实现儿童的全面保护与发展。过往研究大多是从某一个角度或者侧面纵向展开，分析数字媒介对儿童的影响，但横向研究尚不充分。当下迫切需要的是对数字时代儿童的传播问题进行系统性的研究，以更好地服务于我国的治理实践，提升社会大众的未成年人保护责任意识，维护儿童数字权益与安全。在此情况下，本丛书应运而生，它集合了一系列探讨儿童数字安全、风险与机遇的话题，为读者了解儿童数字生活提供了更加丰富的视角和思考方式。

《数字时代的儿童传播系列丛书》对传播、政治、法律、公共管理等多个领域展开交叉研究，综合理论研究、实证研究、案例研究、调研报告、政策研究等多种形式，将现代儿童数字安全保护领域的研究成果融为一体，相互呼应，互相补充，为读者提供一个全面、深入、前瞻性的视角，探讨数字时代儿童传播的现状和挑战。本丛书的核心理念是为儿童的数字生活实践护航，通过开放和共享研究成果，向社会提供实用性的指南，从而将儿童遭受数字安全风险的可能性降到最低，将他们从中获得的机遇扩展到最大。

儿童数字安全保护与素养发展是一项公共事业，只有政府、学校、企业、家庭各责任主体均参与其中，才有可能为儿童创造一个更加安全、友好、积极的数字世界，推进儿童福祉，实现儿童自我价值的提升。本系列丛书仅是开端，我们相信，未来的世界将会是一个对未成年人更加友好型的世界，数字政策、实践和产品将会更多地考虑儿童权益，更好地体现儿童需求、儿童视角和儿童声音。

序

　　人类进入信息时代，未成年人的数字安全保护和数字素养提升成为重要的时代命题，不仅关乎未成年人健康及家庭和谐，也关系到国家的持续竞争力。数字世界里的未成年人保护秉承了未成年人保护的历史传统，也面临着诸多新的问题与挑战。

　　本书通过考察美国、欧盟、德国、法国、荷兰、英国、日本、韩国、新加坡、澳大利亚十个国家在保护未成年人网络安全和促进未成年人数字素养提升方面的政策与实践，从国家战略、政策法规、组织机构、方法措施等方面总结他国经验。此外，本书聚焦不良信息、网络暴力、网络色情与性犯罪、个人数据与隐私安全等重点问题，总结了不同国家的应对策略。

　　未成年人数字安全保护与数字素养发展是一个时代命题，也是一个全球命题。他国经验对于丰富学术界的认识、提升国家治理现代化水平具有重要意义。从国家层面全面认识数字时代未成年人保护与发展问题意义重大。本书旨在将对未成年人数字安全与素养的研究从微观层面上升到国家和时代的层面，并为相关政策的制定提供依据和借鉴。

　　本书是集体智慧和团队合作的成果，集合了具有传播学、情报学、法学等学科背景以及熟练掌握英语、日语、俄语、韩语等语种的成员，以期通过对一手资料和原始文献的分析呈现世界主要国家关于未成年人数字安全与数字素养战略政策、法律法规、监管体系、教育宣传方面的真实情况。此外，研究中调查了九个国家以及一个国际组织的情况，书中采取框架统一与个体特色相结合的办法，有的国家重在阐释治理体系，有的国家详细梳理了法律条款，有的国家重点介绍了关键问题的处理方式。国家间未成年人数字安全保护实践的差异反映了它们在国情和经济、文化与法治传统方面的不同，同时也表明当前各国在未成年人数字安全治理工作方面均有所侧重。而跨国家的未成年人保护组织的活跃、区域性的数字安全治理协作则为我国未成年人保护工作提供了新的启发。未成年人数字安全保护与素养教育在世界范围内有其共性，在解决未成年人普遍面临的数字安全问题时，他山之石，可以攻玉，开展多元化的社会协作，推动研究成果与技术资源共享，将有助于完善我国的治理体系，实现未成年人利益最大化。

目　录
CONTENTS

第 1 章

全 球 概 况

随着信息技术的迅猛发展和数字产品的普及，未成年人作为"数字原住民"在享受新技术带来的种种便利的同时，也日益暴露在网络风险之下。全球约 1/3 的未成年人是互联网用户，联合国儿童基金会 2019 年发布的《在一个连接的世界中成长》（*Growing Up in a Connected World*）报告显示，近 1/3 的未成年人曾遭遇网络风险，女孩面临的风险更大。2021 年，南非开普敦大学儿童研究所（Children's Institute，University of Cape Town）与联合国儿童基金会南非办事处等共同出版的《南非儿童量表》（*The South African Child Gauge*）专门以"未成年人心理健康"（child and adolescent mental health）为主题，引发了大量的研究，许多研究发现越来越多的公众开始关注数字技术对未成年人互动能力的影响，以及过长时间使用社交媒体导致未成年人出现抑郁、自残、自杀等心理问题的可能性。

数字技术并非总是洪水猛兽，数字技术和数字能力已成为数字时代人们的核心素养，甚至关乎国家竞争力，影响国家在数字时代中的全球地位和影响力。因此，世界各国和地区①普遍高度重视对未成年人的数字安全保护与持续健康发展，把未成年人数字安全保护与素养发展融入国家战略，不断完善未成年人数字保护的法律体系，完善组织体系建设，精进管理手段，强化

---

① 本书所指的世界各国和地区主要以美国、欧盟、德国、法国、荷兰、英国、日本、韩国、新加坡、澳大利亚为代表。

数字安全典型问题的保护实践，重视宣教培训体系，从各方面关心未成年人的发展。

1.1 把未成年人数字安全与素养发展 上升为国家战略

国家战略是为维护和增进国家利益、实现国家目标而综合发展、合理配置和有效运用国家力量的总体方略（王莺等，2018）。国家战略不仅应包含国家战略的全部要素，即国家利益、国家目标、国家力量和国家政策，还应当有对国家力量的发展、分配和使用（薄贵利，2015）。战略具有全局性、长远性和系统性。随着时代的发展和环境的改变，国家会对一定时期的战略进行调整。当今世界，科技是国家竞争力的重要支撑，人才是科技进步的重要力量。随着数字时代的来临，数字化对国家的战略意义越来越重要，人才在国家数字化发展中的重要性也越来越突出。因此，世界各国和地区把未成年人数字安全与素养发展列入国家战略中，并认为未成年人的数字安全与素养发展事关国家的数字战略、安全战略、人才战略。

1.1.1 把未成年人数字战略融入国家数字战略

数字战略是世界各国和地区应对数字化浪潮的重要举措，英国、法国、德国、日本、新加坡等国均提出了数字战略（如《英国数字战略》《数字法国2020》《德国数字战略2025》等）。培养具有高度数字能力的未成年人是国家数字战略的重要组成部分，相关战略把未成年人数字安全和素养发展视为谋求竞争新优势的方向，深入推动国家数字战略发展。例如，在数字安全的视角下，《英国数字战略》明确规定保障未成年人数字安全的重要内容，将未成年人数字安全纳入国家网络安全战略，保护未成年人免受不当或有害信息的侵害；新加坡的《网络安全战略2021》强调人才要素在网络安全战略中的地位，重在培养年轻人的网络安全意识。在素养发展的视角下，《日本振兴战略2016——迈向第四次工业革命》高度重视数据型、创新型人才的培养，以加强本国的数字技能与人才队伍建设，《德国数字战略2025》也明确了对未成年人开展算法编程教育的重要性。

1.1.2　把未成年人数字安全提升到战略安全高度

在互联网加剧世界各国联系的同时，非传统安全问题向网络空间的延伸也使得国与国之间的安全问题成为需要解决的重点问题之一。数字安全关乎国家安全，未成年人的数字安全问题不仅关乎个人健康和社会和谐稳定，也越来越成为国家安全的题中应有之义。一方面，利用数字文化产品、数字流行文化以及数字服务对"他国"未成年人施加影响，成为意识形态斗争的重要方式；另一方面，未成年人在网络空间活动中形成的数字资源也成为战略安全部门、商业组织等争夺的对象。由此可见，未成年人的数字安全已经成为非传统安全问题的一个重要内容，关注未成年人的数字安全对国家战略安全意义重大。

1.1.3　数字素养教育日渐占据人才战略重要位置

当前国际竞争的实质是以经济和科技为基础的综合国力的较量，归根到底是人才的竞争。进入数字时代，公民的数字素养和数字能力成为人才竞争的核心要义，关乎数字时代劳动力的水平和层次。适应技术革命的创新型数字人才队伍建设成为国家数字化、信息化战略的一部分。有的国家将协调网络人才的供需、提高信息通信教育的广度与深度纳入国家战略，如荷兰的《国家网络安全战略2》；也有的国家认为教育信息化和数字素养的教育培训是人才战略的重要内容，以促进国家教育信息化为主要目标，使教学手段科技化、教育传播信息化、教学方式现代化，如美国《国家教育技术计划》引领美国教育信息化发展方向。此外，也有部分国家的人才战略（如韩国《中小学教育信息化综合计划》、荷兰《数字议程：初等教育和中等教育》等）是开展基础教育信息化布局。这些国家深刻意识到数字素养教育须从中小学生抓起，在完善数字时代下的教育体系的同时，为国家培养适应数字时代的人才。

1.2　未成年人数字保护的法律体系

世界各国和地区普遍通过健全法律体系保障未成年人的数字安全。鉴于各国国情、法律传统不同，此部分基于各国的立法现状，对世界各国和地区的未成年人数字保护法律体系进行分析。世界各国和地区一般根据两种保护理念、两种立法传统、多层次的法律法规与行业规范，健全未成年人数字保护的法律体系。

1.2.1　两种理念：中立原则与特殊保护

世界各国和地区关于未成年人数字保护有两种基本的理念：一种是以日本、荷兰、美国为代表的国家，强调"中立原则"，不对未成年人进行特殊保护；另一种是以新加坡、韩国、英国、德国、法国、澳大利亚为代表的国家，强调未成年人"特殊保护"原则，把未成年人视为需要被保护的特殊群体，在立法过程中予以特殊照顾。

"中立原则"是指不对未成年人进行特殊照顾，强调保护公民的基本权利，不会因为未成年人而侵犯成年人权利。秉持"中立原则"的国家有的是因为在保护未成年人数字权利的同时会有违反本国宪法的风险（如美国《通信规范法》等），故而持有"中立原则"；有的是为了将本国的网络空间建立成为适合全社会的绿色空间（如日本、荷兰等），约束全体公民的网络行为，所以不单独保护未成年人。这些国家通常对网络环境和数字行为的相关立法采取谨慎态度，因秉持多数公民利益为先的理念，所以立法过程均较为曲折，但少数通过立法的法律会成为本国强有力的执法基石（如美国《儿童网络隐私保护法》[①]、日本《青少年安全安心上网环境建设法》等）。

"特殊保护"原则将未成年人视为需要特别照顾的群体，尤其需要在充满网络风险的环境下加以保护，以新加坡、韩国、英国、德国、法国、澳大利亚等国家为代表。持"特殊保护"原则的国家基本以成文法系为主，多以主题式法规建立本国的法律体系，这些既有法律的规范对象是全体公民。

---

① 原名为：Children's Online Privacy Protection Act of 1998，COPPA。

在对未成年人进行数字保护时，这些国家将未成年人单列，在既有法规中将未成年人作为"特例"补充，通过完善法条来保障未成年人的数字权利。可见，秉持"特殊保护"原则的国家拥有较为严格的未成年数字保护法律体系，体现出立法涉及内容广、犯罪惩处重的特点，如法国在商业开发法中落实保护"童星"的权利，德国和法国、韩国等通过完善刑法条例惩处网络犯罪。

1.2.2　两种传统：判例法系与成文法系

判例法系和成文法系最大的区别在于司法审理过程中适用的法律依据不同。判例法系的国家主要采用"遵循先例"原则，在这些国家中法官的地位显赫，法官会依据先例来裁决案件；成文法系的国家主要采用"依法判决"原则，法院依据成文案进行审判。另外还有一些国家混合采用这两种传统，形成了混合法，如日本、韩国等。

判例法系的主要依据由案例累积而成，它能为社会中的新问题提供一定法律方面的"前车之鉴"，因而在针对新出现的问题时，判例法具有更好的指导性。在快速发展的数字时代，判例法的高度应变性和灵活性使其能快速应对未成年人所面临的网络风险，在面对新形态的网络犯罪时有较大优势，并能依据案例及时修正与完善相关概念的外延。如美国《梅根·梅尔网络欺凌预防法》是对美国 16 岁女生梅根·梅尔（Megan Meier）遭受网络欺凌后自杀案件的回应，涉及"网络欺凌"的修正与完善；韩国《"N 号房"事件防治法》是针对 2020 年的"N 号房"事件对未成年人性侵犯罪、线上传播性犯罪案件的完善立法。

成文法系重视法案的出台与修订，尤其强调法条的完整性，因此每一个细节几乎在法案中都有迹可循。尽管成文法从提案至确立通过的时间不定，但它一旦出台，就意味着这个相关领域不再是法外之地，且有较为完整的伦理规范（这对互联网领域至关重要）。成文法的优势在于它明确规定了个人权利（如未成年人的数字权利等）、违法的惩处措施等，能在最大限度上保护公民权益，对不法分子形成强有力的威慑作用。在未成年人数字保护中，成文法系国家以主题式立法为主，呈现两种立法特色：一种是"融合"，即把未成年人数字安全、数字权利等内容融入既有法律中，如法国、德国将网络性犯罪的相关内容纳入《刑法》；另一种是"新增"，即专项立法，专门针对新问题，对全体公民进行数据保护及规范，并将未成年人单列保护，如欧盟推出的《通用数据保护条例》对数据保护进行了严格的限制，但在涉及知情同意时将关于未成年人的部分单列。

1.2.3 多层依据：法律法规与行业规范

世界各国和地区涉及未成年人数字保护的法律法规与约束性文件的来源主要可以分为五大类：一是《宪法》等基本法规定或保障的权益；二是未成年人保护方面的专项法律；三是传播和媒体方面的法律法规；四是数字安全方面的法律法规；五是行业协会或其他社会组织发布的规则。

1.《宪法》等基本法规定或保障的权益

联合国《儿童权利公约》缔约国的立法、修法过程基本遵守未成年人保护的两大基本原则，即儿童权益最大化和儿童优先，多为未成年人单独立法。但也有些国家没有在缔约国中，这些国家根据本国《宪法》等基本法的规定来保障未成年人的权益，包括保障儿童的生存权、受教育权、决定权、休息权、教育权以及成年后获得创造性收入的权利等。

世界各国和地区基本以《宪法》确立保护未成年人的精神，以《民法》明确未成年人的保护权益，以《刑法》调整惩处力度。世界各国和地区在《宪法》层面上明晰未成年人的基本人权、国家亲权（德国强调国家在保护未成年人方面负有积极责任）、正当程序条款的权利（美国赋予未成年人请辩护律师的权利）等；在《民法》层面上，除确立儿童在家庭中具有独立人格权外，还具体化未成年人的年龄界定、经济权益以及数字权益（包含知情同意权、隐私权、被遗忘权等）内容；在《刑法》层面上，一是对《民法》所保护的权益视违法行为的情节严重性进行经济处罚、行政处罚或刑事处罚，二是严格管理未成年人相关犯罪行为，主要是从严管理网络色情、网络性犯罪等，少数国家（如法国）也把网络欺诈、网络欺凌等列入《刑法》范畴。

2. 未成年人保护方面的专项法律

未成年人被保护的权利多样，包括生命健康权、人身自由权、姓名权、肖像权、荣誉权、财产所有权及继承权等，在数字时代更包含了数字权利。未成年人的法律保护在以美国、日本、新加坡、韩国、德国、英国为代表的国家中呈现为集中立法模式，这些国家制定了系统性地保护未成年人权利的专项法律。

在专项法律中，世界各国和地区通过三个方面保护未成年人。一是明晰各社会主体的责任，确立国家、企业、社会组织、学校、家庭等在保护未成年人时应尽的责任与义务，包含了国家的监管之责、企业的社会责任、社会组织的宣教作用、学校的教育职能、家庭的监护权责等，如日本《青少年网络环境整治法》指出监护人的权责之重，认为父母除具备基本数字素养外，更对未成年人有监管之责。二是违法惩处方面的重新调整，世界各国和地区普遍加重了网络色情、网络性犯罪的量刑，包括经济处罚、行政处罚、监禁、有期徒刑等（如德国的《青少年保护法》）。三是注重未成年人的福祉与援助，世界各国和地区通过财政资金和专业服务把对未成年人的福祉保障向社会面延伸，如韩国《未成年人性保护法》鼓励举报犯罪行为并提供举报奖金，荷兰《青少年法》规定未成年人保护工作经费是由市镇政府从中央政府处获得的拨款，并规定政府要提供专门家庭教育支持等。

3. 传播和媒体方面的法律法规

世界各国和地区在传播和媒体方面的法律法规主要涉及四个方面。一是不允许发布不良信息内容，包括网络色情（如新加坡《互联网业务守则》）、恐怖暴力（如澳大利亚《2021 在线安全法》）、虚假信息（如法国《反假新闻法》）等内容。一旦监管者确信发布的内容属于不良内容，会要求服务商屏蔽、删除有关内容，并视情节严重程度处以经济处罚、行政处罚。二是不允许以任何方式（包括使用互联网）传播不良信息内容，这不仅是对个人行为的规范，美国、韩国等国家更是严厉打击出于商业目的介绍未成年人性剥削制品的行为，将传播性剥削制品的中介列为惩处对象。三是不允许持有儿童色情内容，在美国、欧盟，持有、下载等行为同样视为犯罪，会对违法者实施刑事强制措施。四是不允许互联网内容提供商或互联网服务提供商侵害用户数字权利。世界各国和地区都对互联网内容提供商或服务提供商提出了数据透明的要求。

4. 数字安全方面的法律法规

世界各国和地区对未成年人的数字保护呈现出"保护前置"和"从严从紧"的特点。一是要求数据透明（英国《数据保护法》等），即告知未成年人收集数据的目的、用途等信息，有些国家的法律明确规定了未成年人数据不得用于商业目的。二是"数据处理同意"（美国《儿童网络隐私保护法》、新加坡《个人数据保护法》、欧盟《通用数据保护条例》等）规定收集和使用未成年人数据需要征得父母或监护人的同意。三是"被遗忘权"，主要对在线服务公司或相关数据的控制者等做出清除未成年人数字世界里相关信息的要求。

5. 行业协会或社会组织发布的规则

行业协会或其他社会组织发布的规则按性质可分为内容自律与行为自律。其中，内容自律规则又可划分为两大类。一类是针对内容本身制定的规章制度，通过对年龄的划分制定适宜对应年龄的内容分级，如面向游戏的北美娱乐软件分级委员会（Entertainment Software Rating Board，ESRB）分级制度、韩国游戏分级制度、荷兰视听作品分级标准"Kijkwijzer"。另一类是针对从业者制定的从业者守则规范，要求从业者所做的内容符合职业标准、工作行为合乎数据使用的伦理道德，如英国 BBC《编辑指南》、新加坡《行业内容操作守则》等。行为自律规则属于引导相关企业履行社会责任的倡议，例如自我监管约束自身行为（如欧盟《青少年和儿童更安全使用移动设备的欧洲框架》、美国《NAI 行为准则》），履行对未成年人保护前置的义务（如日本《未成年人保护指南》）。

1.3 未成年人数字保护的组织体系

政府是未成年人数字保护的协调者和管理者，社会组织是未成年人数字安全知识与行动的普及者、引领者，企业是未成年人数字保护技术的创新者和开拓者。除政府机构外，许多社会组织、企业也以自己的方式参与未成年人数字安全与发展实践，共同形成系统的数字保护组织体系。

1.3.1 政府机构

为切实保障未成年人数字安全，一些国家追加媒体与通信管理部门的责任，或成立专门机构负责具体事项。以上机构分为两种，一种是以特殊人群为核心，在负责未成年人保护与发展的综合事务中增加数字保护职能，例如澳大利亚网络安全专员办公室、英国儿童数字专员办公室及德国联邦青少年媒体保护中心设立青年事务专员，他们以"代表未成年人的观点和最大利益"为己任，关注未成年人安全地开展数字生活实践。另一种是以特殊事项为核心，突出对未成年人的特殊保护，尤其在隐私保护和数据保护方面，如英国的数据保护监管机构——信息专员办公室（Information Commissioner's Office，ICO）专门针对未成年人制定了规范数字产品与服务开发的《适龄设计规范》（Age Appropriate Design Code）；法国的国家信息与自由委员会（Commission Nationale de l'Informatique et des Libertés，CNIL）关注未成年人数据保护的立法进展，积极推进"被遗忘权"法律的完善，并向政府提出了支持家长和专业人士保护未成年人数据安全的八条建议。

1.3.2　政府相关组织

为了促进服务政策和计划的落实，世界各国和地区基本采取有组织、有计划的自上而下的模式来连接政府和社会力量。这种模式以"政府买单、民间办事"为突出特征，通常由政府制定目标、承担职责，再交由依附于政府的社会组织开展具体活动。总体上，在德国、法国、英国、荷兰、新加坡、韩国较为常见。服务范围方面，该类政府相关组织又可分为两种类型。

一种是服务本国法律和政策需要建立的社会组织，以德国、法国、英国的组织为典型代表。该类组织由政府发起或提供资金支持，社会力量负责落实未成年人数字保护职责。以德国为例，政府承担青年工作的保护责任，有义务提供资金以支持社会组织发展，相关政策由地方政府设立的青年中心以及各社区的青年组织落实，保证社会组织在决策过程中充分参与（如莱茵兰－普法尔茨州设立未成年人媒体保护委员会）。此外，法国经国家教育部批准成立的电子儿童协会以及英国由政府主导并联合行业、学术界、慈善机构力量成立的儿童互联网安全委员会也较为典型。新加坡与韩国还将这种组织方式用于治理网络游戏中，针对未成年人网络游戏成瘾现象，成立相关的民间帮助中心，如新加坡国立成瘾治疗服务机构、韩国寄宿型网瘾治疗中心"网络梦想村"（국립청소년인터넷드림마을）。

另一种是服务于联盟体的战略，为协调各方力量、解决某类具体问题而产生的国际组织，这类组织在欧盟成员国中较为常见。欧盟于 1999 年启动了"更安全的互联网"计划（Safer Internet Programme），致力于从国际层面加强网络安全合作，打击威胁未成年人安全的各类网络风险；该计划还资助成立多国研究网络"欧盟儿童在线"（EU Kids Online），旨在协调专家力量，加强各界对数字安全的科学认识。

1.3.3　民间社会组织

民间社会组织具有专业、灵活、高效的特征，通过调动多方力量，协调社会资源，向政府、学校、家庭提供专业性的研究与服务、丰富的数字安全资源以及广泛的未成年人数字保护、发展渠道。世界各国和地区的社会组织均在未成年人保护中发挥着重要作用。美国未成年人数字保护方面的社会组织非常丰富，如常识媒体（Common Sense Media），该组织帮助美国未成年人提升数字素养、预测全球范围内将会对教育产生重大影响的新兴技术。日本的社会组织覆盖广泛，与未成年人数字安全、发展相关的社会组织有 50 余个，包括特定非营利法人（如群马县儿童安全网络活动委员会、NPO 信息安全论坛等）和一般社团法人（如安全网络研究所、安全可靠网络学校等）。

民间社会组织对未成年人数字保护领域的研究深入且具有专业性和针对性。在网络欺凌/网络暴力方面，韩国的 Sunfull 善帖分享团致力于治理网络暴力与恶意回帖问题，积极推广善意回帖活动。网络性犯罪方面，荷兰在线虐待儿童专家机构（Expertisebureau Online Kindermisbruik，EOKM）构建技术工具——哈希列表以防止未成年人性虐待材料的网络传播，英国预防儿童虐待协会（National Society for the Prevention of Cruelty to Children，NSPCC）作为全国最主要的儿童慈善机构，专门从事儿童保护工作，以消除一切线上和线下的虐待儿童现象为愿景。数字素养方面，德国由青年志愿者组成的"帮助少年的你"（JUUUPort. de）平台通过热线、线下志愿者互助的方式为青少年提供媒介使用建议。数据隐私方面，荷兰"收回你的隐私"基金会（Stichting Take Back Your Privacy）关注科技企业对个人数据收集与使用的合法性，针对涉嫌侵犯未成年人数据隐私的公司，联合其他非政府机构提出集体诉讼，要求损害赔偿，保护未成年人权益。

1.3.4　企业与行业组织

随着科技企业的综合实力以及对未成年人群体的影响力日渐增强，越来越多的国家和地区开始重视企业在数字保护事业中的作用。自我规制和技术监管是企业履行未成年人数字保护责任的两种方式。自我规制是指以企业为主建立履行社会责任的专门机构；技术监管以立法为主要方式，明确企业的法定责任与义务，通过让企业加入行业组织的手段获得社会支持。

行业协会是为企业提供合规服务和咨询建议的行业组织。企业为了强化自我规则，通常选择加入行业协会以获得企业发展所需的服务与建议。这些行业协会的专家咨询团队提供相应的行业规则与业内建议，帮助企业有序地进行内部管理，履行社会责任。美国图书馆协会（American Library Association，ALA）引领美国未成年人数字素养教育，下设美国青少年图书馆协会，专门为青少年服务；英国在线安全技术行业协会（Online Safety Tech Industry Association，OSTIA）旨在通过媒体公关提高公众、行业和政府对英国在线安全技术的认知。此外还有应分级管理需要而诞生的行业协会，如日本电脑娱乐供应商协会、韩国独立分级分类业务实体等。行业协会有专业性的，也有综合性的，还有多个行业的联合会。例如法国全国家庭协会联盟（Union Nationale de l'Apiculture Française）联合多个家庭运动组织与家庭协会，以解决家庭问题为主；法国教育学院（EDUCNUM）联合近 70 个机构，致力于全民数字教育。

近年来，技术监管成为越来越多的西方国家的立法趋势：2021 年英国政府通过《在线安全法案（草案）》（*Draft Online Safety Bill*），同年澳大利亚政府颁布《2021 在线安全法》，2022 年 4 月欧盟议会颁布《数字服务法》（*Digital Services Act*）。这些法律条文均要求互联网企业更积极地监管其平台的非法内容，否则将承担高额罚款。面对法律的要求，科技公司纷纷加大技术研发、合规审核力度，与行业协会合作提供数字保护方面的公共服务，如 Google、TikTok、Microsoft 等均加入了家庭在线安全研究组织（Family Online Safety Institute，FOSI），通过开展国际圆桌会议、研讨会和会议等，讨论未成年人与技术的关系、科技对亲密关系的影响、对新兴技术的关注点等。

除技术监管之外，科技公司正在更加主动地承担未成年人数字保护的社会责任，具体包括优化产品性能、协助家长实施数字管教以及设计未成年人友好型的数字产品与服务。优化产品性能以及提供数字管教工具是企业常用的技术手段，通过完善准入限制与身份验证系统、设计合理的家长监管模式与未成年人体验模式，科技公司协助家长监督未成年人的数字生活，隔绝大多数网络风险。而在具体的产品设计实践中，这些大型跨国科技公司往往需要结合不同国家的国情与未成年人发展状况，实施差异化的准入限制策略。在美国，未满13岁的儿童不能在 Instagram、Facebook 等社交平台注册；在日本，通信软件 LINE 明确标识推荐12岁以上儿童使用，并限制18岁以下用户的部分功能，TikTok 要求用户年龄必须达到13岁。此外，企业提供家长监管模式，家长可根据需要自行开启或关闭功能。如美国家长通过限制孩子的屏幕使用时间以及开启过滤功能在 YouTube 等社交平台上监管未满13周岁的孩子；TikTok 在日本推出的账号关联模式可以使监护人账号与未成年用户账号进行关联，监护人可以设定未成年用户账号的公开情况、发信权限等。除监管功能外，为家长与未成年人用户提供咨询的实际需要也逐渐受到重视，如法国电子儿童协会（e-enfance）与 Facebook 合作推出"教育/家长"群组，作为 Facebook 群组功能的一部分，同时提供聊天机器人（Chatbot）服务，处理未成年人和家长数字生活的困惑。

上述举措还被世界各国和地区广泛运用于治理未成年人网络成瘾问题，尤其是网络游戏成瘾，游戏企业被鼓励或被强制要求制定完善的未成年人准入限制和交易、社交方面的保护政策。以日本为例，各大游戏供应商均制定了较完善的政策，协助家长管教未成年人数字时间，包括游戏和视频播放限制、游玩时间限制、网络浏览器限制、玩家间互动交流限制、购买金额限制等。任天堂①提供三大未成年人保护手段，一是限制游戏中的陌生人交流，二是设定线上购买金额上限，三是游玩时间限制。

此外，企业也开始尝试研发专门面向未成年人的数字产品与服务，具体研发方式分为两种。一种是科技巨头自行研发的产品，如 Youtube 开发 Youtube Kids 应用，为不同年龄层的儿童设计不同的视频内容；Facebook 计划开发一款可供13岁儿童使用的 Instagram 应用。另一种是由企业与政府、行业协会合作开发的。法国电子儿童协会在卡昂橙色实验室（Orange Labs Caen）的技术和人力支持下推出应用程序"3018"，帮助遭遇网络欺凌、网络骚扰的未成年受害者提出申诉并提供咨询意见。"3018"还与 Facebook、YouTube 等平台合作推出快速报告程序，能够在几个小时内在线删除具有伤害性的账户或内容。

---

① 日本一家主要从事电子游戏软硬件开发的公司。

1.4　未成年人数字保护的管理手段

世界各国和地区从未成年人数字保护的司法实践、行政管理实践、社会组织与企业的实践中，逐渐发展出平台责任制管理、技术管理、分级管理、产品与服务引导等管理方式，通过不断平衡技术发展与未成年人保护之间的关系，提升未成年人数字保护的管理水平。

1.4.1　平台责任制管理

许多国家采取平台责任制管理模式，按照"平台设计、平台负责、平台治理"的思路，以立法或政府鼓励等方式明确平台过滤儿童色情、暴力、淫秽等有害信息，维护健康安全的网络环境的责任，落实未成年人数字保护。

以韩国、德国和澳大利亚为代表的国家将网络过滤写进立法，强制要求科技企业屏蔽有害信息，将技术开发、技术执行的责任划归平台。例如，韩国较早就颁布了《不当站点鉴定标准》和《互联网内容过滤法令》，在法律层面确认网络内容过滤的合法性，并全力促进网络过滤软件的开发和普及，向全社会推广一系列免费过滤软件（如 i-NET 等）。德国于 2020 年出台《青少年媒体保护州际协议》，要求视频分享平台在算法中设置并运行"年龄验证系统（AVS）"，有效过滤对未成年人具有潜在危害的媒体信息。澳大利亚的《2021 在线安全法》规定，当网络安全专员确信网络内容属于儿童色情、暴力时，就可以发出通知，要求服务商删除或屏蔽有关内容和资料，如不及时操作，网络服务商将面临巨额罚款和起诉。

在另一些国家和地区，政府鼓励并引导科技行业主动承担相应责任，大批科技企业自主研发、自愿引入网络过滤和内容审查工具，屏蔽对未成年人有害的网页和信息，维护健康安全的网络生态。1998 年，新加坡三大网络服务公司——新电信（Sing Tel）、星河（Starhub）、太平洋（PacificNet）联手推出家庭网络系统（Family Access Networks，FAN），在服务器上过滤含有色情、暴力、恐怖内容的网站，同时也会根据家长的反馈实时清理数据库内容。2013年，英国四大互联网服务提供商（Internet Service Provider，ISP）均同意自愿引入内容过滤器，过滤非法内容，并对网站进行分级标记。四大 ISP 先后推出控制过滤服务，覆盖了英国大部分地区。

1.4.2　技术管理

技术管理是治理网络空间、保护未成年人数字安全的重要方式，尤其是对于那些不强制要求网络平台实施内容审查和过滤的国家。针对未成年人保护，网络服务提供商向未成年人家长及监护人提供了丰富的可供选择的技术工具。法国的网络运营商推出了具有过滤功能的"家长控制"系统，可以根据年龄进行调整限制，过滤非法和不适合未成年人的网站，帮助家长创建不同类型的配置文件，让孩子访问安全的网站。在美国，家长可以从大量过滤软件中进行选择，包括 CYBERsitter、WasteNoTime、Panda Dome、McAfee Safe Family、Family + 健康上网路由器等。此外，随着技术的迭代与升级，技术管理手段越来越多地应用于网络平台的内容审查。近年来，科技巨头纷纷研发尖端的内容识别技术，以提高网络内容审查效率。2019 年，Facebook 已从其网站上删除了近 1100 万条与欺凌和骚扰相关的内容；2021 年 1 月，Facebook 表示可以通过后台 AI 系统精准识别 99% 的儿童性剥削内容并予以处理。自 Facebook 推行严格的内容审查机制以来，社区不良信息基本都被清除。微软通过 PhotoDNA 检测儿童色情内容和其他非法内容，并将其交给当地执法单位处理。

1.4.3　分级管理

分级管理是未成年人数字保护与发展中重要的管理方式之一，通常由行业组织制定、执行分级标准。很多国家设立了专业机构对互联网内容进行分级（见表 1–1）。互联网领域内，与未成年人保护相关的内容分级主要包括一般意义上的网络内容分级和特定网络服务或网络产品的分级，其中以游戏分级为典型代表。

表1-1   世界各国和地区内容分级机构一览

属性	国别	媒体类型	机构名称	上级主管部门
独立运作	日本	电子游戏（含电脑端）、娱乐软件	电脑娱乐评级机构（CERO）	—
		电子游戏（电脑端）	电脑软件伦理机构（EOCS）	
		电影	电影伦理机构（映伦）	
	荷兰	电影、电视、电子游戏	视听媒体分级协会（NICAM）	
	韩国	电子游戏	韩国独立分级分类业务实体（RCB）	
	英国、法国、欧盟	电子游戏	泛欧洲游戏信息组织（PEGI）	
	美国	游戏	北美娱乐软件分级委员会（ESRB）	
政府直接规制	韩国	互联网	韩国通信标准委员会互联网分级中心	韩国通信标准委员会
政府间接规制	澳大利亚	互联网、电影、电子游戏	澳大利亚分级委员会（ACB）	澳大利亚通信与媒体管理局
	德国	电影	电影行业自愿自律协会（FSK）	联邦青少年媒体保护委员会
		电视	电视业自愿自律协会（FSF）	
		互联网	多媒体服务提供商自愿自律协会（FSM）	
		电子游戏	电子软件及娱乐游戏自愿自律协会（USK）	

资料来源：笔者根据日本、韩国、英国、法国、荷兰、德国、美国、澳大利亚的媒体分级机构官网整理。

　　关于互联网领域的内容分级，有的国家采用视听媒体统一分级标准（如荷兰、澳大利亚等国），有的国家单独设立专门的分级等级（以德国、韩国为代表）。德国除了内容分级外，也采用内容分时的方式，设置分时段播送规划：日间节目（6：00～20：00）播送适宜儿童及12岁以下青少年的节目；晚间节目（20：00～22：00）播送适宜12岁以上青少年的节目；夜晚节目（22：00～23：00）播送适宜16岁以上青少年的节目；午夜节目（23：00至次日6：00）播送不受内容分时限制。韩国的互联网内容分级（见表1-2）以RSACi评级标准为基础，参照日本ENC评级标准编制，设置4个级别，主要从接触、性行为、暴力、语言等方面分别定义，最严重的为4级，最轻的为 1 级，并通过这个标准按年龄进行等级归类（见表 1 - 3），使监护人更加高效地选择使用。

表 1 - 2　　　　　　　　　　　韩国互联网内容分级标准

级别	接触	性行为	暴力	语言	其他
4 级	生殖器暴露	性犯罪或露骨的性行为	野蛮杀戮	露骨和淫秽语言	
3 级	全身暴露	非明确的性活动	杀戮	严重的亵渎	（1）鼓励吸毒；鼓励使用武器、赌博；
2 级	部分暴露	衣服中的性接触	伤口	严厉的亵渎	（2）鼓励饮酒；鼓励吸烟
1 级	暴露的衣服	激烈的吻	斗争	日常亵渎	
0 级	没有曝光	没有性活动	没有暴力	没有亵渎	

资料来源：笔者根据韩国通信标准委员会（KCSC）下属互联网分级中心数据整理。

表 1 - 3　　　　　　　　　　韩国按年龄分级的互联网使用指导

分配	接触	性行为	暴力	语言
全部（小学生）	1 级	0 级	1 级	0 级
12 岁以上（中学生）	2 级	2 级	2 级	1 级
15 岁以上（高中生）	2 级	2 级	3 级	2 级
19 岁以上（成人）	3 级	3 级	4 级	4 级

资料来源：笔者根据韩国通信标准委员会（KCSC）下属互联网分级中心数据整理。

游戏领域的内容分级由年龄分级标识和游戏内容标识组成，以年龄为主要划分依据。世界各国和地区的游戏内容标识基本包含"物质"（酒精、烟草、毒品等）、"性""暴力""粗话"等内容。此外，根据各国情况，"惊悚""赌博"（韩国）、"裸露""爱情/浪漫"（日本）、"犯罪""歧视"（荷兰）等内容也分别被纳入分级标准。美国 ESRB 游戏分级有较为成熟的内容定义（八大主题下 30 个内容词），成为多数国家游戏分级标准的主要参考依据。从年龄分级标识上划分（见表 1 - 4），首先，游戏分级中"18 岁"是世界各国和地区的基本限制等级，一般采取立法限制或标识建议，明确指出，"描述严重暴力、明显无动机的杀戮或对手无寸铁的角色的暴力，以及美化非法药物使用和露骨的性活动"等内容仅适于18岁以上的成年人，未成年不宜接触这类游戏。其次，游戏涉及轻微的暴力、色情等，世界各国和地区较为统一的标准是"12岁以上"。再次，世界各国和地区的年龄分级分歧是在"15岁以上"或"16岁以上"这一等级，日本、韩国、澳大利亚等国更倾向于"15岁"即能接触，欧洲国家及新加坡则认为"16岁"才是能接触相关内容的年纪。最后，欧洲国家与其他国家不同，在"12岁"以下有更为细致的划分，如欧洲PEGI分级认为"7岁"即可接受非常轻微的暴力；德国的游戏分级认为"6岁以上"等级的游戏基本健康，但可能涉及一些阴暗面思想或是容易让人上瘾，不适合6岁以下的孩子。

表1-4　　　　　　　　　　世界各国和地区游戏分级标准

国别	机构	1岁	2岁	3岁	4岁	5岁	6岁	7岁	8岁	9岁	10岁	11岁	12岁	13岁	14岁	15岁	16岁	17岁	18岁以上	……	其他
美国	ESRB	E（全年龄对象）									E10+（10岁以上所有人）			T（青少年）				M（成熟青少年）	AO（限成年人）		RP/LM17（评级待定：可能为17岁及以上的人）
日本	CERO	A（全年龄对象）											B（12岁以上）	C（15岁以上）		D（17岁以上）			Z（限18岁以上）		评级评定
	EOCS	G（全年龄对象）											PG12（未满12岁需家长陪同）	R15+（15岁以上）					R18（限18岁以上）		—
韩国	GRAC	ALL（全年龄对象）											12			15			18		RC（拒绝评级，禁止销售） TEST（正在评级判断）
澳大利亚	ACB	G（全年龄对象）																M（建议仅成年人）			RC（拒绝评级，禁止销售）
		PG（需家长陪同）													MA15+（15岁以上的）				R18+（限成年人）		CTC（近期评级，请检查分类）
新加坡	MDA	G（全年龄对象）														ADV16（建议16岁以上）		M18（限18岁以上）			—

续表

国别	机构	1岁	2岁	3岁	4岁	5岁	6岁	7岁	8岁	9岁	10岁	11岁	12岁	13岁	14岁	15岁	16岁	17岁	18岁以上	……	其他
欧盟（除德国、荷兰）	PEGI			3					7				12				16		18		"！"（全年龄，但未成年人需家长陪同）
德国	USK		0					6					12				16		18		—
荷兰	Kijkwijzer	ALL（全年龄对象）					6			9			12		14		16		18		—

资料来源：笔者根据北美娱乐软件分级委员会、日本电子游戏评级机构、韩国互联网分级中心、澳大利亚分级委员会、泛欧洲游戏信息组织、德国电影行业自律协会、荷兰视听作品分级网站资料整理。

为帮助世界各国更好地理解未成年人常遭遇的网络风险，跨国研究机构"欧盟儿童在线"将其划分为三个类别：内容、接触与行为（见表1-5），并从侵略、性、价值观、经济四个维度对其进行内容层面的详细分类。这种分类框架对各国展开网络内容治理、实施全面的未成年人数字保护实践起到了重要的指导作用。

表1-5　　　　　　　　"欧盟儿童在线"关于网络风险分类

类别	内容（作为接收者）	接触（作为参与者）	行为（作为行动者）
侵害	暴力、血腥内容	网络跟踪骚扰	网络欺凌
性	色情内容	性诱拐、性虐待	性骚扰、色情短信
价值观	种族主义仇恨思想	意识形态扭曲	用户原创内容的潜在危害
经济	广告营销	个人数据滥用	赌博、侵犯版权

资料来源：EU-Kids-Online（Livingstone, Haddon, Gorzig, & Olafasson），2010.

1.4.4　产品与服务引导

在鼓励对未成年人友好型的数字产品与服务开发方面，英国、荷兰走在前列。英国、荷兰均制定准则，为企业的开发设计提供规范思路。英国的《适龄设计规范》（*Age Appropriate Design Code*）明确提出"适龄设计应用原则"，规定企业要将用户的年龄以及不同年龄、不同发展阶段的未成年人需求作为产品的设计核心；荷兰的《儿童权利守则》（*Code voor Kinderrechten*）提出 10 项促进未成年人数字发展与福祉的基本原则，要求企业在开发、设计数字产品与服务时保护未成年人数据隐私，尊重其在线参与和防止经济剥削等权利。可以看出，英国、荷兰对未成年人使用数字产品与服务的态度已不局限于"保护"和"监管"，而更重视数字产品与服务是否尊重未成年人数字权利、是否对未成年人的发展有益。未来，提供更多具有引导和教育意义的数字产品将是企业促进未成年人发展的主要方式。

1.5　未成年人数字安全典型问题的保护实践

不良信息内容、网络色情和网络性犯罪、网络欺凌、网络成瘾是数字世界中对未成年人伤害最大的安全隐患，也是世界各国和地区治理的重点。

1.5.1　防范不良信息内容影响

由于国情和法律制度不同，世界各国和地区对不良信息内容的定义也不同，但总体上包括侵犯隐私和个人权益。德国《刑法典》将"儿童色情制品及涉及人与动物之间的暴力或性行为制品"视为非法信息；日本法律禁止"描述人的性行为或生殖器的猥亵行为或者其他严重刺激性欲的信息"以及"对杀人、处刑、虐待等场面的凄惨描述或其他带有残酷内容的信息"；新加坡也对网络色情提出了具体的判断标准（IMDA，1996）。此外，日本法律规定"直接且明确介绍或诱导犯罪的行为，以及直接且明确诱导自杀的信息"属于非法信息，澳大利亚与韩国的法律也有类似规定。美国、欧盟禁止对未成年人进行广告营销。德国把政治极端主义和煽动仇恨歧视的信息列为非法。

对于面向未成年人的不良信息，世界各国和地区采取的治理措施主要有四个方面。一是完善立法，通过修正法律或完善判例，与时俱进地提供法治保障。二是强化行政监管，成立专门的机构或进行专项治理。例如，青少年媒体保护委员会（Kommission für Jugendmedienschutz，KJM）监督州立媒体机构履行儿童媒体保护方面的内容治理责任，有权在内容供应商拒绝遵守自律规定时进行行政处罚；澳大利亚的网络安全专员有权命令平台删除任何服务器上的儿童色情内容、恐怖主义内容。三是充分发挥行业协会和社会组织的作用，主要包括：（1）分级管理，如美国 ESRB 分级制度，荷兰视听作品的分级标准"Kijkwijzer"，德国依托电影、电视、多媒体等行业协会出台的分级规定；（2）完善行业规章，如新加坡的《行业内容操作守则》；（3）强化宣教，如日本电信服务协会（TELESA）强调购买新的电子设备或更换电子设备使用者时，确认实际使用者的年龄，并提示不同设备类型有不同的过滤设置帮助。四是充分利用技术支持，开发新型内容识别软件，如法国 Bodyguard 系统可以识别仇视同性恋的言论、种族主义言论及人身攻击言论。

1.5.2 防范色情和性犯罪的侵害

色情和性犯罪对未成年人的伤害巨大，是世界各国和地区未成年人数字保护的首要内容。总体来讲，面向未成年人的网络色情和网络性犯罪包括两种情形：一是互联网作为实施性侵害的媒介，主要是指利用社交媒体结识未成年人后，引诱其进行线下性犯罪；二是利用互联网直接实施性犯罪，拍摄、传播未成年人淫秽照片、音视频（汤盛佳等，2020）。

对涉及未成年人色情信息传播的问题，世界各国和地区的重点治理对象包括三类。一是色情产品持有者，例如美国部分州规定持有未成年人色情信息属于犯罪行为。在亚利桑那州，对未成年人的性剥削属于二级重罪，拥有多张儿童色情图片被视为单独的罪行，必须连续执行判决，并不得缓刑、提前释放或假释，2003 年亚利桑那州一名教师因为其计算机中存有 20 张儿童色情图片而被判入狱 200 年。二是对信息传播者给予制裁。三是强化网络服务提供商的保护责任。对网络服务提供商，不论其是否知情，一旦发生侵权，互联网服务提供商及消息来源者均须承担相应的法律责任。例如英国《在线安全法案（草案）》规定对所有发布或托管色情内容的网站进行严格检查，确保用户年满18 岁。

对未成年人实施的性犯罪，通常是警方关注的焦点，世界各国和地区通过网络警察制度、技术手段或公众举报、公开信息等方式进行打击。荷兰、英国、韩国做出了有益探索，例如，荷兰警方与在线虐待儿童专家机构合作建立哈希数据库（Hash Database），追踪受害者与犯罪分子：如果是已入库的图像，警方能够查出它是何时何地被制作的，并阻断其二次传播；如果是新出现的图像，则表明孩子可能仍处于被虐待的状态，警方得以展开追击。英国国家犯罪局也采取图像哈希（photo hashes）扫描 Facebook、Google 等平台。韩国政府依据《未成年人性保护法》《电子脚环法》《性冲动药物治疗法》设立性犯罪举报制度、就业限制制度、性犯罪者公开制度、电子监管制度、化学阉割制度，对性质恶劣的网络色情犯罪嫌疑人进行刑事处罚和民事处罚。

同时，政府也通过事前干预与事后救助两种手段减少网络安全风险发生的概率。事前干预通常为安全风险知识科普、设置安全风险求助热线；事后干预方面，韩国建立了较为完善的救助制度和社教体系，欧盟国家也通过 INSAFE、INHOPE 国际救助热线为受害未成年人及其家属提供援助。

1.5.3　保护个人数据权益

近年来侵犯未成年数字权利的案例不断增加，为此，世界许多国家和地区都加大了保护力度，尤其重视以未成年人被遗忘权、数据透明权为核心的数字权利保护。

1. 被遗忘权保护

数据的被遗忘权又称删除权，即数据主体有权要求控制者及时删除相关数据。世界各国主要采取立法保护的方式一是将"被遗忘权"写入宪法（如德国、法国），视其为一般主体人格权的重要组成部分；二是通过专项立法保障未成年人的被遗忘权，如美国《2011 年儿童防追踪法案》和加利福尼亚州《橡皮章法案》、欧盟《通用数据保护条例》（GDPR）中对儿童数据被遗忘权的规制等（马致远，2019）。美国加利福尼亚州颁布的《橡皮章法案》旨在保护居住在加利福尼亚州的未满 18 岁的儿童和青少年的在线隐私，其包含两个关键要素：一是赋予青少年删除社交媒体帖子的权利，二是禁止某些类型广告的针对性营销。欧盟在《通用数据保护条例》（GDPR）中明确规定"数据主体有权要求控制者及时删除与其有关的个人数据"。

2. 数据透明权保护

数据透明权即规定数据控制者有义务以简单易懂和便于访问的形式提供关于数据收集处理的相关信息（安琳，2022）。欧盟最先在《通用数据保护条例》正文的第十二条对未成年人的数据透明权进行了规定，英国信息专员办公室（*Information Commissioner's Office*，*ICO*）制定的《适龄设计规范》[①] 细化了各年龄层儿童数据透明权的标准。上述国家和地区的数据透明权条款充分考虑了儿童作为主体行使权利的要件。

3. 夯实未成年人数据授权的家长责任

欧盟、日本和新加坡均通过出台专项法规夯实家长监护责任，防范未成年人数据授权风险。欧盟《通用数据保护条例》通过规范平台隐私政策及使用适当技术手段，验证监护人是否如实履行责任[②]。而在日本，监护人同样扮演着重要角色。《青少年网络环境整治法》指出，手机网络供应商的用户为未成年人时，供应商必须提供有害信息过滤服务，但未成年人的监护人提出不使用过滤服务的申请时除外。新加坡尤其重视未成年数据保护前置措施，对未满13岁的未成年人，父母或监护人拥有代替其进行数据处理的权利，企业必须告知数据使用目的（purpose）并获得知情同意，方可收集、处理未成年数据；未成年人拥有数据处理同意权利的情况必须满足：理解数据用途、理解提供数据的影响、知道提供的数据是否会对自身产生不良影响。总体而言，完善数据授权规制是世界各国和地区保障未成年人数据安全的重要方式。

4. 限制未成年人数据用途

大部分国家对未成年人数据的使用目的进行了严格限制。以美国、德国为代表的国家直接禁止未成年人数据的商业使用。美国联邦法律《儿童网络隐私保护法》（COPPA）确立了"未成年人数据使用须遵守COPPA规制"的原则；SDP-PRA法案规定了K-12年级学生网站、在线学习、应用软件等的标准，禁止利用学生数据从事广告或商业活动。美国密苏里州议会《学术学生数据保护法案》规定，州教育机构在报告教育进展时只能使用聚类性整体分析未成年人的数据；科罗拉多州1294法案（Colorado HB 1294）明确规定了教育数据的使用范围，要求教育数据提供方在数据使用过程中保护未成年人的隐私等（王正青，2016）。德国《电信数据保护法》（*Telekommunikation-Telemedien-Datens-chutz-Gesetz*）明确规定未成年人隐私数据不可商用。执法层面，德国政府也以高压态势对侵犯儿童隐私防微杜渐。2017年开始，德国警方禁售美国一款名为"凯拉"的智能电子玩具，因其涉嫌未经允许对儿童应答问题录音并上传

[①] *Age Appropriate Design Code*，简称《儿童准则》（*Children's code*）
[②] 《通用数据保护条例》第八条强调，对于未满16岁的未成年人，只有在负有父母责任的人同意的情况下，处理数据才是合法的。

至网络；同年，联邦网络管理局全面禁止在德国境内销售儿童电话手表，以杜绝儿童在接打电话时被监听和跟踪。欧盟在相关指令①中强调，在处理个人数据方面，儿童应得到特殊保护，在儿童保护技术措施框架内处理的未成年人个人数据不得应用于商业目的。

1.5.4 防范网络欺凌与网络暴力

网络欺凌的间接性使得施暴者不会直接感受被害者的情绪，因而弱化了同情心、负罪感，使施暴者更加肆无忌惮。世界各国普遍重视网络霸凌的治理，主要做法包括以下五个方面。

一是立法保护。多数国家和地区对网络欺凌有补充性的立法或是专项立法（见表1-6），立法补充或新增与网络相关的条款（如新加坡《防止骚扰法令》），或在网络欺凌的基础上增加、修改内容。专项立法主要基于本国发生过的网络欺凌社会事件（如美国梅根·梅尔网络欺凌自杀案件、韩国演艺圈艺人因不堪网暴自杀事件、荷兰陶德案等）和国家对反校园欺凌的重视。

表1-6 世界各国和地区涉网络欺凌/网络暴力的法律规制

国别	名称	来源	内容
英国	《数字经济法》	立法补充	要求政府发布指导意见，指导社交媒体采取行动，解决互联网上的欺凌、恐吓或侮辱行为。
	《教育和检查法》	反校园欺凌	赋予学校负责人权力，可以制订预防欺凌的政策，其中包括网络欺凌。一旦学校确立的政策生效，班主任有权要求学生透露手机上的信息或内容以确定是否发生欺凌行为，甚至可以申请对不合作学生予以惩戒。此外，所有学校教职工需要熟知未成年人保护政策以及欺凌、歧视等问题的后续处理程序，教职工都要接受未成年人保护培训（包括在线安全保护），培训至少每年一次。

---

① 原名为：European Commission：The coordination of certain provisions laid down by law，regulation or administrative action in Member States concerning the provision of audiovisual media services（Audiovisual Media Services Directive）in view of changing market realities.

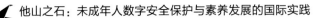

续表

国别	名称	来源	内容
美国	《梅根·梅尔网络欺凌预防法》	社会事件	规定任何人在州际或对外交流贸易中，利用电子手段进行严重的、重复的、敌对的行为，意图强迫、恐吓、骚扰或对他人造成实质性精神困扰的，将根据本法处以罚款或不超过两年的监禁。
	《学校安全环境法》	反校园欺凌	学校应当采取措施禁止具有骚扰和恐吓性质的网络欺凌行为，南卡罗来纳州成为美国第一个正式将规制青少年网络欺凌行为的权利赋予学校的州。
法国	《刑法》第222－33－2条	立法补充	认为网络欺凌是道德骚扰的加重情节，也是一种犯罪行为，理应受到惩罚，但是处罚因情况而异。如果行凶者是成年人，而受害者超过15岁，行凶者将面临最高2年的监禁和3万欧元的罚款；如果受害者年龄在15岁以下，最高刑罚为3年监禁和4.5万欧元罚款。如果行凶者是未成年人且年龄在13岁以下，则适用具体规则。如果行凶者年龄在13岁以上，受害者年龄在15岁以上，则最高刑罚为1年监禁，罚款7500欧元。如果受害者年龄在15岁以下，罚款将增加到18个月和7500欧元。
德国	《反对极右翼势力及仇恨犯罪法》	立法补充	如果欺凌行为或内容是在公开场合、会议上发布的，或是通过文字、声音、图像或数据存储介质存储，或通过不依托介质的信息或通信技术进行传输的，处两年（及）以下监禁或罚款。
澳大利亚	《2021在线安全法》	立法补充	修改网络欺凌儿童举报计划，将举报对象扩大到社交媒体平台之外，并将删除霸凌内容的时间从48小时缩短至24小时。
荷兰	《教育法》	社会事件	新增"学校看护安全义务"的条款，提出学校安全由主管机关负责，主管机关中至少要有一人负责协调反欺凌政策，以及在欺凌发生的情况下充当联络点。
日本	《网络服务供货商责任限制法》	立法补充	网络欺凌受害者可以要求网络运营商公开欺凌者的姓名、住址等个人信息，以便诉讼赔偿或追究刑事责任。然而，这并非一个针对运营商的强制性要求，运营商通常会以"侵犯权利"等理由拒绝大部分申请。受害人也可以通过法院审理等方式要求网络服务商公开信息，但整个过程较为烦琐耗时。

续表

国别	名称	来源	内容。
韩国	《电子通信基本法》	社会事件	以危害公共利益为目的，通过新媒体公然散播谣言者，将被处以 5 年以下有期徒刑，罚款可达 5000 万韩元（大约 25 万人民币）。
新加坡	《防止骚扰法令》	立法补充	将骚扰行为的范围延伸至网络世界，只要能够证明任何网上贴文或言论造成某种程度上的骚扰、恐慌或困扰，受害者就可针对此事报警。任何人若蓄意传达带有威胁或侮辱性的信息，引起他人恐慌或焦虑，将被罚款或坐牢长达六个月，或两者兼施。

资料来源：笔者根据英国政府官网、美国国会官网、法国立法部门官网、德国联邦法律公报、澳大利亚立法部门官网、荷兰文化科学部官网、新加坡法律在线、人民网（《惩防网络谣言是国际社会共同选择》）、端传媒（《日本网络欺凌对策：加入中小学教育、公开欺凌者信息，有效遏止事件发生吗》）整理。

二是强调学校责任。世界各国和地区普遍重视学校在防止和处理网络欺凌方面的作用：荷兰要求学校建立专管机关，至少一人专人专事专职关注反欺凌政策，并成为有效联络人；英国赋予学校负责人权力，制定相关政策，如班主任有权没收学生手机并要求学生告知是否进行网络欺凌行为，要求教职工熟知政策。

三是设置热线或委员会，畅通网络欺凌案件受理、举报及纠纷解决渠道。新加坡、韩国、德国均设置热线受理相关案件举报，韩国放送通信委员会还开设网络受害救济网站，通过该网站对各类在网络上遭受权利侵害的用户进行名誉损害纠纷调解、审议网络侵权信息并提供相关咨询。

四是采用技术手段提升犯罪成本，减小网络欺凌发生风险。日本警方在公示网络恶意言论发布者信息方面，除公示电话号码外，明确了在律师咨询下也可向相关人员公开姓名和住址；在公开登录信息方面，将根据需要考虑修改部令和法律；推进判断事件法律适用性的社会组织的建设。韩国最大的门户网站 Naver 公开了用户在该网站新闻下的所有历史评论，以遏制网民肆意发表恶意评论的现象。除主动删除的评论外，用户过去所有的评论内容、评论数量以及获赞数量都将被公开。

五是充分调动社会力量，开展反欺凌宣传教育与受害者心理救助。如韩国政府设立的（网络）暴力预防教育中心网点：校外青少年咨询福利支持系统

（CYS-Net）为青少年提供咨询服务，校内由韩国教育部牵头建设"wee"工程，建立学校安全管理体系和多层次安全网络。2022年新加坡网络青年组织（CYS）与网络保护公司Acronis合作发起"冲浪安全运动"计划，开展网络健康教育与反欺凌素养提升工作。德国"青少年保护网"（jugendschutz. net）"解忧援助热线"（Nummer gegen Kummer）等采取网络咨询和热线援助的方式为涉事青少年提供心理干预及心理救助服务，并开展反欺凌素养教育。

1.5.5　防范网络沉迷与网络成瘾

2018年6月，世界卫生组织（WHO）正式宣布将"网络游戏成瘾"（Gaming disorder）纳入精神疾病。在众多的网络成瘾行为中，游戏首当其冲，因此防范游戏沉迷和打击网络成瘾成为世界各国和地区保护未成年人数字安全的重要内容。美国、德国、法国在媒体和通信法中设置有关游戏产业治理的专门条款，防范未成年人网络成瘾。德国《青少年保护法》提到，线下游戏场所音像制品分级延伸为网络游戏上架时的分级制；传统游戏色情、暴力和极端主义内容规制延伸为网络游戏上市前的内容审查；游戏厅及娱乐场所的成瘾告知义务延伸为网络游戏软件中的沉迷预警提醒。

亚洲国家政府通过成立成瘾救助专门机构和工作专班、制订网络成瘾防治计划等方式开展专业咨询和救助，扶持社会机构并与之密切合作，发展未成年人成瘾救助的社会力量。新加坡国立成瘾治疗服务机构面向13~18岁青少年设立了专门诊所，为网络游戏成瘾的青少年提供咨询、矫正和生活技能培训，帮助他们重新融入社会。

1.6　未成年人数字素养宣教培训体系

未成年人的数字素养关乎数字时代各国的核心竞争力，因而构建数字素养教育体系通常被世界各国视作教育信息化和教育改革的重要目标。在这一过程中，不同国家结合自身国情优化信息基础设施、完善数字素养课程，推动教师培训或教学评估，开展校园数字安全建设，形成了各具特色的数字素养教育体系（见表1-7）。

表 1-7　　　　　　　　世界各国和地区的数字素养体系

国家（地区）	强化信息基础设施	建设全地区统一必修课程体系	信息化教学	教师培训	建立评估体系
美国	√	√	√	√	√
英国	√	√	√	√	
欧盟			/		
法国	√		√		
荷兰	√		√	√	√
德国	√		√		√
澳大利亚	√			√	
日本	√	√	√		
韩国	√	√	√	√	
新加坡	√	√	√		√

资料来源：笔者根据后续章节中各国家和地区的数字素养教育基本情况整理。

1.6.1　因地制宜设置课程

学校是数字素养培育的重要环境，课程设置是保证教学质量的关键环节。一些国家通过制定基础教育阶段的数字素养课程科目和内容，树立了全国统一的教学框架；还有一些国家（如德国、荷兰）则选择将课程制定的权力下放给地方和学校，仅规定开展信息教育的必要课时，不要求具体的授课科目以及授课方式。

美国、英国、日本、韩国、新加坡均建设了统一的数字素养课程体系。从整体来看，这些课程体系表现出如下特点。其一，重视信息技术与操作技能的培养。比如美国将数字素养纳入 STEM（Science，Technology，Engineering，Mathematics）教育范畴，认为数字素养水平高则代表此人掌握更强的 ICT 能力[①]与数据思维；英国教育部则直接将原有的国家信息课程——ICT 课程改为计算机（Computing）课程，以信息与通信技术为基础，加入计算机科学和数

---

① 即信息与通信技术能力，英文：information and communication technology。

字素养的内容；新加坡 2019 年推出全国性的数字媒介与信息素养框架，强调了解技术和安全使用技术的重要性；日本、韩国均将编程训练纳入中小学必修课程，韩国教育部明确规定所有小学从 2019 年开始阶段性提供 17 个小时的软件编码教育，所有初中从 2018 年开始阶段性提供 34 个小时的软件编码教育。其二，分学段。课程设计与未成年人发展状况相适应，如英国将基础教育阶段的计算机课程划分为四个阶段，每个阶段设置教学目标和内容，循序渐进培养未成年人素养。

德国、荷兰等则鼓励根据实际情况差异性地开展数字素养教育。德国"双轨制"的教育体系要求基础教育学校和高等教育学校在国家数字战略的引领下，参考青少年数字素养框架开展课程建设；职业教育则对接企业实际需要的数字技能，重点培养学生数字化工作能力。荷兰虽并未设计全国统一的数字素养课程，但鼓励各地中小学通过问卷收集教师建议，或根据学校发展情况整合数字素养内容，定制合适的课程。

此外，以英国、新加坡为代表的国家还将数字安全教育从数字素养教育中分离出来，单独设置安全素养的相关课程，并将其融入该国的特色教育体系中。以英国为例，"关系与性教育"（Relationship and Sex Education，RSE）和"个人、社会、健康和经济教育"（Personal, Social, Health and Economic, PSHE）是具有独特历史传统的教育课程，也是英国中小学生必须接受的义务教育课程。尽管并未规定统一的教学科目，但英国教育部在 2019 年出台法定指南，规定"关系与性教育"必须涵盖学习如何在线社交、如何保护个人隐私，以及遭遇网络欺凌和儿童色情时应如何寻求帮助等内容；而"个人、社会、健康和经济教育"则必须包括如何识别网络风险、批判性地思考网络内容，以及如何安全、负责地使用数字技术等内容。新加坡的网络健康课程（Cyber Wellness）是数字教育实践中最具特色的部分，新加坡为公立学校中 7～18 岁的学生开设了网络健康课程，涵盖"网络身份：健康的自我认同""网络使用：生活与应用的平衡""网络关系：安全而有意义""网络公民：积极参与"四大主题和"在线身份和表达""ICT 的平衡使用""网络礼仪""网络欺凌""在线关系""关于网络世界""在线内容和行为的处理""网络联系"八大重点专题（周小李等，2019）。此外，新加坡于 2009 年成立网络健康指导委员会，通过公私合作在全国范围内开展多项网络健康、咨询、教育活动。

可以看出，英国、新加坡均从更长远的角度看待未成年人的数字安全培养，英国将其作为个人未来发展与福祉的重要基石，新加坡将其视为品格与公民教育的一部分。对数字安全教育的不同定位和重视程度使两国与其他国家和地区在课程设置与教学内容上有所不同。

1.6.2　开展教师数字技能培训

一些国家和地区较早将数字技能纳入教师执教的必备技能，并制定相应的教师能力框架，作为教师数字技能的评估标准。荷兰的《全国教师 ICT 技能框架》从态度、基础数字技能、数字媒体和信息素养、教学行为四个维度对教师数字技能进行综合评估。

通常情况下，为帮助教师达到数字技能标准，由政府和学界联合开展教师数字技能培训。2013 年美国政府发起"连接教育者计划"（Connect Educators），向地方教育机构提供竞争性资金，帮助一线教师和学校领导掌握个性化学习技术和数据使用技能；德国由联邦政府教育与研究部和高校所在的州政府共同支持大学教师的媒介素养培训。

在行业组织发展成熟的国家和地区，社会力量更多地分担着教师技能培训的责任。例如，荷兰的商业培训机构（NCOI）为中小学教师提供媒体素养的培训课程，在线网站维基维斯（Wikiwijs）则免费向荷兰教师开放大量数字教学资源和材料。

1.6.3　建立教学效果的评估

为了更好地了解数字素养教育的开展效果，监测教育信息化政策的实施情况，一些国家和地区建立了科学的教学效果评估体系，其中，以美国、德国、荷兰、新加坡为典型代表。

美国、新加坡建立了完善的学生能力评估模型，并以此为基础考核学生的数字素养，作为学校开展信息教育的重要教学结果和反馈。美国国家教育进步评估（National Assessment of Educational Progress，NAEP）主要考查学生在"技术与社会""设计与系统""信息与通信技术"三大领域中关于"理解技术原理""开发解决方案和实现目标""沟通与合作"三方面的实践能力。新加坡学者开发了适用于本国学生的资讯科技能力（i-competency）模型，该模型包含定义信息任务/分析信息差异、选择信息来源、从资源中寻找和评估信息、评估信息流程和产品、整合和使用信息五个方面，全面考查学生的信息素养（Mokhtar I A，2013）。

荷兰则选择监测整个信息教育体系的发展情况。荷兰 Kennisnet 基金会以"四平衡模型"为框架，每年对愿景、专业知识、学习材料、基础设施的应用与现状进行数据统计评估，并以年度报告的形式向大众公开评估结果，接受公众监督。

开展教学效果研究项目是另一种行之有效的途径。例如，德国教育和研究部每年委托专业咨询公司开展高等学校在数字素养教育方面的教学质量评估（Qualitätsoffensive Lehrerbildung），并公开发布研究报告。

构建评估模型或开展专项研究、对数字素养教育效果实施监测是具有前瞻性的举措，目前只有少部分国家建立了系统的监测体系。教育效果的评估能为教育信息化的深化和持续发展提供方向指导，并促进资源利用效率的提升。这一环节对构建完善的数字素养培育体系是不可或缺的。

1.6.4 强化校园数字安全教育

学校是未成年人社会化的重要场所。除以课堂授课形式提升学生信息素养和数字素养外，不少国家和地区借助一种潜移默化的方式将数字安全意识融入校园。

以英国、荷兰代表的欧洲国家重视从系统的、环境的角度保障未成年人数字安全，明确将学校保障校园环境安全的义务纳入法律。2015 年英国教育部出台《保障儿童教育安全》，指出网络安全是教育环境安全的重要部分，要保证校园网络软硬件设施的安全；2019 年出台的《在线安全教育》提出确保学生在线学习过程中的安全，必要时可审查在线学习材料。荷兰政府则将治理网络欺凌的责任明确到地方学校，在教育法中明确插入"学校看护安全义务"条款，荷兰多个地方学校均推进系统的反欺凌"基瓦计划"（KiVa），以校园为核心引导学生们以讨论、训练、角色扮演、小组任务等形式探讨网络欺凌等话题。

以法国为代表的国家则采用多措并举、寓教于乐的方式进行校园数字安全教育。2004 年起，法国教育部就要求所有学校网络过滤淫秽及种族歧视的内容，使学生免受不良网站的侵害。此外，法国教育部开展"放心互联网"项目，教导未成年人保护自己的在线隐私，学会尊重著作权和画像权，同时，针对未成年人阅读的特点，以轻松活泼的动漫、连环画形式将安全上网的知识编辑成 15 套节目，向青少年开放。

校园数字安全宣传教育的主动权通常掌握在学校手中，学校的经营管理人员应具有风险意识和自觉性，积极主动地开展校园文化安全周，举办知识讲座，营造重视安全的校园氛围。明文规定学校在保障数字安全方面的法律义务，则具备更有力的监督作用。

1.6.5　开展广泛参与的宣传教育

世界各国和地区充分将未成年人数字保护与未成年人数字素养提升结合，通过家长、教师、学校、社会团体等多方协作，实现全社会广泛参与的全方位、多角度的宣传教育，主要有以下三种方式。

一是设立专门、专业机构开展素养教育。专人专事的宣传教育成为世界各国和地区的宣教方式之一，其中政府主导的专门宣教机构以德国较为典型，德国各州媒体事务局承担州内媒介素养宣传教育及数字资源建设的重要角色，并设办公室处理专门事务，统筹媒介素养建设的项目及活动；社会主导的宣教组织如法国的"教育学院"专门负责数字全民教育，通过公开演讲传达在数字教育方面所采取的行动，并向政府部门提出建议，在国际上教育学院会与其他国家分享本国的数字教育经验，谋求合作。

二是建立合作伙伴网络。世界各国和地区的国情、文化、教育情况不同，因而数字素养宣教的实践经验也不尽相同，国内各社会主体间、国际之间的合作网络是相互交流经验、扩大数字教育影响力的重要方式。国内各社会主体间的合作主要有三类。（1）地方与地方合作，州级政府组织机构跨区域联动开展合作，建立州级的合作网络，如德国莱茵兰-普法尔茨州、巴登-符腾堡州合作成立的西南地区媒介素养论坛研究基金会（Stiftung Medien Kompetenz Forum Südwest，MKFS）及西南地区媒介素养研究学会（Medienpädagogischer Forschungsverbund Südwest，MpfS）持续资助未成年人保护与发展项目。（2）地方与高校合作，国内各州内部的相关政府组织或与高校建立区域型媒体教育网络。（3）企业与社会组织合作，结合企业本身的技术优势与非营利组织的经验共同扩大宣教影响力，如新加坡电信与 TOUCH 社区服务合作提供网络健康和数字育儿平台"Help123"，一方面提供内容资源，另一方面设立热线"1800 6123 123"，方便未成年人、家长、教育工作者和学校使用。国际之间的合作网络主要以欧洲为主，如欧盟建立了"为儿童创造更好的互联网"网络平台，组织欧洲媒体素养周，提高相关组织之间的跨境合作，并为青少年、家长、教师提供上网指导和媒介素养培训。

三是通过讲座、培训和研讨会对细分群体进行专题培训。世界各国和地区拓展数字素养提升的宣教形式，聚焦不同的群体，以讲座、研讨、工作坊等方式展开专题培训。面向中小学生的专题培训重在培养识别和判断能力；面向青少年的专题培训旨在加强对互联网的应用能力；面向家长和教师的专题培训旨在指导交流及专业能力的提升，提供不同内容的家长须知，如强调沟通与树立榜样的"良好的数字父母"视频系列等。面向研究者的专题培训是帮助其了解各社会主体的最新举措、成果，举办研讨会、论坛加强交流，如德国下萨克森州媒介素养论坛等。

1.7　小　　结

作为"数字原住民"，未成年人尽管占据先天的数字化环境优势，但囿于自身心智尚未成熟，不可避免地受到来自网络色情、网络欺凌、隐私泄露等风险的负面影响。关注未成年人数字安全，构建未成年人数字保护与发展体系，已成为未来的重点发展方向。

制定国家战略是世界各国和地区未成年人数字保护的总体方针。世界各国和地区通过把未成年人数字战略融入国家数字战略、把未成年人数字安全提升到国家安全高度、把数字素养教育放置在人才战略核心位置等举措，强化对未成年人数字素养的提升和权益保护。

法律是未成年人数字保护的首要屏障。梳理各国和地区的数字保护相关法律，不难发现基本有两种治理理念：一种以日本、荷兰、美国为代表，力求保护所有公民权利，不把未成年人视为特殊人群的"中立原则"；另一种以新加坡、韩国、英国、德国、法国、澳大利亚为代表，认为需要单独列出未成年人的"特殊保护"原则。尽管世界各国和地区均认为互联网需要治理，但持"中立原则"的国家更注重全体公民在互联网世界的权利，并不想为了保护未成年人而侵害成年人权利，因而部分国家（如日本等）会倾向于将互联网建设成一个适合全年龄段的绿色空间，一视同仁；持"特殊保护"原则的国家更倾向于未成年人在网络环境中需要细致、全面的保护，因此基本在既有法规中将未成年人作为"特例"补充，通过完善法条来保障未成年人的数字权利。

两种法系传统也在未成年人数字保护中各显优势：判例法系具有的高度应变性和灵活性，使得它能快速应对新形态的网络犯罪，能及时依据案例修正、完善相关概念的外延；成文法系强调法条的完整性，它的出台意味着相关领域不再是法外之地，其明确规定了个人权利（如未成年人的数字权利等）、违法的惩处措施等，能在最大限度上保护公民权益，对不法分子形成强有力的威慑作用。

此外，法律法规与行业规范等也成为治理的重要参考。其来源可分为5种：《宪法》等基本法规定或保障的权益；未成年人保护方面的专项法律；传播和媒体方面的法律法规；数字安全方面的法律法规；行业协会或其他社会组织发布的规则。

未成年人数字安全与发展是一项社会性的工作，在政府和学校之外，充分了解未成年人数字保护的组织体系，发动社会力量，利用社会资源，才能促进未成年人数字保护与发展的相关举措尽快落实。过度依赖政府，家长、企业、社会组织就难以意识到自己的责任与重要作用，因而在数字保护上缺位；而社会组织相对发达的国家和地区也拥有更丰富的未成年人保护经验和更成熟的责任分工体系。这些社会组织在数字时代与政府、行业开展广泛合作，促进人才、技术的资源配置，向未成年人、家长、学校提供丰富灵活的保护手段与发展途径。

世界各国和地区按照"平台设计、平台负责、平台治理"的平台责任制管理思路，以立法或以政府鼓励等方式对平台进行技术管理，或进行不同维度的分级管理，或鼓励平台建立数据库、设立家长监管模式等辅助未成年人抵御网络风险。

在未成年人数字安全的典型问题上，世界各国和地区未成年人不良信息内容和网络欺凌的治理殊途同归，主要包含以下治理措施：一是法律保障，完善立法以强化执法力度；二是行政监管，由政府成立专业机构或委员会开展；三是行业自律，通过分级管理、完善行业规章、强化宣教等方式进行；四是技术支持，开发新型内容识别软件。网络色情和网络性犯罪被世界各国和地区视为共同打击的重点对象，主要根据"持有""传播""诱导"等行为进行规制，多数国家采用的是"源头治理"的原则，对网络犯罪嫌疑人或平台进行精准打击，一是建立数据库（如荷兰哈希数据库追踪受害者与犯罪分子），二是立法新增性犯罪举报制度、性犯罪公开制度等。尽管言论自由在欧美国家广受重视，但部分国家（如德国）面对用户传播不良信息内容的传播时会倾向于儿童权利保护，选择采用"法益衡量"，依据狭义比例原则在一定程度上限制用户网络言论自由。不难看出，多数国家也高度重视以被遗忘权和透明权为核心的数字权利，以立法的形式确认儿童的数字权利，形成具体规章。网络成瘾也成为不少国家数字干预的重要内容，政府通过成立成瘾救助专门机构、制订网络成瘾防治计划、成立工作专班等方式开展专业咨询和救助，同时扶持社会机构，与之展开密切合作，形成未成年人成瘾救助专业灵活的社会力量。

总体而言，在未成年人数字保护中，欧美国家治理网络环境通常采用间接方式。美国、英国、法国与德国，由负责监管通信行业的政府部门或未成年人保护专门机构开展专项调研、政策制定，并在网络安全方面提供公共指南与建议。荷兰、日本为保持网络自由度和通信效率，不设置网络内容过滤，仅从打击犯罪维度监管网络内容。与之相对应的是，新加坡、韩国实施较强的政府干预和监察，新加坡率先推广网络监管制度，审查网络不良信息；韩国则建立了网络警察制度，向社会全面普及内容过滤软件。值得一提的是，以间接方式治理网络环境的欧洲部分国家以及澳大利亚正在积极进行技术监管立法，拟为监管科技行业提供法律依据。加大对互联网企业的管理力度，使其承担未成年人数字保护责任，将会是未来的发展趋势。

在近二十年的教育信息化实践中，各国已基本形成各具特色的数字素养培育体系，将数字素养、网络安全等内容纳入课程教学，并针对教师的数字技能开展培训，强化校园数字安全教育，同时广泛开展全社会参与的宣传教育。

第 2 章

美　国

　　截至 2020 年，美国有 7280 万名未成年人，并呈现连年小幅增长趋势，预计 2050 年美国未成年人将增至 7820 万人。2019 年，美国 3～18 岁未成年人的互联网普及率约为 95%，较 2016 年上涨 3%（U. S. Department of Education & Institute of Education Sciences，2021）。2019 年至 2021 年，美国未成年人的互联网使用率急速增长，使用率增加了 17%，增长速度比前四年更快，其中 8～12 岁的每日屏幕使用时间从 4 小时 44 分钟增加到 5 小时 33 分钟，13～18 岁的使用时间从 7 小时 22 分钟增加到 8 小时 39 分钟（Common Sense Media，2021）。美国未成年人数量、互联网普及率、互联网使用率的攀升昭示数字技术对未成年人安全与发展的影响越来越深。美国社会高度关注未成年人数字安全和发展问题，伴随着社交媒体的兴起，人们的注意力也逐渐向平台数据收集以及内容呈现等方面聚焦。一是用户对平台开放性和算法不透明性引发的隐私担忧（李子仪等，2021），二是网络中通常包含一些不适合未成年人的恐怖图像或内容，如 TikTok 上乌克兰战争的实况镜头、Roblox 游戏中呈现的露骨内容等。为了营造健康友好的网络环境，自 20 世纪 90 年代以来，美国不断调整治理方向，着重从机构设置、内容立法、数字素养培养等方面加强对未成年人数字安全与发展的保护和促进。

2.1 从自由主义转向规制主义

美国著名社会文化批评家与文学家莱昂奈尔·特里林（Lionel Trilling，1950）认为，在当下的美国，自由主义不仅是首要的思想传统，它甚至是唯一的思想传统。这种强调个体自由主义的观念影响着美国未成年人数字保护的政策。美国不主张把未成年人当作特殊群体进行保护，认为这会侵害他人权利，典型的举措是美国至今未签署联合国《儿童权利公约》（*the Declaration of the rights of the Child*）。这不仅因为美国标榜的价值观，更在于其与美国社会治理传统产生了冲突。

这些冲突反映了美国政治和社会治理理念的基本特征。一是例外论的政治理念。王崇兴（2006）指出例外论主张美国的意图具有纯洁性以及其政权的完善性，美国不承认除美国人民本身产生的权威之外的任何法律权威。美国的例外论理念拒绝将美国置于国际制度管辖下，使得联合国《儿童权利公约》在美国参议院获得通过十分困难。二是联邦法律体制与州法律的冲突。美国的联邦体制使自治州在不违背宪法的前提下可以自行制定宪法和法律，在美国尚有 23 个州执行对未成年人施加死刑判决的相关法律，这与《儿童权利公约》中拒绝对 18 周岁以下的未成年人执行死刑的条约相违背。三是《儿童权利公约》精神与美国传统家庭理念相悖。美国社会认为，条约中的一些制度不便实施且不利于父母和儿童，而美国司法实践中已对两者的权利有较为完善的规定且逐渐提升到宪法的高度。高尔特案（In re Gault）中，法庭指出青少年同样享有宪法第十四修正案正当程序条款的权利（请辩护律师的权利）和《权利法案》规定的权利。在金斯伯格诉纽约案（Ginsberg V New York）中，法庭指出："宪法一贯承认父母有权在自己的家庭中指导抚养子女，这也是我们社会的根本。"显然，美国宪法尽管没有具体明确父母权利，但承认父母在家庭生活中的权利，包括家庭关系、孩子的抚养和教育，且明确了政府不允许干涉家庭生活的私人领域，这种给予父母抚养子女权利的自由与条约中要父母以儿童的接受能力为前提进行抚养和教育的精神并不一致（孙彩月，2016）。美国基督教右派在拒绝条约中也起到了关键性作用，他们认为条约是一份赋予政府无限干预家庭生活权力的激进和危险的文件，是美国历史上对父母权利的最危险的攻击（王崇兴，2006）。美国根深蒂固的政治传统和社会价值观使得未成年人保护历程曲折。

但是，随着未成年人参与网络的程度越来越深，遇到的数字安全问题越来越严重且复杂，保护未成年人数字安全的讨论越来越多。20 世纪 90 年代，美国互联网兴起，技术不断发展，人们似乎陷入了一种对技术的直觉性担忧，道德恐慌开始蔓延。未成年人网络用户的增长、新闻关于网络的负面报道、未知的恐惧等激发了人们保护孩子的本能，自由主义的理念在互联网环境下并不完全适用，有人认为父母和政府需要法律依据来保护未成年人，因为他们是互联网空间下的"技术被害人"，未成年人数字安全因此被广泛关注。规制主义在此背景下逐渐冒头，但未成年人数字安全领域的政策、法律却几经波折，难以出台。在社会各界和家长的立法呼吁下，《通信规范法》（*Communication Decency Act*）于 1996 年应运而生，它旨在保护儿童免于接触网络淫秽材料，对网络内容进行限制。这是美国联邦政府为保护未成年人上网安全进行的一次立法尝试，但最终被裁为违宪，以失败告终。

此后，美国联邦政府通过法律、政策尝试对学校、平台、家长等进行约束。但是，由于自由主义深入人心，限制普通权利的法案基本以"违宪"告终。然而，随着未成年人在网络和数字生活中遇到的问题越来越多，立法和公共权力被迫进行部分调整。1998 年《儿童网络隐私保护法》（*Children's Online Privacy Protection Act of* 1998，COPPA）、2000 年《儿童互联网保护法》（*Children's Internet Protect Act*）等法案陆续通过，加上行业组织自发设置的"ESRB 分级制度"（Entertainment Software Rating Board）逐渐成为行业标准，美国未成年人数字保护体系正式建立，意味着自由主义产生的影响正在松动。

2016 年至今是美国未成年人数字安全保护转向规制主义的时期，尤其是治理方向，开始强调对平台的监管和规制。2021 年，勒索软件团伙共发布了美国 1200 多所 K－12 学校的内部数据，其中充斥着大量儿童个人信息；2018年，美国 YouTube 因涉嫌非法收集儿童信息以及向儿童精准投放广告，遭到20 多家机构联合投诉。未成年人隐私安全风险等问题使得美国政府意识到转变治理模式的迫切性，使得不少立法者的自由立场发生松动并转向规制主义，如 2018 年美国国会修订的 CDA 第 230 条具有监管态度转向的象征意义（沈达，2020）。尽管如此，交锋依旧没有停止，2018 年的《儿童反追踪法案》（*Do Not Track Kids Act of* 2018）、2022 年的《未成年人在线安全保护法案》（*Kid Online Safety Act*）等依旧没有获得通过。

2.2 监管体制：集中又独立的三权分立制度

美国三权分立的制度使总统、国会、联邦法院三个权力主体在行政、立法、司法上既相对独立又相互制衡与监督。因此，在网络内容监管与治理方面，总统、国会、联邦法院分别有各负其责的监管机构。

美国互联网内容治理由反托拉斯局（Antitrust Division，AD）、电信与信息管理局（National Telecommunications and Information Administration，NTIA）、联邦通信委员会（Federal Communications Commission，FCC）等机构负责，其中，FCC 是最重要、最直接的管理部门。1934 年依通信法的要求，美国成立了专门管制美国广播、电视、通信事业的美国联邦通信委员会（FCC），1996年互联网被 FCC 规定进入管辖范围。尽管 FCC 是政府机构，但它直接对美国国会负责，兼具立法、司法和行政执行职能，具有制定法律规章、进行争议仲裁和执行各项法规的权利。刘恩东（2019）认为 FCC 对保障公民免受不良信息骚扰、促进网络等新传播媒介发展起到了重要作用，它的网络内容监管方式包括对网络内容进行界定、内容分级控制、年度报告规制及监测、投诉和处罚规制等，以保护网络表达自由、规范网络媒体的传播行为和市场行为。

FCC 对互联网监管范围较广且内容模糊，权力看起来十分强大。因此，总统建立了直属于他的相对独立机构，联邦法院在司法层面进行权责的制约，同时细化网络管理的职能，分别在内容把关、秩序协调和安全维护三个维度（郭明飞等，2015）进行更详细的职责确立。至此，总统、国会、联邦法院三者在共同强化政府职能的同时又相互监督，在行政、立法、司法分支上各司其职。

总统是行政体系的最高领导，尽管国会可以通过立法推翻或修改某项行政命令，但任何立法都需有总统签字才能生效（除非国会能够推翻总统的否决）。总统具有否决国会通过的立法提案的权力，也可以通过行政命令以实现政策目标，这一总统权力得到最高法院的肯定（美国国务院国际信息局，2005）。网络监管方面，受总统直接管辖的美国军方和情报部门均有专门机构监控网络，美国联邦调查局专设网络安全局，负责互联网监控与执法，如 1995 年网络安全局"无辜影像国家行动"（Innocent Images

National Initiative）专门致力于打击互联网上的儿童色情信息和儿童色情犯罪（贾焰等，2016）。

　　国会的众议院、参议院根据 FCC 等机构专业人士的建议视情况提出相应的保护法案。在未成年人保护领域中，国会内部达成一致并呈现给总统审议的情况寥寥无几，如 2022 年针对平台进行限制的《未成年人在线安全保护法案》（Kid Online Safety Act）至今仍处于"提出"阶段，它实质是对 1998 年《儿童网络隐私保护法》（COPPA）的更新，包括对未成年人（儿童）隐私保护的扩充、对收集个人数据的更广泛限制以及更严格地执行消费者保护规则。根据该法案，平台有责任阻止有害行为的宣传，包括自杀和自残、饮食失调、药物滥用等，还要求父母和 16 岁以下的用户选择退出算法推荐，防止第三方查看未成年人的数据，并限制孩子在平台上花费的时间等。然而，保护不同年龄段消费者的互联网隐私法在历届国会中均未通过，即对平台有所限制的隐私法在美国国会中并未出现。因此，一些立法者也希望以"未成年人"为突破口，成为推动美国平台限制互联网立法的最前沿。

　　最高法院是美国司法体系的重要组成部分，它主要对向国会的立法提出异议或要求予以解释的司法案件做出裁决，以及审理涉及触犯联邦法的刑事案（美国国务院国际信息局，2005）。20 世纪 90 年代起，美国就尝试进行互联网儿童色情信息内容立法。1996 年的《儿童色情防治法案》（Child Pornography Prevention Act）强调儿童色情制品不仅应包括使用由儿童现实参与制作的色情制品，还应包括虚拟儿童色情制品。其中，虚拟儿童色情制品又可分为两种形式：一是电脑软件合成的儿童色情制品，二是由成年人伪装成儿童制作的儿童色情制品（崔小倩，2014）。但因过宽限制原则（over-breadth doctrine），《儿童色情防治法案》被裁为违宪。1996 年立法者还试图通过《通信规范法》（CDA）解决未成年人在线访问色情内容的问题，该法案规定在互联网上故意向 18 岁以下的任何人传播或展示色情内容是非法的。然而，CDA 的大多数条款因违宪而在法庭上被驳回，于 1997 年被废除。法院表示，为了使未成年人免受色情内容的潜在危害，CDA 侵犯了成年人的言论自由。但是，CDA 的部分条款也被保留，即互联网平台不用对它的用户发布的内容承担民事责任（2018 年修法）。1998 年美国再次尝试制定《儿童在线保护法》（Child Online Protection Act），旨在使儿童免受出于商业目的的互联网淫秽信息侵害，同样因违宪（被诉侵犯成年人的言论自由）未生效。此外，《儿童互联网保护法》（CIPA）、《儿童网络隐私保护法》（COPPA）的部分条款以及多数立法提案也因违反美国宪法第一修正案的言论自由原则被驳回。关于网络儿童色情的相关立法，美国最高法院表示，年龄较大的未成年人也享有第一修正案中参与并获取与性有关主题的讨论，只要这些表达不是淫秽的材料或儿童色情材料。

总体而言，美国未成年人保护体系建立在互联网内容治理监管体制的基础上。总统、国会、最高法院三个权力主体形成了既集中又独立的监管格局，在未成年人数字安全保护方面逐渐强化了由总统领导的行政部门监管，如总统通过网络安全局、司法部①等行政部门监管网络安全；国会设立专门的内容监管部门 FCC 以直接进行管理；最高法院通过制定《通信规范法》等法律来规范网络环境。其中，FCC 在未成年人网络内容监管中更为活跃，除积极履行制定法律规章、进行争议仲裁和执行各项法规的权力外，也加强了对学校的网络安全管理（如 2011 年，FCC 要求通过 E-rate 计划的中小学证明学校的互联网安全）。

2.3 法治体系：从艰难探索到逐步完善

美国除在网络内容治理方面设立专门部门以强化政府监管职能外，自 20 世纪 90 年代起，在未成年人数字保护方面也陆续出台一系列法律，尽管立法过程饱受争议，但经过艰难探索，美国正逐渐完善未成年人数字安全长效保护机制，尤其是制定了针对未成年人数字权利、打击网络新业态下的儿童色情、网络欺凌等方面的专门性立法。

2.3.1 数字权利保护成为关注重点

美国针对未成年人数字保护进行了试探性的立法，但受限于司法制度，最终成为法律的很少，多数仍为提案。

1. 强化未成年人个人信息保护

多年来，未成年人个人信息保护的相关内容提案几经波折，如 2021 年

---

① 例如，1995 年网络安全局开展"无辜影像国家行动"（Innocent Images National Initiative），2006 年司法部开展"安全童年计划"（Project Safe Childhood）。

《未成年人数字隐私保护法》（*Children and Teens' Online Privacy Protection Act*）、2022 年《儿童数字安全法》（*Kids Online Safety Act*）等，美国试图在算法推荐系统、第三方访问未成年人的数据权限、儿童的在线屏幕时间等方面进一步限制平台对未成年人数字隐私的使用并强化它们的责任，但提案均未通过。2022 年 3 月的美国国情咨文演讲中，美国总统拜登呼吁立法者加强对未成年人的数字隐私保护，未成年人的数字隐私保护立法再次受到各界关注。

早在 20 世纪 90 年代，美国社会已经深切意识到个人信息是商业平台盈利的重要手段，个人数据过分使用甚至隐私被侵犯的风险日益增加，隐私保护成为立法重点。商业平台将未成年人与成年人一视同仁，将个人信息用于广告和商业营销等活动中的贩卖行为引起了社会关注（周学峰，2018）。未成年人对营销手段缺乏抵抗力、个人信息保护意识不健全使得他们的隐私和自主权受到了极大的威胁，而平台的技术解决方案可能比它们试图解决的问题更具侵犯性，因此，美国政府开始尝试监管这些平台，如 1998 年《儿童网络隐私保护法》、2015 年《学生数字隐私和家长权利法》等都是由联邦颁布的法律。

1998 年的《儿童网络隐私保护法》（COPPA）主要由美国联邦贸易委员会（Federal Trade Commission，FTC）负责实施。COPPA 一方面对网站收集儿童个人信息的行为进行约束，一方面明确了家长在维护儿童隐私信息方面的决定性权利。它适用于 13 岁以下儿童，详细说明商业网站和在线服务（包括移动应用程序）运营商的隐私说明条款须包含的内容，让父母拥有拒绝平台从孩子身上收集个人信息的权力。COPPA 约束的对象除了合规性的商业网站（运营方或在线服务提供方以商业目的运营的网站），还将范围扩展到第三方网站或在线服务（网站运营方允许第三方以广告链接、提供商品或者服务等商业目的运营网站或提供服务）。COPPA 的五个关键要求是通知、父母同意、家长审查、游戏和奖品的使用限制、安全性（汪靖，2019）。COPPA 的规范不仅在于本土网站，它对国外公司的网站也做出规定：如果国外网站已知所搜集的信息来自美国儿童，也须遵循 COPPA 规定（何恩基，2002）。但该规定 2000 年才生效，因其伤害了美国宪法所保护的言论自由，因侵犯匿名通信权而备受质疑。现 COPPA 最大的罚款金额是 2019 年 FTC 和纽约总检察长同 Google 和 YouTube 达成的 COPPA 和解协议中的金额。FTC 和纽约总检察长声称 YouTube 违反了 COPPA 规则，它从儿童导向频道的用户那里收集个人信息（用于在互联网上跟踪用户的持久标识符的形式），并且没有事先通知父母并征得他们的同意。为此，他们要求 YouTube 对其业务进行实质性改变：所有 YouTube 频道都必须指明其频道是否面向未成年人，即使不是面向未成年人，频道所有者也必须确定各视频是适宜儿童的，即确保内容符合全年龄向；当内容被确定为面向儿童时，YouTube 要关闭平台的多项功能，包括为商业广告收集个人数据以及评论的权利。其中和解条件包括向 FTC 支付 1. 36 亿美元的罚款和向纽约政府支付 3400 万美元的罚款。

2015 年《学生数字隐私和家长权利法》（*Student Digital Privacy and Parents Rights Act*，SDP-PRA）出台，规定了 K – 12 年级学生网站、在线学习、应用软件等标准，禁止利用学生数据从事广告或商业活动；除非特定情况，禁止向第三方共享学生数据；使用学生数据的第三方必须遵守严格的数据保护标准；任何在线服务公司在学校和家长要求下必须在 45 天内删除学生信息；除非学校或家长要求，否则在线服务公司必须在一年后清除相关信息（王正青，2016）。

除了联邦层面的立法，各州也相继出台了对未成年人数据信息受保护范围的界定、保障未成年人和家长隐私权利的具体措施等。如密苏里州议会出台的《学术学生数据保护法案》（HCS HB 1873）规定州教育机构在报告教育进展时，只能使用聚类性整体分析的未成年人数据；科罗拉多州的 1294 法案（Colorado HB 1294）明确规定了教育数据允许使用的范围，要求教育数据提供方在数据使用过程中保护未成年人的隐私（王正青，2016）。

2. "单列模式"立法保障被遗忘权

互联网时代，数字记忆具有持久性的特征，被遗忘权正是为了应对此特征所带来的问题而被提出。于靓（2018）认为被遗忘权即"数据主体所享有的对于互联网上已经公开的、不适当的、不相关的、过时的个人数据进行删除或者隐藏的权利"。信息删除在互联网时代显得异常困难。未成年人不成熟的网络使用习惯使其面临的数据持久性的风险远大于成年人。为了保护未成年人对删除网络内容的权利，《2011 年儿童防追踪法案》和《橡皮章法案》应运而生，这两者都是以规制网络内容为基础的法案。

2011 年 FTC 制定的《2011 年儿童防追踪法案》（*Do Not Track Kids Act of 2011*）规定"网站经营者、网络服务提供者以及应用经营者允许上述三者的用户以一种可执行的技术方式来消除或者不消除个人信息"，其中"被遗忘按钮"（eraser buttons）无实质性的权利内容（薛前强，2015）。

2013 年，州层面的立法直接表明美国对未成年人被遗忘权的保护采取的是"单列模式"（在专门保护未成年人的法律中规定未成年人的被遗忘权），加利福尼亚州的第 568 号法案（《橡皮章法案》）就是典型代表（于靓，2018）。

《橡皮章法案》旨在保护居住在加利福尼亚州的未满 18 岁的儿童和青少年的在线隐私，包含两个关键要素：一是赋予青少年删除社交媒体帖子的权利，二是禁止某些类型的广告针对性营销。与《儿童网络隐私保护法》中的管理对象相似，此法案适用于针对未成年人的网站。这种"单列模式"的立法优势在于内容具体、操作性强，凸显了对未成年人的特殊保护。

然而，《橡皮章法案》的局限性也十分明显：一是地域性，该法案仅适用于加利福尼亚州，并非通用于全美，互联网运营商因这项法案增加的商业成本在一定程度上制约了互联网在加利福尼亚州的服务，制约了互联网经济的发展与创新；二是删除范围，未成年人只可以删除自己发布的个人信息，对于其他人发布的或者自己发布已经被他人转载的个人信息则无权删除（Michael L. Rustad & Sanna Kulevska，2015）。但《橡皮章法案》创造了一个全新的、需要受保护的未成年人类别——13 岁以上但未满 18 岁的青少年（Emily DiRoma，2019）。此后，在美国国会不少提案中，年龄上限逐渐改为 18 周岁，尤其是在数字权利的相关提案中。可见，在防不胜防的网络风险中，COPPA 规定的 13 周岁以下显得苍白。

2.3.2　打击网络色情成为不可让步的底线

网络的色情、仇恨或自残材料、儿童性虐待图像、色情直播等对未成年人造成极大不良影响。但与网络内容的立法多因违宪而失败，使得美国政府不得不转换思路，从政策优惠、犯罪划定等角度着手立法判断，其中非常重要的一点，就是将打击网络色情打造成不可让步的底线。

1. 以财税政策引导平台限制未成年人访问

1998 年的《网络免税法》（*Internet Tax Freedom Act*）是美国以政策优惠引导平台限制未成年人访问的典型。《网络免税法》主要暂停州和地方政府三年内的下列能力：对互联网接入（Internet Access）征收新税，或征收任何电子商务复合税或差别税（Multiple or Discriminatory Taxes），分别在 2001 年、2003

年、2007 年三次延长暂停州和地方政府征税能力的时间，确定继续执行免税条件，《网络免税法》直至 2014 年到期，但同年出台的《永久网络免税法》（*Permanent Internet Tax Freedom Act*）不再设有时间限制，意味着州和地方政府将不再拥有对网络征税的两项能力。1998 年的《网络免税法》规定，美国政府在两年内不对网络交易服务征收新税或歧视性捐税，但如果商业性色情网站向 17 岁以下未成年人提供缺乏严肃艺术、文学及科学价值的成人导向的图像及文字内容，将不会获取免征两年新税的优惠。州和地方政府是否对公司征收税收取决于公司是否采用有效的系统保护未成年人免受淫秽和有害内容的侵害，即如果公司有一个有效的系统，它就可以免税。因此，州和地方政府只对未能建立足够保护措施的公司征税。

然而，确定公司系统是否拥有有效的"成功"指标则较为模糊，法院判决的基本依据是以国会制定 ITF 的初衷为参考，如美国辛格勒无线（AT&T Wireless）的子公司 New Cingular Wireless PCS LLC（NCW）控告税务委员会（Commissioner of Revenue）的案件①。此案件最终以马萨诸塞州上诉法院裁定 ITFA 优先于州或地方（马萨诸塞州）对公司（New Cingular Wireless）征收互联网接入税告终。尽管 NCW 的销售人员并没有询问每个客户是否需要拥有针对未成年人的内容筛选软件，但他们已经在小册子、网站页面、账单插页、盒子插页和邮件中通知客户有些筛选软件需要收费（每月 4.99 美元）；在部分纳税期内，NCW 销售的某些手机（并非所有型号的手机）内置了家长控制功能。对此，法院认为国会并不要求这些筛选软件免费，甚至是负担得起，国会甚至没有对它们提出任何特定功能或有效性的要求，而仅打算让需要的家长知道并能使用这些筛选软件（Eric Tresh，Todd Lard & Charles Capouet，2020）。最终法院判决 NCW 胜诉。

2. 传播或持有网络儿童色情被视为犯罪

美国政府试图对儿童色情制品等内容进行限制，但往往因被裁定为违宪而失败。这种情况直至 2006 年美国司法部加入儿童色情治理体系才出现改观。2006 年美国司法部的"安全童年计划"（Project Safe Childhood）在美国检察官办公室和刑事司儿童剥削和淫秽科（CEOS）的领导下，汇集了联邦、州和地方资源，以更好地找到、逮捕和起诉通过互联网伤害儿童的个体，并识别和拯

---

① New Cingular Wireless PCS LLC v. Comm'r of Revenue，https://casetext.com/case/new-cingular-wireless-pcs-llc-v-commr-of-revenue#N196640.

救受害者。2008 年成为法律的《儿童保护法》(*Protect of Our Children Act*) 明确指出美国司法部长应制定和实施儿童保护的国家战略，预防和拦截不良信息，成立网络犯罪儿童数据系统指导委员会，并建立一个针对全国互联网儿童犯罪的数据系统。

由此可见，从源头上消灭儿童网络色情犯罪相对困难，美国政府一般将儿童色情产品传播者和持有者作为打击重点。如 2003 年亚利桑那州一名教师因其计算机中存有 20 张儿童色情图片而被判入狱 200 年，因为在亚利桑那州，对未成年人的性剥削属于二级重罪，拥有多张儿童色情图片被视为单独的罪行，必须连续执行判决且不得缓刑、提前释放或假释；2021 年，得克萨斯州南部一名男子因持有儿童色情制品并意图在互联网出售而被联邦法院判处 17 年监禁，并被勒令登记为性犯罪者。联邦法律禁止在州际或对外贸易中使用任何手段（包含直接或间接手段）来制作、分发、接收和占有儿童色情图像（参见 18 USC § 2251；18USC § 2252；18 USC § 2252A）。为了对惩处行为有更明确的规定，美国政府还针对被指控拥有、出售或接收涉及儿童色情制品的个人制定了《联邦量刑指南》(*Federal Sentencing Guidelines*)，处罚将根据不同因素进行调整，包括但不限于以下方面。

➢ 年龄。孩子越小，罚金越重。

➢ 图片数量。涉及 10 ~ 150 张儿童色情图片的违法行为将增加两个级别；涉及 600 张或更多图像的犯罪将增加 5 个级别。

➢ 是否有经济收益。如果为了经济利益而出售儿童色情制品，罚金会增加 5 个级别。

➢ 是否分发。向未成年人分发儿童色情制品会增加罚金。

➢ 是否涉及暴力行为。涉及暴力行为会增加罚金。

2.3.3　把网络欺凌的惩罚权下放到学校

美国网络欺凌现象极为严重。截至 2021 年 1 月，41% 的美国成年人表示遭受过网络欺凌，在 2021 年 5 ~ 6 月的调查中，美国 13 ~ 17 岁的未成年人有 23.2% 表示受过网络欺凌，且集中在 14 ~ 15 岁（Sameer Hinduja，2021）；2020 年 6 ~ 7 月的调查也显示美国 9 ~ 12 岁的儿童中有 21% 遭受过某种形式的网络欺凌。早在 2008 年提出、2009 年正式由联邦政府出台的《梅根·梅尔网络欺凌预防法》(*Megan Meier Cyberbullying Prevention Act*) 就对网络欺凌现象予以专项治理。《梅根·梅尔网络欺凌预防法》规定任何人在州际或对外交流贸易中，利用电子手段进行严重的、重复的、敌对的行为，意图强迫、恐吓、骚扰或对他人造成实质性的精神困扰，将根据本法处以罚款或两年内的监禁（黄天红，2021）。它规定的网络欺凌适用刑法上的骚扰罪，被告将处以罚金，或判处两年以下有期徒刑，或两者并处。《梅根·梅尔网络欺凌预防法》的出台实际上是对"梅根事件"的回应（刘宪权等，2017）。"梅根事件"指美国13岁的女生梅根·梅尔（Megan Meier）遭受网络欺凌后自杀的案件。最初梅根的中年女邻居劳丽·德鲁与她的女儿及雇员在社交网站Myspace上注册了一个名叫乔西·埃文斯的虚假身份用户，他们冒充成一个16岁的男生向梅根表达好感，之后突然转变态度对她进行恶语辱骂，最终导致女孩选择在家自杀。然而，当时美国尚未有网络欺凌的相关立法，因此网络暴力的加害者劳丽·德鲁并未获得警方的起诉。

除了联邦法律，美国50个州全部有自己的反校园欺凌法，大部分州针对校园网络欺凌制定了详细的责权守则，将惩罚权交给学校，用法律支撑校园网络欺凌"零容忍"政策（朱晶，2021）。美国南卡罗来纳州在2006年出台的《学校安全环境法》（*The Safe School Climate Act*）中明确规定，学校应当采取措施禁止具有骚扰和恐吓性质的网络欺凌行为，该州成为美国第一个正式将规制青少年网络欺凌行为的权利赋予学校的州（黄天红，2021）。

2.4 技术手段：多样化的风险控制工具

技术是保障未成年人数字安全理念及政策有效实施的重要手段，其中，内容过滤、家长监管模式以及智能化年龄识别是最常用的技术手段。美国政府通过立法对图书馆和学校进行技术干预以保护未成年人，如《儿童互联网保护法》的最大特色是技术保护的硬指标，通过内容过滤技术保护未成年人免受暴力、色情等内容侵害，并监督未成年人的在线活动。家长监管模式即平台给予家长监管与控制孩子上网行为的权利或者提供内容过滤软件供家长使用。例如，在YouTube等社交平台上，家长可以为未满13周岁的孩子设置受监管模式，限制使用时间以及开启过滤少儿不宜内容的模式。家长也可以使用内容过滤软件，包括CYBEsitter、WasteNoTime、Panda Dome、McAfee Safe Family、Family+健康上网路由器等。未成年人版应用是家长监管模式的延伸，许多社交平台已推出专门为未成年人设计的应用。例如，YouTube 推出了"YouTube Kids"应用，为处于不同年龄层的儿童设计不同的视频内容；Facebook 计划开发一款可供 13 岁儿童使用的 Instagram 应用。内容监管是对内容进行审查，对令人不适的内容进行标注警告，进而采取删除等方式进行管制。2021 年 1 月，Facebook 表示可以通过后台 AI 系统精准识别 99% 的儿童性剥削内容并予以处理。自 Facebook 推行严格的内容审查机制以来，社区的不良信息基本都被清除了。Microsoft 通过 PhotoDNA 检测儿童色情内容和其他非法内容，并将其交给执法单位处理。同时，还对社交平台的注册进行年龄限制，避免儿童接触到不适合其观看的内容。例如，未满 13 岁的儿童不能注册 Instagram、Facebook 等社交平台；Instagram 通过 AI 工具推测用户年龄，防止 13 岁以下儿童注册。

2.5　社会参与：强大的行业组织自治能力

为弥补立法空白，美国在互联网监管方面开展广泛行业自律，旨在通过行业规章对未成年人数字安全进行保护，这样不仅具有灵活性和可持续性，也避免过严或过于死板的立法对行业发展造成不利影响。

2.5.1　游戏行业组织推进 ESRB 游戏分级制度

美国游戏行业采取的分级制度由非营利机构娱乐软件分级委员会（Entertainment Software Rating Board，ESRB）创立，主要根据游戏内容进行分级，内容描述标注在包装盒的背面，紧靠分级标识，提示游戏中可能出现的内容。ESRB 分级制度根据年龄进行划分，将评级标准分为 7 级（见图 2-1）：所有人、10 岁以上的人、13 岁及以上的青少年、17 岁及以上的成年人、仅限 18 岁以上的成年人、评级待定、评级待定（可能为 17 岁及以上的人），并有 30 个内容不当的描述词，如酒精相关内容（alcohol reference）、药物相关内容（drug reference）、幻想暴力（fantasy violence）等。但它也曾因内容审查标准过于主观引发了较大争议。

图 2 - 1　美国 ESRB 分级制度 7 级评级标准

资料来源：https：//www.esrb.org.

ESRB 分级制度能在美国顺利推行并形成业内有效的准则，是因为它顺应了形势需要，在一定程度上弥补了立法不畅带来的监管空白。2005 年，加利福尼亚州民法典修订的"暴力视频游戏"（violent video games）章节中指出，禁止向未成年人出售或出租暴力视频游戏，违反者则处以 1000 美元的罚款。对于如何定义暴力内容以及暴力内容的呈现方式是否过界一直存在争议，ESRB 分级制度的不断完善成为争议的突破口。2011 年，美国最高法院认为电子游戏像书籍、戏剧和电影一样，有资格获得第一修正案的保护，不能禁止它的内容表达，因此将加利福尼亚州提出的法案驳回，此后游戏的自我监管正式确立。法官明确指出"视频游戏行业已经建立了一个自愿评级系统，旨在让消费者了解游戏的内容""由娱乐软件分级委员会（ESRB）实施的系统已经在很大程度上确保了未成年人无法自行购买严重暴力游戏，且父母可以轻松评估孩子带回家的游戏。"[①] 最高法院对 ESRB 分级制度的肯定充分说明即使设置成文的立法制度，规范的行业自律制度也是重要的规制手段。

[①]　Blake J. Harris. "Part 7：Think Globally，Act Digitally"，ESRB（2020 - 01 - 13），https：//www. esrb.org/about/part-7-think-globally-act-digitally/.

2.5.2 广告企业自主监管与政府监管并行

广告行业的监管主要分为遵循行业间自主形成的规章（如《NAI 行为准则》）以及接受政府的审查（如商业改善局）。《NAI 行为准则》最早于 2000 年由非营利组织网络广告倡议（Network Advertising Initiative，NAI）发布，该准则规定了成员公司可用于广告目的的数据类型，并对成员公司收集、使用和传输用于定制广告的数据施加了许多实质性限制，要求成员公司为用户提供选择退出定制广告的方法，在 2008 年、2013 年和 2015 年进行了重大修订，并在 2020 年再次修订。NAI 自认为拥有最严格的自律标准，并倡议在业内实施，现已有 88 家成员公司加入《NAI 行为准则》的自律中，如 Google、Yahoo、Microsoft 等。在 2015 年修订的《NAI 行为准则》中增加了对未成年人的数字保护，指出"禁止成员公司在未获得可核实的家长同意的情况下，创建专门针对 13 岁以下儿童的细分市场的广告。"（NAI，2015）不同于 NAI 的民间自律，商业改善局（the Council of Better Business Bureaus，BBB）自上而下地监管广告行业。BBB 隶属美国政府儿童广告审查部门（CARU），管理向儿童投放广告的公司，他们对安全港计划中的公司拥有管辖权。广告行业的自主监管与政府监管结合，昭示着美国社会对"传播者"治理的重视。

2.6 宣传教育：全面完善的信息教育体系

美国社会高度重视未成年人数字素养的教育，如在 2006 年的《亚当－沃尔什儿童保护和安全法案》（*Adam Walsh Child Protection and Safety Act*）第 629 条 "儿童安全在线意识活动"（Children's Safety Online Awareness Campaigns）中强调了公民宣教的重要性：授权司法部部长与国家失踪和被剥削儿童中心在各媒体（包括互联网、电视、报纸、杂志和其他媒体）上制定并举办相关科普公共活动，以便在儿童上网时提供更好的保护。同时应给予财政支持，维持教育儿童和支持家长的计划，从而给予儿童更为安全的上网方式。《亚当－沃尔什儿童保护和安全法案》创建了一个全国性犯罪者登记处，并对性犯罪者实行三层分类，明确支持公民宣教。

2.6.1 完善教育评估标准

"儿童的权利应该建立在儿童有发育发展权利的基本概念之上。儿童的人权首先是享有受教育及道德精神上哺育教导的权利。"（张云晓等，2006）美国基于对儿童权利的理解和认识，发展未成年人数字素养的教育。

《2018～2023 年 STEM 教育战略规划》与俄勒冈州的《STEM 教育计划》均为未成年人的数字素养提供了良好的基础，尤其强调数字素养中 ICT（Information and Communication Technology）能力的重要性。《2018～2023 年 STEM 教育战略规划》由美国科技政策办公室发布，强调 STEM（Science，Technology，Engineering，Mathematics）教育的重要性，将"数字素养"划为重点，重视 ICT 能力的培养（张秋菊，2019）。2020 年，俄勒冈州发布《STEM 教育计划》，细化了相关要求，具体措施主要包括在 K – 12[①] 的教学计划里增加更多的实践活动、小学科学课的时间、高质量的课外实践活动以及为高中学生提供基于 STEM 教育的实习机会等。

为了更好地了解美国学生数字素养的教育成果，美国政府设置了不同的评估体系。美国国家教育进步评估（National Assessment of Educational Progress，NAEP）是美国基础教育领域最具影响力的评估项目，负责四年级、八年级和十二年级学生的技术和工程素养（Technology & Engineering Literacy，TEL）评估。NAEP 分为全国性测评和州测评两种，全国性测评每年实施一次，州测评两年一次，在当年 1 月的最后一周至 3 月的第一周进行，由联邦政府主导，并由法律加以保障（庄腾腾等，2018）。2014 年 NAEP 首次针对学生 TEL 进行评估，测评通过网络进行，其目的是为进一步改善 STEM 教育提供有力的改革证据。

NAEP 测评框架主要考查学生在"技术与社会""设计与系统""信息与通信技术"等三大领域中关于"理解技术原理""开发解决方案和实现目标""沟通与合作"三方面的实践能力（见表 2 – 1）。这三大领域和三种实践能力是互相重叠、互相渗透的，任何一个领域都可能体现出任何一种实践能力，三种实践能力也贯穿三个领域。同时，三大领域各有不同侧

---

① K – 12 是指从幼儿园（Kindergarten，通常 5～6 岁）到十二年级（grade 12，通常 17～18 岁），这两个年级是美国、澳大利亚，以及加拿大除魁北克省外的免费教育系统头尾的两个年级。

重的子领域（也包含着不同的实践能力）来测评学生的技术素养。TEL 评估衡量三个相互关联的内容领域以及跨内容领域的三个实践，在解决问题时，学生应该能够在内容领域内和跨内容领域应用每个 TEL 实践（庄腾腾等，2018）。

表 2 - 1　　　　　　　　美国 NAEP 2018 年技术与工程素养测评框架

框架内容	三个领域维度及其在实践中的表现		
领域维度	技术与社会 （能够了解技术对社会和环境的影响以及由这些影响引起的伦理问题）	设计与系统 （关注技术本质和技术开发过程，以及理解日常技术的基本原则）	信息与通信技术 （使用能够访问、创建和交流信息以及能够表达的软件和系统）
实践维度	理解技术原理 （重点关注学生如何应用技术知识）		
实践能力在领域中的内涵	了解技术的可持续性和环境影响； 了解信息和通信技术的社会影响； 了解社会力量如何影响技术的发展和获取	了解科学、技术和工程的不同之处； 理解发明和创新的概念； 了解工程过程的特点； 了解技术系统的目标和功能； 知道电子产品需要维护和检查； 了解设计需求具有成功的标准、界限和评价	了解如何选择合适的数字工具达到既定目标； 使用风格指南（style guides）展示如何正确地分工； 了解如何检查信息来源； 了解合作的多种形式以及可以应用不同类型的技术合作
实践维度	开发解决方案和实现目标 （学生能系统地使用技术知识、工具和技能解决问题并实现现实中提出的目标）		
实践能力在领域中的内涵	了解技术、社会、环境因果关系的原因； 掌握评估替代解决的方案和成本/收益方案； 了解设计过程信息	了解预测设计的后果； 了解对故障设备或系统进行故障排查； 掌握分析设计过程或故障排查的初始步骤； 理解如何设计产品或系统以满足需求； 理解和使用模型解决工程和设计问题	了解如何创建文本、可视化或模型解决问题； 懂得通过浏览和搜索收集信息； 理解如何使用模拟或仪器数据； 具有识别信息失真、误解或夸张的能力； 具有分析材料、信息或数据以解决问题的能力

续表

框架内容	三个领域维度及其在实践中的表现		
实践维度	沟通与合作 （关注学生能以何种方式使用多种现代技术进行交流，以个人或团体的形式与同辈或专家进行交流）		
实践能力在领域中的内涵	懂得如何提出并证明自己的决策、建议或分析； 能够评估专家的资格、可信度或客观性	能够解释和证明设计	能够识别合作和合作技术的各种形式； 能够根据对他人的理解和其使用的沟通方式调整正在进行的沟通内容； 能够创建演示文稿和其他产品支持沟通

资料来源：Technology & Engineering Literacy Framework for the 2018 National Assessment of Educational Progress［DB/OL］. U. S. Department of Education 2018 – 1. https：//www. nagb. gov/content/dam/nagb/en/documents/publications/frameworks/technology/2018-technology-framework. pdf.

NAEP Technology & Engineering Literacy（TEL）Report Card：About the TEL Assessment［DB/OL］. NAEP Report Card，2021 – 11 – 18. https：//www. nationsreportcard. gov/tel/about/assessment-framework-design/.

2.6.2 加强教育信息化

宽带是经济增长、创造就业、全球竞争以及提供更好生活方式的基础，也是数字教育开展的前提。美国注重升级网络基础设施，并将最新的教育技术设备引入校园，加强教育信息化，为未成年人提供良好的硬件设备，主要以"国家宽带计划""连接教育""国家教育技术计划"等国家战略支持发展。

一是2010 年 FCC 发布的"国家宽带计划"（Connecting America：The National Broadband Plan）。这个计划预计投资 72 亿美元发展宽带基础设施，并设置了2010～2020 年的 6 个长期目标，规定宽带网速、无线网络、宽带服务、社区宽带、公共安全、能源消费方面的要求。它旨在解决国家技术基础设施，其中包括教育基础设施建设（周佳贵，2020），并将国家数字素养工程纳入其中。国家数字素养工程包括：2012 年投资 2 亿美元发展为期四年的数字素养项目，为550 万美国家庭提供免费宽带接入服务；提高图书馆和社区中心支持数字素养培养的能力；创建涉及在线行为能力的门户网站（许欢等，2017）。

二是 2013 年美国联邦政府发起的"连接教育计划"（Connect ED initiative）。该计划获得政府机构（FCC 等）、通信行业（如 Apple、Microsoft、AT&T、Coursera）、在线教育机构的资助，截至 2017 年 5 月已累计获得 100 亿美元（王正青等，2018）。Adobe 投资超过 3 亿美元为美国 15000 所学校提供数字化学习、教学和管理支持，并建立创意教育工作者在线社区"Adobe Education Exchange"，使全球的教师可相互交流、学习数字化资源。Apple 自 2014 年以来出资 1 亿美元资助美国 114 所学校，向教学水平相对落后的学校提供教学支援、数字学习资源、教学设备（如 iPad、Mac、Apple TV）、专业支持团队等。根据 2015 年、2017 年对部分资助学校的调查，Apple 在连接教育计划下帮助教师、学生数字化教学和学习，其中设备的提供与全套资源的支持是引领技术学习的关键。在此支持下教师和学生在这两年中也呈现了一些变化，例如，对教师而言，美国小学教师比中学和高中教师更能保持他们最初对技术的积极态度，随着时间的推移，中学和高中教师则对技术使用产生了一些犹豫；对学生而言，虽然所有学生都对使用技术学习持积极态度，但小学生比中学和高中学生更为积极。美国公司环境系统研究所（Environmental Systems Research Institute，Inc.）将为 K－12 教育阶段每所学校提供免费获取 Arc GIS 在线组织账户的服务，即让学生使用与政府、企业相同的地理信息系统映射技术，该项服务总价值 10 亿美元（程文，2015）。"连接教育计划"旨在持续升级网络连接设备并将最新技术设备引入校园，以改善教师的课堂教学质量，进而变革教与学。

三是"国家教育技术计划"（National Education Technology Plan，NETP）。作为美国教育发展的纲领性文件，NETP 是一种比较全面、系统的教育技术发展计划，指引着美国教育信息化的发展方向。2016 年美国联邦政府在"国家教育技术计划"（NETP 2016）中提出对基础设施的发展和维护负责，使任何学生和教师，无论何时何地，都可以根据需要使用可靠、全面的基础设施进行学习。这包含了新型的技术工具，无所不在的连接、完善的学习设备、高质量的数字学习内容、负责的使用政策（RUPs）等（赵建华等，2016）。

一系列国家战略的实施为教育信息化提供了基础的硬件设备，但教育信息化的核心内容是教学信息化，即教学手段科技化、教育传播信息化、教学方式现代化。为此，美国学校一方面履行国家相关教育战略，另一方面实践与创新未成年人数字素养教育。但是，美国学校的相关信息化教学基本是面向中小学生的，并非完全包括 18 岁以下的全部未成年人。

美国对中小学生的数字素养教育主要依据未成年人数字素养的基本教育，渗透了"探索"的教育思想，探索技术与教学的融合模式，如在 ICT 教学实践中探索出创新教学模式并广泛应用。从早期的计算机辅助教学，到 Webquest、翻转课堂和移动学习，都体现了学校在信息技术与教育教学融合的深度。美国学校基本从早期的 ICT 教育中侧重知识的传授转向了数字时代对自我发展能力的提升和培养。这体现了美国儿童网络素养教育的能动性本质（李宝敏等，2012）。

2.6.3 发挥教师作用

美国政策及战略计划的发布强调了强化教育体系，尤其是教师信息能力的培养。《变革美国教育：技术推动学习》（*Transforming American Education——Learning Powered by Technology*）、"连接教育者"（Connect Educators）等，都不断为教育信息化可持续发展注入新内容。

《变革美国教育：技术推动学习》把教师的信息素养作为战略实施的重要内容。《变革美国教育：技术推动学习》是 2010 年"国家教育技术计划"（NETP 2010）的主题（张晨婧等，2015），提出以下提高教师信息素养的要求：（1）为教师提供个性化技术支持，使他们为所有学习者提供更有效的教学；（2）利用技术为职前、新入职和在职教师创建个人终身学习网，进行网上教学设计和资源共享，促使教师及时进行专业学习；（3）提高教师数字素养；（4）发展具有在线教学能力的师资等（徐晶晶，2017）。

在这一计划背景下，作为 2013 年"连接教育计划"补充项目的"连接教育者"把提高一线教师和学校领导的教育技术应用水平作为目标。该计划给地方教育机构提供竞争性资金，帮助教育者掌握个性化学习技术和数据使用技能，并优先资助设施水平低的地方教育机构。资金的提供根据需要灵活安排，包括培训教育工作者如何选择和使用高品质的数字内容；建立网络交流社区，强化家长、教师和专业网络间的合作，加强同行间的沟通；开发管理与反馈系统，为创新学生的评价方式开发新途径；为难以招到优秀教师的偏远学校以及缺乏高水平课程的学校提供在线学习资源，让学校学生有机会接受高水平专家的教学指导（王正青等，2018）。

2.6.4　鼓励社会参与

美国政府提案、立法、政策、战略内容多样，但常常会被裁为违宪，因此政府力量相对弱化，以社会参与为主的多方治理反而成为未成年人数字安全保护的重要模式。

图书馆作为社会包容的重要载体，有责任和义务在保障未成年人数字公平、提升未成年人数字素养中发挥作用。蔡韶莹（2020）认为儿童数字素养教育在美国公共图书馆已经实现了较大程度的覆盖，且建立了各具特色的公共图书馆儿童数字素养教育项目。公共图书馆的相关项目主要包括网络素养启蒙游戏体验、网络素养课堂、网络安全培训等，如美国凯霍加郡公共图书馆、堪萨斯城公共图书馆等均提供特色数字素养培育项目，包括针对儿童的定制化游戏和数字课堂、针对青少年的网络使用和数字技能培训等（雷雪，2021）。有的公共图书馆的课程是根据年龄层与需求划分的，如 0~4 岁儿童的数字故事时间、4~6 岁儿童的乐高创客活动、10 岁以上青少年的机器人编程活动及电影拍摄剪辑等，内容丰富、形式多样，涉及儿童发展的多个阶段。形式上除了现场教学，还有研讨会、比赛等（蔡韶莹，2020）。随着技术的发展，图书馆的课程也在与时俱进，如伴随 3D 打印技术不断创新发展的相应课程。

非营利组织更多关注未成年人数字素养的推广，以对教育者（教师、家长）的引导和面向未成年人提供建议为主。

在对教育者的指引上，面向学校（或教师）的组织旨在提供对教育课程的支持，如美国数字素养网站为教师提供专业的在线课程、网络研讨会以及数字教材资源；面向家长的组织多为孩子提供面对不同媒体、不同内容时的建议，如常识媒体指导父母在社交媒体（YouTube、TikTok、Snapchat 等）或网络游戏（我的世界、堡垒之夜等）中设置家长控制，或是指导父母面对不同年龄层（2~4 岁、5~7 岁、8~9 岁、10~12 岁、13 岁及以上）的未成年人选择网络内容等，家庭在线安全研究（Family Online Safety Institute）提供不同内容的家长须知，如强调沟通与树立榜样的"良好数字父母"视频系列以及针对网络欺凌、媒体素养、数字健康等话题引导孩子自我保护或提升的文章。

面向未成年人时，多数组织采取"倾听"与"阅读"的方式。"倾听"是通过研讨会等活动了解未成年人的想法，如 2022 年 3 月家庭在线安全研究与

Microsoft 合作开展的网络研讨会，参与成员为专家及 16 岁青少年为主的未成年人，研讨会以谈论未成年人与技术的关系、科技对亲密关系的影响、对新兴技术的关注点为主题，并从未成年人的角度出发，探讨学校在在线安全和数字文明方面是否指导得宜。其中，"引导"主要是指通过工具书、报告等文字为未成年人提供实用的建议，如美国图书馆协会（American Library Association，ALA）2013 年发布的《数字素养、图书馆和公共政策》报告探讨了各类型图书馆为学生和读者提供数字扫盲计划的方式（雷雪，2021），ALA 的子协会美国青少年图书馆协会（Young Adult Library Services Association，YALSA）2017 年出版的《青少年素养工具书》（*Teen Literacies Toolkit*）从实践层面的搜索技能及阅读技巧两个方面引导青少年的数字素养（YALASA，2017）。

此外，展望影响教育技术的研究及探索数字素养的制定标准等也成为不少非营利组织的努力方向。如自 2011 年开始，美国新媒体联盟（New Media Consortium，NMC）陆续发布"新媒体联盟技术展望"，预测全球范围内将会对教育产生重大影响的新兴技术，讨论在更具体区域内如何使用技术，并指明未来 ICT 的应用趋势；美国教育技术国际协会（The International Society for Technology in Education，ISTE）在 2016 年发布的《学生标准》（*ISTE Standards for Students*）中加入了"数字公民"维度，将个人在线隐私安全、在线社交工具使用能力以及数字公民意识纳入学生培养体系（尹睿，2018）。也有的社会组织从技术使用的等级维度测量评估体系，如美国 CEO 论坛开发的 STaR（School Technology and Readiness）评估量表对硬件和网络连通性、教师专业发展、数字化资源、学生成就和考核等四个指标做了详细具体的说明。

2.7 小　　结

基于美国政治传统以及三权分立的政治体制，在具体权衡未成年人权利与自由主义冲突时，美国陷入了长期的立法争议，使得美国的未成年人数字安全保护在全球范围看都极为特殊。纵观美国未成年人数字安全保护的历史可以发现，面对网络内容监管，作为权力主体的美国政府和社会公众群体都秉持极为审慎的态度。美国政府将监管对象从未成年人自身转移到企业、学校、第三方社会组织机构上，鼓励各社会主体协同治理，形成以政府为主导、社会各主体共同参与的实践体系。

　　从 1996 年 CDA 对儿童传播网络色情内容的限制开始，美国政府的网络内容监管一波三折，司法环节因宪法言论自由的制衡束之高阁，实际治理效能并未显现，直至 2000 年 COPPA 的成功才对儿童的数字隐私权利有了一定保障。而后，美国政府意识到从"犯罪"的维度将内容监管划入法制体系是基本被接受的，如儿童色情内容等。从深层次看，美国控制色情淫秽相对主义的立场，实际上是放弃早年的压制型的法律规制模式，转而以兼顾公众利益与个人权利平衡的模式（王婉妮，2015）。为此，美国政府设立专门行政部门（如 FCC 等），强化职能的多头监管，以期有效遏止相关风险。在政府的强烈打击下，尽管仍存在行政监管职责不明等问题，但各行各业陆续开始了以自主治理为主的内容监管，如优化内容过滤技术、推进行业规章制度等。

　　内容治理固然重要，但未成年人遭遇数字风险的比例连年攀升，让美国政府意识到不能仅把矛头指向企业及违法的传播者、持有者，学校、家长、未成年人自身也是重要的管理对象，需要建立"未成年人数字安全保护"的社会共识。只有在内容治理的基础上加强宣传，强化数字教育，才能在一定程度上减少数字风险。

　　因此，美国政府开始向推广教育的活动上引导，既包括司法部的宣导责任，又涵盖学校、图书馆的教育支援义务。同时，美国政府制定的战略及相关政策也开始强调数字教育发展，高度重视 ICT 技术在基础教育中的应用，强调运用 ICT 技术促进教育的改革与发展。学校与图书馆共同参与未成年人数字素养教育课程的创新与发展，非营利社会组织陆续开展相应的课程设计，普及数字素养教育的重要性，强化家长、教师对孩子数字素养的指导方法。

　　美国对未成年人数字安全的保护及发展实质上反映了公权力与私权利之间的博弈，是从自由主义向规制主义的转变，但整体上仍是一个以政府为主导、社会各主体共同参与的实践体系。

索　引

5. 无辜影像国家行动　Innocent Images National Initiative

6. 儿童网络隐私保护法　Children's Online Privacy Protection Act of 1998，COPPA

7. 2006 年"安全同年计划"　Project Safe Childhood

8. 学生数字隐私和家长权利法　Student Digital Privacy and Parents Rights Act

9. 联邦贸易委员会　Federal Trade Commission，FTC

10. 2011 年儿童防追踪发能发　Do Not Track Kids Act of 2011

11. 加利福尼亚州第 568 号法案，又称《橡皮章法案》　Senate Bill No. 568（Eraser Law）

12. 南卡罗来纳州《学校安全环境法》　The Safe School Climate Act

13. 网络免税法　Internet Tax Freedom Act，ITFA

14. 安全童年计划　Project Safe Childhood

15. 儿童保护法　Protect of Our Children Act

16. 梅根·梅尔网络欺凌预防法　Megan Meier Cyberbullying Prevention Act

17. ESRB 分级制度　Entertainment Software Rating Board，ESRB

18. 网络广告倡议　Network Advertising Initiative，NAI

19.《亚当－沃尔什儿童保护和安全法案》　Adam Walsh Child Protection and Safety Act

20. 2004 年国家教育技术计划　National Education Technology Plan 2004—Toward A New Golden Age In American Education

21. 2010 年国家教育技术计划　National Education Technology Plan 2010—Transforming American Education Learning Powered by Technology

22. 2016 年国家教育技术计划　National Education Technology Plan 2016—Future Ready Learning Reimagining the Role of Technology in Education

23. 变革美国教育：技术推动学习　Transforming American Education—Learning Powered by Technology

24. 连接教育者　Connect Educators

25. 常识媒体　Common Sense Media

26. 美国图书馆协会　American Library Association，ALA

27. 家庭在线安全研究　Family Online Safety Institute，FOSI

28. 美国新媒体联盟　New Media Consortium，NMC

第 3 章

英　　国

截至 2020 年，英国约有 1330 万未成年人。在有 18 岁以下未成年人的家庭中，99% 的家庭都有未成年人在家中上网，约七成 5～15 岁的未成年人使用平板电脑上网，他们每天在网络空间中花费至少 2 个小时用于学习、娱乐和社交活动（Ofcom，2021a），网络与个人发展和社交活动已密不可分。在享受互联网带来的便捷与机遇的同时，未成年人也面临诸多网络风险。

英国在未成年人保护方面有着悠久的历史传统，其保护制度相对健全，且在实践过程中形成了一套行之有效的工作原则。20 世纪末，英国通过完善立法、政府监管、教育改革和全社会联动，形成了保护与发展并重的未成年人数字安全保护体系。

3.1　把未成年人数字政策纳入国家战略

网络空间安全是英国数字化战略的七大支柱之一①。在 2009 年国际金融危机和 2017 年脱欧未决的时刻，英国政府发布《数字英国》（*Digital Britain*）和《英国数字战略》（*UK Digital Strategy*）两大国家战略，把数字化作为应对不

---

① 根据《英国数字战略》，这七大支柱分别是网络基础设施、技能与数字包容性、数字商业环境、更普遍的数字经济、网络空间安全、数字政府、数据经济。

确定性、重塑国家竞争力的重要举措（闫德利，2018），牢牢抓紧数字浪潮的发展机遇。《数字英国》诞生于经济衰退之际，体现英国对信息通信行业的厚望，以及发展数字经济巩固自身全球经济强国地位的野心；《英国数字战略》则再次体现了英国政府对数字革命的巨大信心，旨在进一步释放数字经济潜力，以应对脱欧后的机遇与挑战。两项战略的重要区别体现在对未成年人数字安全相关内容的补充方面。2017 年的《英国数字战略》将未成年人数字安全纳入国家网络安全战略，提出英国必须采取一切措施为未成年人创造一个安全可靠的网络空间，保护其免受不当或有害材料的侵害。英国政府将会对以商业形式提供色情材料的网站实施严格的年龄验证控制，并继续与行业合作，寻求技术开发带来的宝贵机会，重拳打击网络性犯罪。同时在国际上，继续以"我们保护倡议"（initiative WePROTECT）① 为引领，促进各国在打击未成年人性犯罪领域的合作，汇集解决全球未成年人性剥削与性虐待问题的专业知识及资源，提供国际支援与帮助（government of UK，2017a）。

同年 11 月，英国政府发布《互联网安全战略绿皮书》（*Internet Safety Strategy Greenpaper*），广泛收集意见，召集利益相关者共同解决未成年人在线安全问题。绿皮书指出，英国互联网安全战略以"确保英国是世界上最安全的上网地点"为战略目标，围绕未成年人在线安全、社交媒体准则、数字素养教育等方面进一步展开调研。绿皮书采用了欧盟儿童在线（EU Kids Online）② 的框架，将未成年人易接触到的网络风险划分为三个类别：内容、接触与行为。绿皮书第七章探讨了如何赋权未成年人及其父母、法定监护人，提高网络风险抵御能力，第八章列举了英国针对网络风险开展的各项立法与行政工作（government of UK，2017b）。

2010 年欧盟发布《数字议程》（*Digital Agenda*），不少欧洲国家相继制定数字化战略，意图发挥信息技术在社会中的巨大辐射作用。英国在发展数字经济、推动社会数字化转型方面一直处于世界前列，制定并实施数字化战略是英国政府确保自身在国际竞争中占据优势地位的重要手段。随着数字化战略在各领域的深入开展，未成年人数字安全被纳入国家战略，体现了英国政府治理网络空间、保障未成年人安全与福祉的巨大决心。

---

① 2014 年英国政府发起"我们保护倡议"，汇集各个国家、国际组织以及跨国公司，共同应对未成年人网络性剥削的威胁。

② 欧盟儿童在线是一项跨国研究计划，截至 2023 年，已有 34 个国家参与其中，致力于研究未成年人的媒介使用情况，提高社会对未成年人网络机遇、挑战和安全的理解。

3.2　政府规制：主导网络风险的专项治理

根据英国通信办公室（Office of Communications，Ofcom）的调查，11% 的英国未成年人遭遇过网络色情信息，29% 的未成年人在网络上与陌生人进行过社交，48% 的未成年人表示曾在网络上遇到使他们难过、恐惧和尴尬的事情（UKCCIS，2012）。英国政府高度重视未成年人数字安全，除色情信息、性犯罪、欺凌等触犯法律底线的行为，伴随着社交媒体的兴起和网络游戏的流行而出现的数据隐私、经济风险也引发了广泛的社会关注。据此，英国政府积极完善法律法规，配以行政措施与技术手段，开展针对未成年人的重点网络风险专门治理。

3.2.1　完善法律全方位治理色情信息

英国历来关注出版物中涉未成年人色情的问题。通过修订和补充法律，不断完善持有、传播未成年人色情制品的犯罪要件。1978 年《儿童保护法案》（*Protection of Children Act* 1978）第一节就单独规定，任何拍摄、允许拍摄、散发、展示、广告、为散发或展示而持有 16 周岁以下未成年人有伤风化的照片或类似照片的行为都构成犯罪（萨利·斯皮尔伯利，2004）。2003 年《性犯罪法案》（*Sexual Offences Act* 2003）将未成年人的年龄范围从 16 岁扩展到 18 岁。1988 年通过的《刑事司法法案》（*Criminal Justice Act* 1988）将制作、传播和持有未成年人色情图像定为犯罪。在互联网的冲击之下，《淫秽出版物法令》（*Obscene Publications Act*）得到调整，电子传输也被认为是一种出版行为。1999 年的"女王诉宝登"（R v Bowden）案正式确定了从互联网上下载未成年人的不雅图像构成制作犯罪，因为这样做会导致该图像的副本存在，而该副本以前不存在。2015 年《严重犯罪法》（*Serious Crime Act* 2015）第六十九条将持有任何涉及未成年人性虐待信息的物品定为犯罪，并规定该罪名适用于互联网服务提供商（Internet Service Provider，ISP）在内的所有信息服务提供商。

2017 年颁布的《数字经济法》（*Digital Economy Act* 2017）对色情内容做了进一步规定。根据该法案要求，商业色情网站引入年龄验证制度，以确保18 周岁以下的未成年人不会接触到色情内容。对于色情内容的含义，法案做出具体规定，主要指被评为 18 级的内容，即不适合未满 18 周岁的未成年人接触的含有色情信息的内容。法案还在第七章对网络过滤服务进行规定，为保护未成年人或其他目的，提供互联网访问服务的提供商可以阻止或限制对信息、内容、应用程序、服务的访问。

在保护未成年人基本权益的同时，英国立法和司法对成年人的信息传播权也做出了平衡。1988 年的《刑事司法法案》第一百六十节规定，被指控持有有伤风化（indecent）的未成年人照片罪行的人，可以从以下三方面进行辩护：具有合理理由持有此类照片；未见过此类照片，或没有理由怀疑此类照片是有伤风化的；照片是在其未做要求、未让人代其做要求的情况下发收到的，而且并没有在一个不合理的时期内持有此类照片。在 2004 年的"女王诉科利尔"案（R v Collier）中，上诉法院再次强调，如果一个人能够证明他没有看过所持有的未成年人色情图片，或是可以证明其不知道这些图片是有伤风化的，或是没有理由怀疑这些图片是色情的，那么此人无罪（卢家银，2012a）。通过宣告非法利益和设定权利底线等方式，英国试图在立法和司法实践中维持未成年人与成年人群体间的利益平衡。

2021 年 5 月，英国政府颁布《在线安全法案（草案）》（*Draft Online Safety Bill*），标志着数字时代的英国将通过更加严格的立法保护未成年人免受色情信息、性骚扰的侵害。《在线安全法案（草案）》的第二章、第三章、第四章和第七章分别对社交媒体运营商、搜索服务提供商的未成年人保护义务做出了翔实规定。例如，提供商有义务对未成年人可能访问的用户服务进行准入评估和风险评估，并据此在以下领域采取适当措施减轻未成年人受到的伤害：合规与风险管理；功能与算法设计；使用条款；用户访问特定服务和阻止用户访问特定服务的政策；内容审核；内容过滤；用户支持措施；员工政策与实践。

草案一经公布就引发了社会的激烈议论，其中也不乏批评质疑之声，认为该法案在防止未成年人接触色情信息、处理匿名虐待等问题上留下了太多漏洞。自发布以来，英国政府修改了部分条款，其中的变化包括：

➢ 将社交媒体和搜索引擎上的付费诈骗广告纳入范围，这是打击网络欺诈的重大举措；

➢ 确保所有发布或托管色情内容的网站（包括商业网站）都进行严格检查，保证用户年满 18 岁；

➢ 添加新举措打击匿名喷子，让用户更好地控制谁可以联系他们以及他们在网上看到的内容，将隔空投递性骚扰图片（cyberflashing）定为犯罪。

法案生效后，未成年人数字安全的法律保护范围与力度将进一步拓展和增强。其一，商业网站将强制实施年龄验证制度；其二，多种新型网络风险被纳入法律范围；其三，科技公司必将承担更多的社会责任，加强平台管理，保护未成年人数字安全。

3.2.2　高效监管与打击性犯罪

未成年人的网络性犯罪问题在英国比较严重，甚至使英国警方不堪重负。据 2021 年 2 月 9 日《卫报》报道，英国图像数据库上有 1700 万张涉未成年人性虐待的图像，且正在以每两个月 50 万张的速度上涨。英国国家犯罪局（National Crime Agency，NCA）未成年人虐待事务负责人罗布·琼斯警告，如果 Facebook 等社交媒体网站继续推进对消息服务的加密，这一情况将会恶化。

NCA 是英国打击未成年人性虐待的主要执法部门，其职责是调查和逮捕性犯罪者、保护受害者、教育未成年人和他们的父母有关网络性犯罪的风险，保护未成年人免受性剥削和性虐待威胁。NCA 与英国警方和其他合作伙伴协作，在全国范围内打击网络性犯罪，仅 2021 年前九个月就保护了近一万名未成年人。

NCA 面向社会广泛接受关涉未成年人性虐待的举报。随着《在线安全法案（草案）》的完善，英国公司开始有了一项新的法定义务，即向 NCA 报告其平台上的未成年人性虐待内容。该法案要求英国公司向 NCA 提交的报告需要符合一套明确的标准，以确保执法部门获得保护未成年人和追捕罪犯所需的高质量信息。法案概述了新系统将如何取代英国现有的自愿报告制度，让 NCA 成为接收和处理行业报告的指定机构。同时，英国公司将继续通过现有机制（NCMEC 的 Cyber Tips 门户）或直接向当地警方报告其平台上所有的未成年人性虐待内容。

除警方行动外，英国打击网络性犯罪的举措最早可以追溯到 1996 年。1996 年，由贸易与工业部牵头，联合多个互联网服务提供商，开展互联网内容治理讨论，成立了互联网观察基金会（Internet Watch Foundation，IWF）。IWF 成立的最初目的是追捕并删除任何关涉未成年人性虐待的在线记录，后来扩大到涵盖犯罪淫秽的所有材料。截至 2023 年 3 月，超过 175 家公司是 IWF 的成员，其中不乏互联网世界巨头。① IWF 要求成员自律，主动参与保护未成

---

① Our members，IWF［2023 - 03 - 28］，https：//www.iwf.org.uk/membership/our-members/.

年人在线安全行动，与此同时，IWF 向成员提供专业知识和保护工具，承诺保护成员网络平台的安全。

通过报告删除制度和网站黑名单，IWF 高效监管着网络色情。IWF 提供唯一受到政府认可的可疑内容报告网站，它根据 2003 年《性犯罪法案》的谅解备忘录（Memorandum of Understanding，MOU）设立。根据谅解备忘录，IWF 与网络服务提供商及英国警方合作，将在英国托管的所有 18 岁以下未成年人的不雅照片删除。此外，IWF、全国预防儿童虐待协会（National Society for the Prevention of Cruelty to Children，NSPCC）和年龄验证应用程序（Yoti）合作开发了一款报告删除工具，帮助未成年人以匿名方式在线删除自己的不雅照片。IWF 编译并维护一个涉及未成年人性犯罪的网页列表，该列表通常包含 5000 ~ 12000 个统一资源定位符（uniform resource locator，URL）。根据该列表，互联网服务提供商主动屏蔽潜在的犯罪网页，被列入黑名单的网站还会受政府审查。

总体而言，英国国家犯罪局作为打击未成年人性虐待的专门部门，通过结合高新技术运营，配合行业协会自律，实现了对网络性犯罪的高效监管和治理。

3.2.3　学校是防治网络欺凌的主阵地

全球领先的反欺凌慈善组织"抛弃标签"（Ditch the Label）将网络欺凌定义为"使用数字技术有目的地冒犯、羞辱、威胁、骚扰或虐待某人"。根据英国法律，网络欺凌不是一项特定的刑事犯罪，某些形态下的网络欺凌适用于刑法和民法中的"骚扰"（harassment）罪名。根据《诽谤法》（Defamation Act）和《通信法》（Communication Act 2003），网络欺凌行为也可能受到制裁。未成年人群体中的网络欺凌通常是校园欺凌的前兆或延伸，随着智能手机和平板电脑的普及，网络欺凌现象会愈发普遍，因此发现迹象并及时处理对防治欺凌极为重要。

在英国，预防欺凌是学校的重要义务。2006 年的《教育和检查法》（Education and Inspections Act）赋予学校负责人权力，可以制定预防欺凌的学校政策，其中包括网络欺凌。一旦学校确立的政策生效，班主任有权没收学生物品，要求学生透露手机上的信息或内容以确定是否发生欺凌行为，甚至可以申请对不合作学生予以惩戒（European Parliament，2016）。此外，所有学校教职工需要熟知未成年人保护政策以及欺凌、歧视等问题的后续处理程序，所有教职工都要接受未成年人保护培训（包括在线安全保护），培训至少每年一次，主要是为未成年人提供早期帮助的技能与知识（Department for Education，

2021）。在 2017 年的《互联网安全战略绿皮书》中，保障教育环境安全被再次强调，绿皮书指出，每一所学校都要采取措施预防欺凌行为的出现，学生可以报告任何形式的欺凌行为，包括网络欺凌事件（government of UK，2017b）。

越来越多的社会主体开始与学校合作，推进预防网络欺凌的计划项目。全国预防儿童虐待协会向英国中小学推出免费的"大声说出，保证安全"（Speak out Stay safe）服务。截至 2020 年 2 月，900 余名志愿者通过走访英国90%以上的小学，提供网络欺凌主题的集会和讲习班，帮助孩子们理解欺凌的相关知识。

2017 年的《数字经济法》明确了政府和网络服务提供商在应对网络欺凌方面的义务，要求政府发布指导意见，指导社交媒体采取行动，以解决互联网上的欺凌、恐吓或侮辱行为。据 Facebook 表示，公司在打击网络欺凌方面领先于行业平均水平。截至 2020 年，已投资研发检测和删除具有攻击性言论的技术，并将网络安全团队扩大至 35000 人。此外，还与专家建立牢固的合作伙伴关系，致力于保护平台所有用户，尤其是未成年用户的安全。①

随着社交媒体打击网络欺凌的技术手段相继提升，慈善机构向家庭与学校提供各种反欺凌的支持服务，英国防治网络欺凌逐渐形成了以学校为主阵地、社会各主体共同参与的模式。

3.2.4　专门立法严格管理未成年人个人数据

《数据保护法》（*Data Protection Act* 2018）是英国最主要的数据保护立法。自 2021 年 1 月脱欧后，欧盟的《通用数据保护条例》（*General Data Protection Regulation*，GDPR）不再在英国拥有任何管辖权。英国通过了自己的 GDPR 版本——UK-GDPR，被包含在《数据保护法》中，现已生效。UK-GDPR 加强了英国对未成年人数据隐私的保护，强调透明度和问责制原则，规定在未成年人访问网络服务和处理未成年人数据时，内容提供商必须使用易于他们理解的、简单明了的语言进行情况说明。

由英国数据保护监管机构——信息专员办公室（Information Commissioner's Office，ICO）制定的《适龄设计规范》（*Age Appropriate Design Code*，简称《儿

---

① Bullying：Schoolmates 'told me to die' in online posts，BBC（2020 - 12 - 05）［2023 - 03 - 28］，https：//www.bbc.com/news/uk-wales-55133454.

童准则》）于 2020 年 9 月 2 日正式生效。作为全球首部专门针对网络服务进行适龄设计的行为准则，它是英国政府规范科技行业、保护未成年人数字安全的一次大胆实践。该准则包含 15 项内容（见表 3 - 1）。

表 3 - 1 　　　　　　　　英国《适龄设计规范》的基本原则与内容

基本原则	具体内容
未成年人的最大利益	未成年人的最大利益是首要考虑因素
数据保护影响评估（data protection impact assessments）	数据保护影响评估是一个明确的流程，可帮助识别产品与服务中的数据风险以及使其最小化，尤其是未成年人易接触的风险
适龄设计应用	用户的年龄以及不同年龄和发展阶段的未成年人的需求应该是产品服务和应用的设计核心
透明度	用户可以明确、开放、真实地了解和访问在线服务
数据的有害使用	避免任何损害未成年人身心健康、违反政府与行业规范的数据使用
政策和社区标准	设置用户社区规则和使用条件时，需要积极维护并执行这些规则和条件
默认隐私设置	收集和处理未成年人数据时提供隐私设置，以便改善、增强未成年人的体验
数据的最少收集	收集服务所需的最少的个人数据
数据共享	数据共享分为常规情形或一次性（紧急）情况
地理位置数据	用户设备的数据表明该设备的地理位置，包括 GPS 数据或与本地 WiFi 设备连接的数据
家长控制	包括设置时间限制或就寝时间、限制仅能访问预先批准的网站、限制应用程序的内置消费，以及监测未成年人的在线活动和跟踪他们的地理位置
数据处理（profiling）	任何形式的个人数据自动处理
助推技术（nudge techniques）	避免使用助推技术引导未成年人选择简单的、低隐私级别的设置
联网设备	联网设备收集个人数据也需遵守规范
在线工具	帮助未成年人简单轻松地行使权利，如访问其个人数据副本，进行投诉或采取任何补救性措施

资料来源：Information Commissioner's Office：Age appropriate design, a code of practice for online services [DB/OL]. https://ico. org. uk/for-organisations/guide-to-data-protection/ico-codes-of-practice/age-appropriate-design-a-code-of-practice-for-online-services/.

　　《适龄设计规范》设定标准并解释了 UK-GDPR 如何适用于未成年人,以确保其能顺利地使用服务,同时在默认情况下尽量减少数据的收集与使用。根据该准则,科技公司在开发产品与服务时必须考虑未成年人的最大利益、未成年人发展的年龄和阶段、家长控制和透明度。科技公司不应在使用未成年人个人数据时损害其福祉,不得在没有令人信服的理由的情况下共享数据,或使用助推技术鼓励未成年人提供不必要的数据。科技公司必须遵守公布的条款和条件,并实施数据保护影响评估。数据保护的默认值应包括"高度隐私"设置和数据最小化,并且不进行地理位置跟踪或分析,联网玩具或设备必须配备有效的工具控制隐私的获取。此外,针对数据透明度,儿童准则在 UK-GDPR 的基础上进一步面向家长和儿童给出细化建议(见表 3 - 2)。

表 3 - 2　　　　　英国面向家长和不同年龄范围儿童的数据透明度建议

年龄范围	面向家长	面向儿童	
0~5岁	按照告知规定提供可读性强的完整信息; 监护人同意提示条款; 处理(收集、存储、使用、转移、披露等)儿童个人信息的类型、目的、方式和范围; 儿童个人信息安全的安全保障措施; 儿童个人信息保护(含更正、删除)专门渠道及联系方式等	提供视频或图片,告知禁止与允许的行为	提示与父母一同阅读或向父母寻求帮助
6~9岁		提供视频或图片说明,简单解释服务中涉及的隐私概念、默许设置以及如何更正、删除信息等	
10~13岁		提供隐私政策简洁(视频或图片形式)和详细版本(文字形式)的选择项,简单解释信息收集类型和使用目的;默认设置以及改变设置后的风险;如何更正、删除信息等	

　　资料来源:安琳:《儿童个人信息网络保护的困境与制度应对——基于对"监护人同意"模式的反思》,载于《图书馆研究》,2022 年第 52 卷第 1 期,第 104 ~ 112 页。

　　《适龄设计规范》是英国率先在整个欧洲解决未成年人数字安全问题的一次尝试,它从数据立法角度体现了英国的未成年人保护思路:尊重未成年人权利,重视未成年人福祉。该准则给平台和网络服务提供商带来了更大的压力,其中包含关涉未成年人安全的具体要求,也在一定程度上完善和补充了《儿童保护法案》。

3.2.5 重点防范游戏的内容与经济风险效益

英国未成年人热衷于网络游戏的比例高达93%（Children's Commissioner，2019），网络游戏带来的负面效应在英国也同样存在，比如越来越多的暴力图像和不适内容、游戏与赌博之间的潜在关联、未成年人可能遭遇陌生人诱导或成为欺凌的目标、过度的游戏时长可能会影响个人发展和社交活动等。

1. 有关内容风险的保护

不良网络游戏内容会对未成年人的身心健康、价值观的形成造成潜在的负面影响。针对网络游戏中普遍的暴力、色情和幻想内容，英国采用欧洲交互软件联合会（Interactive Software Federation of Europe，ISFE）开发的PEGI年龄分级系统（Pan European Game Information，PEGI）对游戏提供评级指导。通过使用年龄建议和内容描述，帮助未成年人及监护人判断游戏内容，做出明智的消费决定。PEGI的分级标准具体见表3-3。

表 3-3 　　　　　　　　　　欧洲 PEGI 年龄分级系统

分级标识	内容描述
3	适合所有年龄
7	可以接受非常轻微的暴力
12	对幻想角色表现出更形象化的暴力或对类人角色的非现实暴力，可能存在性暗示或性姿势。此类游戏中的任何不良语言都必须是温和的
16	对暴力（或性活动）的描述达到与现实生活中相同的程度
18	描述严重暴力、明显无动机的杀戮或对手无寸铁的角色的暴力，美化非法药物使用，露骨的性活动
"！"	此标志代表游戏内容适合所有年龄段，但建议未成年人在家长陪同下进行

资料来源：根据 PEGI 官方网站（https：//pegi.info/）资料整理。

PEGI 使用一套标准确定网络游戏的年龄分级，但有两种分级程序，以适应不同商业模式的需求。其一，传统的预发布验证方法，主要针对以实体产品发布并通过零售商销售的游戏。在游戏发布以前，出版商会为游戏的每个版本设计一份调查问卷，根据游戏生产商的回复，PEGI 评级系统会自动确定临时年龄评级，然后由 PEGI 管理员审查游戏内容，批准或修改临时年龄等级。最后由出版商将年龄分级标识复制在游戏包装上进行销售。其二，产品发布使用后验证方法，主要针对全球化的数字游戏市场上发布的游戏。游戏生产商不必通过多个流程获取不同国家和地区的游戏分类方法，发行商直接将游戏进行数字发布，同时填写一份由国际年龄分级联盟（International Age Rating Coalition, IARC）发布的问卷，游戏一经发布，年龄分级标识就会显示在数字商店中，由 IARC 管理员共同检查所有分级的游戏，确保年龄分级正确。如果出现错误，管理员可以快速完成在线修改。

2. 有关经济风险的保护

经济风险是网络游戏潜在的重要风险之一。根据英国儿童事务专员（Children's Commissioner）2019 年的一项调研，未成年人通常出于获得趣味、提高实力和同伴压力等目的在游戏中消费，且消费（某些情况下甚至高达数百英镑）往往发生在完全不清楚回报的情况下。回报一般是虚拟世界中的奖励，具有极强的随机性。典型表现就是许多网络游戏内置的"战利品箱"（loot boxes），在打开箱之前，里面的东西是未知的。玩家可以使用游戏的内置货币打开宝箱（但赚取过程通常极为缓慢），或者采用快捷方式——支付现实世界的货币。大额的支出使得这种行为越来越近似一种"赌博"，引诱未成年人逐步丧失对金钱的控制。

英国儿童事务专员提出，英国政府应尽快采取行动监管游戏行业。开发者和平台应禁止通过花钱使孩子在游戏中取得进步，支出应仅限于与游戏表现无关的部分，如审美物品；所有内置消费的网络游戏都应包含让玩家追踪消费历史的功能；网络游戏应设置每日消费上限，并默认对未成年人开启。同时，政府应仔细审查和修改《赌博法》（Gambling Act）中关于"赌博"的定义，确保它能够准确地反映新的赌博形式，如"战利品箱"等（Children's Commissioner, 2019）。考虑到网络游戏公司的创新和商业激励，"战利品箱"只是其盈利的一种形式，儿童事务专员强调，英国立法者必须面向未来，灵活应对网络游戏的更新迭代。

游戏行业发展日新月异，英国政府在《互联网安全战略绿皮书》中提出未来将加强对游戏行业的监管，重视网络游戏带来的风险，包括歧视与欺凌问题；加深对各种保障措施、技术和协议的理解，探索适用于游戏行业的社交行为准则；为游戏公司提供指导，分享优秀实践，使消费者（尤其是未成年人）获得安全、愉快的在线游戏体验（Government of UK, 2017b）。

3.3　社会分工：数字安全保护主体各司其职

21 世纪初期，英国政府意识到仅凭修订法律来治理网络风险是远远不够的，因此成立了一系列独立机构专门监管互联网安全，开展未成年人保护工作。英国政府联合行业、学术界成立互联网安全委员会，制定未成年人数字安全战略与政策。企业、媒体自我规制，促进未成年人保护体系的进一步成熟，它们或提供技术手段，或制定行业守则。利益相关者们各司其职、相互协调，为英国社会提供未成年人保护的操作指南。

3.3.1　独立机构牵头治理

1. 通信办公室

通过 2003 年的《通信法》（*Communication Act* 2003），英国议会对通信办公室（Ofcom）充分赋权，规定 Ofcom 为英国的互联网治理机构，独立于英国政府。Ofcom 的职责包括监督互联网内容、开展媒介素养研究、促进行业竞争，并在网络安全方面给予公众建议。

Ofcom 持续关注未成年人媒介素养。2006 年，Ofcom 首次将未成年人媒介素养纳入研究报告，从 2010 年起连年发布研究报告，分析未成年人个人及其父母的媒体使用态度和习惯，给予行业、消费者重要参考意见。2021 年 Ofcom 的未成年人媒介素养研究发现，5～15 岁的未成年人已基本全部接入互联网，超过一半的 12～15 岁未成年人有过负面的网络体验。在使用搜索引擎的 8～15 岁未成年人中，只有不到一半可以正确识别广告信息。70% 的未成年人知道举报功能的存在，但只有 14% 的人举报过（Ofcom，2021b）。

针对新冠肺炎疫情背景下的数字生活，2021 年 Ofcom 发布《在线国家》（*Online Nation*），详细描述了 2020～2021 年英国未成年人的网络使用情况、经常遭遇的网络风险以及政府的应对措施。报告指出，对于公众认为是"数字原住民"的一代未成年人，在线交流和社交媒体已经在他们的生活中发挥了比以往任何时候都更加重要的作用（Ofcom，2021a）。

Ofcom 接收关于未成年人数字安全问题的在线投诉，投诉功能自上线以来获得了良好的口碑。此外，Ofcom 还为家长提供保护未成年人数字安全的详细指南，包括如何安装网络过滤控件、如何处理孩子遭遇的网络欺凌等。

随着在线应用种类和服务的不断丰富，近年来，Ofcom 被赋予新责任，监管包括视频分享平台在内的更大范围的网络安全。视频分享平台（Video-sharing platforms，VSPs）是一种在线视频服务，允许用户上传视频并与公众分享，具有代表性的 VSP 包括 FruitLab、Recast Sports、Snapchat、TikTok、Triller等。英国政府于 2020 年秋季立法，赋予 Ofcom 监管视频分享平台的权力。在英国设立的 VSP 必须遵守保护用户免受有害视频侵害的规则，规管 VSP 的法定框架载于 2003 年《通信法》4B 部分，该框架旨在保护 VSP 用户免受潜在伤害，特别是保护 18 岁以下未成年人，禁止查看特定类别如煽动仇恨或暴力的材料，如果视频包含这些材料将构成刑事犯罪。

尽管如此，不少社会活动人士仍指责社交媒体公司在保护未成年人方面仅做了最低限度的工作，敦促英国政府赋予 Ofcom 更多监管责任，迫使科技公司优先考虑未成年人的最大利益。预计在《在线安全法案（草案）》正式生效后，Ofcom 将有权调查科技公司可能违反法律的行为，具体方式包括要求面谈、提供信息，以及对数字服务提供商处以罚款。Ofcom 有权对不遵守法律的公司处以重大经济处罚——高达其全球年营业额 10% 的罚款，以迫使其自我改进，封锁不合规的网站。此外，如果 Ofcom 有合理理由认为数字服务提供商未能履行与恐怖主义或未成年人性剥削和性虐待内容相关的职责，可以通过发布"技术警告通知"，要求提供商使用经认可的技术来识别和删除内容。

2. 儿童事务专员

儿童事务专员（Children's Commissioner）在英国未成年人保护体系中具有特殊地位。儿童事务专员是一个具有法定权力的独立职位，该职位最初是根据2004 年《儿童法》（*Children Act*）设立的，该法规定专员"代表未成年人观点和利益"的义务。

儿童事务专员尤其代表弱势或者难以表达自己观点的未成年人，专员的法定职责包括了解未成年人对影响他们事物的看法，鼓励决策者始终考虑他们的最大利益。专员在未成年人的数字生活、教育、心理健康与福祉、弱势群体等领域广泛开展工作。

儿童事务专员定期组织数字调研，调查未成年人在网络使用中是否得到特殊保护，以及探索如何创建一个更加安全的数字平台。近年来，专员针对未成年人在线生活发布了一系列调研报告，例如《与孩子讨论网络性骚扰：父母指南》（*Talking to Your Child About Online Harassment：A Guide for Parents*）、《访问被拒绝：端与端加密如何威胁儿童在线安全》（*Access Denied：How End-To-End Encryption Threatens Child Safety Online*）、《游戏系统》（*Gaming the System*）、《赌博法综述》（*Gambling Act Review*）等。报告涵盖了未成年人在数字生活中可能遭遇的各种风险，包括性骚扰、数据泄露、过度氪金、社交焦虑等。

2017 年，儿童事务专员发起了"每天 5 次数字化"（Digital 5 a day）活动，旨在帮助父母管理孩子的在线时间，并为社交媒体公司设计简单明了的约束条款。未来儿童事务专员计划将进一步举办大量的数字生活宣传活动，揭示未成年人数据被泄露、出售和使用等问题，并为学校和家长制作指导手册。作为计划的一部分，专员正在与泰晤士报教育副刊 TES（the Times Educational Supplement）合作，制作简化的 Instagram、Facebook、WhatsApp、Youtube、Snapchat 等应用的条款与条件版本，以便教师帮助学生更好地理解何时可以同意加入社交媒体，安装其应用程序。

3.3.2　政府部门主导合作

英国在保护未成年人数字安全实践上一贯保持着政府主导、社会参与的模式。英国政府最早从 2001 年起开始联合社会各界共同关注未成年人数字安全问题，通过成立内政大臣在线儿童保护工作组，将社会机构与行业、执法部门联合起来，加强对未成年人数字安全的保护力度。2008 年，英国文化、媒体和体育委员会发布报告，提出该工作组的结构和资金应该正式化。此后，英国儿童互联网安全委员会（UK Council for Child Internet Safety，UKCCIS）正式成立，它由来自政府、互联网行业、法律界、学术界和慈善部门的 200 多个机构组成，联合学术、科技力量共同开展互联网安全研究，制定未成年人互联网战略，向行业提供咨询并发布准则。其发布的重要文件包括《儿童在线安全：社交媒体和服务提供商指南》（*Child Safety Online：A Practical Guide for Providers of Social Media and Interactive Services*）、《解决面对面和线上的种族与信仰欺凌问题》（*Tackling Race and Faith Targeted Bullying Face to Face and Online：A Guide for Schools*）、《校园中的色情短信现象》（*Sexting in Schools and Colleges*）等。

为扩大儿童互联网安全委员会的职责范围，在英国互联网安全战略绿皮书（2017）的指导下，英国互联网安全委员会（UK Council for Internet Safety，UKCIS）于 2018 年正式成立，成为英国儿童互联网安全委员会的继任者。UKCIS 继承并发展了 UKCCIS 的传统与职责，旨在为最弱势群体提供更安全的网络体验；帮助所有用户获得"默认更安全"的产品、平台和服务；为家长、教师和专业人士提供识别和应对在线风险的工具。UKCIS 的关注领域包括未成年人遭受的在线伤害，尤其是网络欺凌和性剥削、激进化和极端主义、针对妇女和女孩的暴力行为、仇恨犯罪和仇恨言论以及对受《平等法》（Equalities Bill）保护的群体的歧视，例如对残疾或种族的歧视。

自 2018 年成立起，UKCIS 开始出台一系列改善教育环境、促进未成年人发展的政策文件，其涵盖主题广泛，包括数字技能学习、数字韧性培养、教师网络安全意识评估、弱势群体的重点关怀等。

2018 年，UKCIS 发布指南《连接世界的教育框架》（Education for a Connected World Framework），描述了未成年人在不同年龄（分为四个阶段：4~7 岁、7~11 岁、11~14 岁、14~18 岁）和人生阶段应该抓住机会发展的数字知识和技能，强调了孩子在当前信息技术方面应该掌握的内容以及技术对行为和发展的影响，强调要大力支持未成年人参与数字生活并保证其在线安全（UKCIS，2018）。该文件集中关注信息教育的八个方面：（1）自我形象和身份；（2）网络社交；（3）网络声誉；（4）网络欺凌；（5）信息素养；（6）生活方式；（7）隐私和安全；（8）知识产权。

2020 年，UKCIS 发布政策文件《数字韧性框架》（Digital Resilience Framework），提出在数字时代学习识别和管理网络风险，从艰难经历中吸取教训、自我恢复，是实现个人发展的重要组成部分。文件详细描述了数字韧性的四维框架：理解、认知、学习和恢复，并指出数字韧性主要通过经验而不是学习获得，它能增强个人发展的技能和信心，使其更好地应对负面后果或是承担压力（UKCIS，2020a）。同年，UKCIS 发布《在线安全审计工具》（UKCIS Online Safety Audit Tool），以问卷形式提供测评，帮助实习教师和新合格教师更好地了解他们在确保未成年人网络安全方面的责任以及学校的政策和实践。该文件为实习教师和新合格教师的发展提供了详细的指导意见（UKCIS，2020b）。

弱势未成年人可以从网络使用中大获裨益，但也比同龄人更易受到伤害，英国政府尤其重视对弱势群体的帮扶，UKCIS 成立下属弱势用户工作组

（Vulnerable Users Working Group Members，VUWG），专门保护弱势未成年人①的数字安全。

2021 年，弱势用户工作组联合英国数字、文化、媒体和体育部发布"数字护照"（Digital Passport），帮助有不良童年经历的未成年人与他们信赖的成年人定期讨论数字生活，以提高他们安全上网的能力。"数字护照"作为一种交流工具，为未成年人及其监护人提供支持这些讨论的结构与资源，包括供孩子表达自己的感受、期待和兴趣的部分，以及供护理者和其他专业人士讨论数字事物以及它们重要性的部分。通过"数字护照"，护理者聆听弱势未成年人的诉求，帮助他们顺利地融入社会（UKCIS，2021c）。

2022 年，工作组出台了《儿童社会关怀的社会工作原则》（*UKCIS Principles for Social Work in Children's Social Care*），该文件列有九项指导原则，每项原则附有最佳实践示例以及需要警惕的风险，这些原则整体上可以分为三个部分：执业工作原则、从业者支持以及受护理的未成年人支持。该文件指导社会工作者和护理人员更好地支持接受护理的未成年人的在线生活（UKCIS，2022）。

3.3.3　行业协会联合行动

在英国政府、活动家和慈善机构的鼎力支持下，不少科技公司联合起来成立应对未成年人网络风险的行业协会。在线安全技术行业协会（Online Safety Tech Industry Association，OSTIA）发起于 2020 年，起初是为解决新冠肺炎疫情期间英国显著增加的网络性虐待和性骚扰事件，后逐渐成为英国在线安全事业的推广与发展组织，旨在通过媒体、公关广泛提高公众、行业和政府对英国安全技术的认知，提出并推广政府和行业合作的有效方案，指导父母及看护人教育他们的孩子健康安全地上网。OSTIA 主席表示，协会的形式能够将科技公司的声音带到"桌面"上，发出一个更强大的集体声音，实施网络安全领域的变革。

英国互联网服务提供商的联合在清理屏蔽有害信息、提供家长控制手段上

---

① 根据儿童事务专员发布的年度儿童脆弱性框架，可以从身体、精神疾病和挨饿状况衡量弱势未成年人，具体包括无家可归或被学校开除的未成年人、有被忽视的风险的未成年人、与有健康问题的父母同住的未成年人等。

发挥着巨大作用。早在 2011 年，英国四大互联网服务提供商就共同签署了一份《家长控制规范》（*Code of Practice on Parental Control*），承诺它们的新用户将拥有控制网络风险的主动权利。2013 年，四大互联网服务提供商均同意自愿引入内容过滤器过滤非法内容，并对网站进行分级标记。四大互联网服务提供商先后推出家长控制服务，覆盖了英国大多数用户：TalkTalk 于 2011 年推出 TalkTalk HomeSafe；Sky 于 2013 年 11 月推出 Sky Broadband Shield；BT 于 2013 年 12 月推出 BT 家长控制；Virgin Media 于 2014 年 2 月推出 Web Safe。互联网服务提供商允许家长在以下三种控制方案中自主选择：默认过滤（default filtering）、选择控制程度（parent choosing controls），或上述两种合二为一。以 BT 家长控制为例，它提供三种可供选择的控制程度——严格、中等和轻度，其中轻度级别过滤仅限制未成年人对标记为色情、淫秽、仇恨与自残、药物、烟酒和约会网站的访问。

　　尽管以未成年人保护为目标导向，严格的内容过滤机制仍引发了英国社会的不满与质疑，尤其在有效性和言论自由方面。在英国数字、文化、媒体和体育部门的要求下，通信办公室定期对未成年人数字安全和 ISP 内容过滤机制展开调研。据 2018 年通信办公室的数据，内容过滤或许并未让大多数家长放心和满意。在了解内容过滤器的 5～15 岁未成年人的父母中，有一半表示他们不使用过滤器是因为他们更喜欢使用其他调解策略（如监督、制定规则或与孩子交谈），或因为他们相信自己的孩子懂事（Ofcom，2018）。

　　英国互联网服务提供商开始尝试其他途径，如提供家庭和教育领域的公共服务，开展宣教活动，支持家长和学校科学系统地培养未成年人数字素养。2014 年 5 月，四大 ISP 联合发起了一项名为互联网事务（Internet Matters）的活动，并成立相应的主题网站，在线提供数字安全的咨询服务和工具素材。网站详细展示了未成年人可能遇到的网络风险信息指南，包括网络欺凌、社交诱导、不良内容与虚假信息、网络色情、网络沉迷、自残与极端主义等。它针对英国学前、小学、中学教育分别提供数字教学资源、教学工具和网络学习平台；汇总了有关未成年人数字安全与福祉的最新专家观点、研究结论、新闻稿件与出版物；还就如何为特定宽带、设备设置适当控制和内容过滤器提供说明，供家长们参考。该活动得到了包括 Facebook、Dixons Carphone 在内的科技公司的大力支持。2016 年 4 月至 2017 年 3 月，超过 200 万人访问了互联网事务官网。

3.3.4 媒体机构加强自律

媒体对未成年人有广泛影响，媒体自律对保护未成年人权益不可或缺。英国广播电视公司（British Broadcasting Corporation，BBC）是世界范围内最具影响力的广电机构之一，除受本国《广播电视法》（*Broadcasting Act*）、《通信法》（*Communications Act*）的约束外，它在媒体报道方面有一套内部的观念和准则，规定所有与未成年人打交道的工作人员都必须遵守该准则，形成与未成年人群体间的尊重关系。

《编辑指南》（*Editorial Guidelines*）是 BBC 最重要的文件之一，它详尽地阐释了 BBC 在媒体报道方面的价值与规范，它适用于以任何形式在任何平台发布的任何内容，包括广播、电视、印刷品和在线内容。《编辑指南》第五节、第七节、第九节分别提到有关未成年人数字安全保护的内容。第五节是内容规制的专章，详细列举了 BBC 在多个主题与情形下的内容报道与发布规范。在数字内容方面，当 BBC 的音视频内容上线 BBC 网络平台或其他视频平台时，必须预先提供视频的信息和背景，以供受众尤其是未成年人判断视频内容，并在访问视频之前做出适当的决定。对于暴力、色情、恐怖、药物酒精滥用、明显裸露、虐待、自残等不适合未成年人观看的内容，或是包含有害、危险行为容易被未成年人模仿的视频内容，应打上清晰、准确的警示标签。

第七节是隐私保护专章，规定了 BBC 在任何平台播出的内容若存在侵害未成年人隐私的可能，都必须征求其本人、父母或法定监护人的知情同意。对于使用社交媒体中的未成年人素材，如个人视频和图像等，尤其要获取未成年人的知情同意，并且需要考虑使用这些素材的潜在影响，例如是否会唤醒未成年人悲惨、羞辱或令人痛苦的记忆。

第九节是保护作为信息提供者的未成年人的专章，规定了如何维护未成年人福祉、保护其个人信息，以及获取知情同意方面的内容。其中重点提出要谨慎存储、报道未成年人的个人信息与图像；在收集任何有关未成年人性虐待、网络欺凌的图像或视频后，要迅速向有关部门报告，对于处于危险之中的未成年人，需拨打紧急电话，立即请求紧急服务；如要求未成年人提供信息或做出贡献，应考虑其父母及监护人的同意程度。

从内容规范到隐私保护，《编辑指南》描述了 BBC 所有工作人员应尊重和保护未成年人的基本原则，同时考虑到网络空间的适用性，将未成年人保护原则延伸到数字空间，对音视频内容的搜集与发布做出了适当补充。

3.4　教育体系：安全教育与素养教育并重

英国的信息素养教育起源于20世纪80年代，教育信息化初步启动，信息与通信技术成为正式课程。随着21世纪初英国政府的一系列战略规划，教育信息化得到指导和巩固，ICT 与 STEM（science，technology，engineering，and mathematics）教育相继被提上日程。

安全教育不仅是英国的教育政策，还是教育法治化的组成部分。1988年议会通过的《教育改革法案》（*Education Reform Act*）就确定了"保障中小学生安全"的核心原则。该法案要求安全教育贯穿于学校日常教育的始终，教师要培养学生安全意识，并根据实际情况灵活地传授安全知识（刘亚轩，2010）。

3.4.1　保障教育环境的数字安全

英国注重从系统的、环境的角度保障未成年人安全。1989年的《儿童法》（*Children Act*）规定，在任何情况下英国的每所学校都必须将孩子的安全与福祉放在首要位置。

保障校园环境数字安全不仅意味着学校要保证网络基础设施和设备的安全，更代表学校要将风险意识融入综合的教学管理手段中，在校园文化和校园安全治理中强化在线安全概念，在教学中嵌入在线安全内容，在管理中强化教职工的在线安全意识。

《保障儿童教育安全》（*Keeping Children Safe in Education*）是英国所有学校及学校管理人员、教职工的法定指南，首次发布于2015年，最近更新于2021年。指南提到，网络安全是教育环境安全的重要部分，学校应设置适当的网络过滤和监测系统，保护未成年人免受有害资料的侵害（Department for Education，2021）。

2019年，英国教育部出台文件《在线安全教育》（*Teaching Online Safety in School*），该文件适用于学校领导、学校工作人员和管理机构，提出了在线安全教育始终要与学生的年龄和发展状况相适应，概述了学校如何确保学生在网络课程学习过程中的安全，例如，可以对在线学习材料进行审查、寻求外部机构获取最新专业知识的支持、对较少获得家庭关怀的孩子进行特殊照顾等（Department for Education，2019a）。

3.4.2 适龄的信息素养教育体系

信息素养教育在英国有悠久的历史，英国制定了适用于初等教育和中等教育阶段的信息素养教育课程标准，并将信息教育列为必修课，在社会组织、公共图书馆的支持服务下，形成了完整的信息素养教育体系（冯瑞华，2008）。

20 世纪 80 年代，信息与通信技术成为专门课程并在中小学教育中普及，1998 年，英国全面启动国家学习系统，成立了教育传播与技术署。21 世纪后，英国政府出台了一系列战略规划（见表 3-4、表 3-5），深化教育信息化的建设与应用（马宁等，2016）。

表 3-4　　　　　　　　　　英国信息素养教育战略规划

年份	战略	机构	重点
2004	《关于孩子与学习者的五年战略规划》	英国教育与技能部	ICT 是教育改革的核心，应把学校、家庭、社区等各环节都系统融入教育体系中
2005	信息化战略：《利用技术：改变学习及儿童服务》	英国教育与技能部	重点确立了为全体国民提供综合在线信息服务、为儿童及学习者个人提供综合在线支持、建立一套支持个性化学习活动的协作机制，为教育工作者提供优质 ICT 培训和支持，为教育机构领导者提供 ICT 领导力发展培训，建立共同数字基础设施体系
2008	《利用技术：新一代学习（2008~2014 年)》	英国教育传播与技术署	确立下一阶段的核心战略目标，包括利用技术提供差异化课程，为学习者提供响应性评价，增强家庭、学校和学生间的联系等
2016	《教育部 2015~2020 年战略规划：世界级教育和保健》	英国政府	制定未来五年的教育发展战略规划，大力推进 STEM 课程的开设率和质量

资料来源：根据英国政府官网数据整理。

表 3 - 5 英国信息素养教育相关政策

年份	政策	机构	内容
2013	《计算学习项目》	英国教育部	所有学生都必须有机会深入了解信息技术和计算机科学的内容，帮助他们适应未来的学习和职业生涯
2019	《在线安全教育》	英国教育部	教师必须引导学生正确评估在线内容，识别虚假信息及潜在风险，及时寻求外界帮助

资料来源：根据英国政府官网数据整理。

在具体教学过程中，英国始终强调对学生信息素养的培养，尤其是信息技能与计算思维。随着数字化浪潮的推进和信息通信技术的发展，英国基础教育阶段的信息课程也发生了一定程度的转向。2000 年，英国开始实施新的国家信息课程，课程名称由原来的信息技术改为信息与通信技术（ICT）。2013 年，英国教育部又将 ICT 课程改为计算机（Computing）课程，以信息与通信技术为基础，加入计算机科学和数字素养的内容，将课程重心从应用能力转向操作思维培养。研究者根据《英国国家课程：计算学习项目》整理了不同阶段开展的教学内容（见表 3 - 6）。

表 3 - 6 英国不同学段的计算机课程目标

关键阶段	年级	年龄（岁）	主要课程目标
KS1	1 ~ 2	5 ~ 7	掌握基本知识
KS2	3 ~ 6	7 ~ 11	进行简单操作
KS3	7 ~ 9	11 ~ 14	理解理论原理
KS4	10 ~ 11	14 ~ 16	解决实际问题

资料来源：王浩、胡国勇.《英国基础教育信息化课程研究：成效、问题及启示》，载于《外国中小学教育》，2019 年第 12 期，第 69 ~ 76 页。

适龄的教学规划有助于帮助学生循序渐进地提升计算思维、创造力和实践能力，更顺利地成长为数字社会的建设与参与者。除信息技术外，英国国家课程重视对信息甄别能力的培养。教育部于 2019 年 6 月发布文件《在线安全教育》，规定从 2020 年 9 月起，教师必须引导学生正确评估在线内容，识别虚假信息及潜在风险，及时寻求外界帮助（Department for Education，2019a）。

3.4.3 独具特色的"关系和性教育"

2017 年，英国教育部发布《儿童与社会工作法》（*Children and Social Work Act*），要求英格兰所有公立学校、学院和独立学校教授关系与性（RSE）课程，且国务卿可以制定法律法规，要求学校提供个人、社会、健康和经济（PSHE）教育。

关系和性教育（Relationship and Sex Education，RSE）是英国教育体系的重要特色。在英国，小学阶段的学生必须接受关系教育，中学阶段的学生必须接受关系和性教育。通过将在线安全引入 RSE 课程体系，英国学生全面学习网络社交、网络风险的相关知识，包括什么是积极、健康、尊重的在线关系，在线行为对他人的影响，如何识别网络风险、应对网络挑战。在教学过程中，教师还将根据学生年龄选择适当的教学方法和教学材料。

英国教育部认为，个人、社会、健康和经济（PSHE）教育可以改善学生的身心健康，实现良性循环，健康和福祉更好的学生可以在学业上取得更好的成绩，取得更大的成功。英国教育部将 RSE 纳入 PSHE 教育，并指出 PSHE 教育是新的国家课程体系的一部分（Department for Education，2019b）。尽管 PSHE 教育并非法定教学科目，但英国教育部鼓励地方学校根据学生需求制定当地的 PSH 教育科目，并规定学校开展 PSHE 教学需要在网络发布相关政策和示例资源（例如书籍和清单），以促进学校与家长之间的咨询沟通。

2019 年，英国教育部发布了关于 RSE 教育和 PSHE 教育的法定指南，规定学校的法定义务。例如，小学阶段开展关系教育的教学目标是网络社交时学会尊重他人，批判性地思考网络关系和判断信息来源，理解网络数据共享和使用的方式；中学阶段开展 RSE 教育的教学内容包括理解不同类型的欺凌（包括网络欺凌）、欺凌的影响、旁观者报告欺凌的责任以及如何获得帮助、从何处获得帮助，了解自身在数字空间中的权利、责任和机会，了解色情和有害图像的生成与传播，辨识潜在的网络风险，以及学习生成、收集、共享和使用数据等。中小学阶段开展 PSHE 教育，教学内容包括：如何安全、负责地使用数字技术；如何保护个人隐私；如何认识网络中不可接受的行为，PSHE 教学旨在以有计划的整体方式解决未成年人数字安全和一系列相关问题（Department for Education，2019c）。

制定 PSHE 教学课程极大地依赖于社会力量。英国 PSHE 协会根据全国预防儿童虐待协会和英国互联网安全中心（UK Safe Internet Centre）等机构的意见，将数字素养融入现有的课程框架，确保任何新的数字素养教学都建立在现有课程的基础上，并较早地为学校教师培训提供各种资源、指导和计划。以PSHE 协会提供的课程框架为基础，各地中小学在综合学校资源的基础上纷纷展开 PSHE 的特色教学。

3.5　小　　结

英国的未成年人数字安全保护实践处于世界前列，其领先的在线安全立法、丰富的网络治理手段和媒介素养调研为不少欧洲国家提供了经验和启发。英国政府相信未成年人的数字安全不仅关乎身心健康、学业表现，还影响其未来几十年的发展和福祉。

英国是判例法国家，尤其强调"遵循先例"原则。出于效率考虑和实际需要，英国首先采取修订和补充法律条文的方式完善现行的法律体系。由于网络风险问题层出不穷，英国率先对在线安全问题立法，并从"未成年人的最大利益"的原则出发，制定面向网络服务提供商的未成年人数据使用规范，将尊重未成年人权利与保护隐私相结合，为行业提供可供遵循的法定准则。

英国政府主导未成年人数字安全保护，一方面，联合社会力量成立互联网安全委员会，制定行业规范，发布互联网政策；另一方面，执法部门结合技术手段高效打击网络性犯罪，治理色情信息。作为独立机构运作的通信办公室，以监管互联网环境为己任；代表未成年人群体利益的儿童事务专员，以数字安全作为工作重点，两者针对未成年人网络使用、网络素养等不同主题持续开展调研，向社会宣传数字安全知识。

与此同时，广泛的社会参与确保了英国未成年人在线保护的综合性与全面性。媒体行业呼唤自律，促进共识，提高了未成年人保护的底线与要求；科技公司和社会组织分工明确、各尽其能，为网络欺凌、网络性犯罪、网络游戏等不同类型的网络风险提供具体的应对指南和及时援助。

保护之余，英国重视教育对促进个人发展的巨大作用。英国开展了信息素养教育，构建以信息技术和计算思维为核心的信息素养教育体系，将在线安全知识引入关系与性课堂、健康课堂，致力于在校园环境中全方位培养学生数字素养，提高学生的数字韧性与风险抵御能力。

以法律为依托，以政府为主导，通过联合利益相关者共同承担责任，英国形成了综合全面的数字安全保护与发展体系，未成年人保护工作细致高效。英国正在为未成年人创造一个更加安全可靠的数字环境，并在此环境中为他们提供充分的保护工具和发展手段，这也正如他们所一直强调的那样——并非保护未成年人免受数字世界侵害，而是在数字世界之中保护他们。

索　引

24. 通信办公室 Ofcom

25. 在线国家 Online Nation

26. 儿童法 Children Act 1989

27. "每天5次数字化" Digital 5 a day

28. 儿童英国儿童互联网安全委员会 UK Council for Child Internet Safety，UKCCIS

29. 儿童在线安全：社交媒体和服务提供商指南 Child Safety Online：A practical Guide for Providers of Social Media and Interactive Services

30. 解决面对面和线上的种族与信仰欺凌问题 Tackling Race and Faith Targeted Bullying Face to Face and Online：A Guide for Schools

31. 校园中的色情短信现象 Sexting in Schools and Colleges

32. 平等法 Equality Bill 2010

33. 连接世界的教育框架 Education for a Connected World Framework

34. 数字韧性框架 Digital Resilience Framework

35. 数字护照 Digital Passport

36. 儿童社会关怀的社会工作原则 UKCIS Principles for Social Work in Children's Social Care

37. 在线安全技术行业协会 Online Safety Tech Industry Association，OSTIA

38. 家长控制规范 Code of Practice on Parental Control

39. BBC《编辑指南》 Editorial Guidelines

40. 关系与性教育和健康教育2019 Relationships and Sex Education（RSE）and Health Education 2019

41. 儿童与社会工作法 Children and Social Work Act 2017

第4章

德　　国

　　互联网已深深嵌入德国青少年的日常生活之中。德国西南地区媒介素养研究学会（Medienpädagogischer Forschungsverbund Südwest，MpfS）发布的《青少年互联网研究报告-2021》（JIM-Studie 2021）显示，88%的12～19岁的青少年每天都会上网，工作日在网时间为每天241分钟（MpfS，2021）。① 未成年人在享受互联网技术与资源优势的同时，也不可避免地暴露各种网络风险之下。

　　德国在未成年人数字保护领域做出了多项探索。一是把国家作为未成年保护的第一主体，强调国家在保护未成年人中负有主要责任，并以此作为立法原则；二是以传媒相关法案和未成年人保护的相关法案构成纵横交错的法律体系；三是严厉打击对未成年人有害的信息，惩处网络性犯罪，防范电子产品与移动应用程序造成的未成年人数据泄露与不当使用；四是依靠专业灵活的行业协会，借由"受规制的自我规制"体系，监督媒体服务提供商，对上市销售的内容、产品进行严格分级，引导企业自觉过滤有害信息。

　　在防范数字风险的同时，德国高度重视数字素养教育。不仅从国家战略层

---

　　① 德国西南地区媒介素养研究学会始建于1998年，由巴登符腾堡州、北莱茵威斯特法伦州媒体事务局联合成立，专注于德国社会幼儿（2～5岁）、儿童（6～13岁）、青少年（12～19岁）、老年人媒介素养研究。其中，青少年报告发布频率为一年一次，儿童为两年一次，面向全德分层抽样1000名左右在校师生，通过问卷和访谈测量其设备占有与使用、休闲时媒介使用、在线学习、各类社交媒体使用时长、频率、种类等。报告也会就年度热点问题做出回应，如2020年以来，增加了新型冠状病毒疫情与青少年媒介使用、假新闻及网络受辱的影响两个专题。

面出台了一系列战略规划，还广泛开展与欧盟相关机构的合作，发挥联邦和地方政府的主动性，在各级各类学校中设立相关课程，并利用多种方式开展宣教。其中，德国联邦政府发布一系列战略，在基础教育中推行网络素养课程；各州文化与教育部长联席会议联合发布战略规划及青少年数字素养框架，指导各级学校青少年数字素养提升建设；各州媒体事务局发挥自主性，分主体、因地制宜地开展媒介素养提升项目。各级学校在数字战略资助下推进信息基础设施建设、数字素养课程建设并开展校际交流与校企合作。

4.1　法治体系：纵横交错的数字保护框架

根据联邦宪法法院对《基本法》第二条第一款与第一条第一款之解释，立法者有责任建立一个旨在保护青少年的法律框架。这个法律框架要兼顾发展性和保护性，即一方面使未成年人在媒介环境中成长为可以自决、可负责任的人，另一方面要尽可能减少不良内容对青少年身心带来的负面影响及可能的成长风险（Oommen-Halbach & Anne，2022）。秉承"国家积极承担未成年人保护责任"的基本原则，德国形成了以媒体法（Medienrecht）和未成年人保护法相关的两条保护体系。

4.1.1　覆盖通信与内容的媒体法

媒体法（Medienrecht）不是一部专门的法律，而是指围绕监管、协调与媒体相关的对象和法律关系形成的一系列法律法规的横向聚类（Querschnittsmaterie）包括新闻媒体法律（Presserecht）、多媒体法律（Multimediarecht）及广播媒体法律（Rundfunkrecht）（Frank Fechner，2021）。其中，新闻媒体法律旨在保护意见多样性；多媒体法律旨在保护通信基础设施的安全稳定运行，保护用户数据安全与数据隐私；广播媒体法律提供了媒介内容干预的法律依据，用于保护知识产权以及保护未成年人权益。

由于联邦政府对电信、邮政领域享有专门立法权，多媒体法律通常由联邦法律组成，包括《电信法》（*Telekommunikationsgesetz*，TKG）、《电信媒体法》（*Telemediengesetz*，TMG）、《电信数据保护法》（*Telekommunikation-Telemedien-Datenschutz-Gesetz*，TTDSG）等，主要对支撑媒介产业的电信行业的稳定运行、数据安全以及隐私保护等进行法律规范。《电信数据保护法》第三章第一节针对未成年人用户数据的处理做了专门规制，要求媒体服务提供商不得出于商业目的处理未成年人的个人数据，即使是为了保护未成年人（例如通过年龄验证或其他技术措施）也不例外。

联邦没有权力对媒体和文教事务直接立法，涉及媒介内容的管理归属于地方层面，并通过缔结州际协议协商公共事务。《青少年媒体保护州际协议》就是专门协商未成年人保护的州际协议，它规定了未成年人媒介产品的生产标准、媒介服务提供商应承担的责任与业务、维护未成年人权益的组织以及影响未成年人身心健康的媒介内容（jugendgefährdende Medien，下文简称"有害媒介内容"）判定与传播控制等。

4.1.2 区分青少年和儿童的保护法

德国未成年人保护的法律体系全面而细致，甚至根据年龄阶段形成了面向青少年和儿童的不同法律规定。

1. 青少年保护法律

《青少年保护法》（Jugendschutzgesetz）及《青少年保护法第二修正案》（Zweites Gesetz zur Änderung des Jugendschutzgesetzes）是保护青少年的核心法律。《青少年保护法》主要分为青少年公共场所保护（即原《青少年公共保护法》）、青少年媒体保护、对联邦儿童和青少年媒体保护中心的职权和人员构成比例等的规定、处罚及违规四个部分，其中青少年媒体保护章节通过区分传播媒介来规制影响未成年人身心的有害媒介内容。具体而言，媒体被划分为介质媒体（trägermedien）和电信媒体（telemedien），见图4-1。介质媒体即具有物理载体介质的媒体，如电影、书报文字资料、海报、光盘等，电信媒体则指通过电信手段以电子方式传输的所有文本、其他标志、图像或声音的数据产品，如广播电视的互联网节目、多媒体节目、视频点播与个人邮件中交换的数据文件。介质媒体传播的内容受联邦管辖，在内容上，由专业机构联邦青少年有害媒体检查处（Bundesprüfstelle für jugendgefährdende Medien，BPjM）测定有害内容索引（indizierung）；在销售与传播上，采取技术保障措施，防止向未成年人出售载有有害内容的介质媒体（孙慧娟，2020）；电信媒体受联邦和州共同管辖，电信媒体服务提供商除遵守联邦电信方面的立法外，也要遵守

《州际媒体协议》《青少年媒体保护州际协议》中关于电信媒体的规制。

青少年保护（Jugendschutz）

文字及其他表现形式 （Schriften u.a. Darstellungen）	电影（Kinofilme）	广播（Rundfunk）	多媒体（Multimedia）

介质媒体（Trägermedien）
《青少年保护法》（联邦）

电信媒体（Telemedien）
《青少年媒体保护州际协议》（州）

- 由联邦青少年媒体检查处（BPjM）发布有害青少年身心健康的媒体内容索引
- 被列入索引或对未成年人构成严重危险的媒体不再（继续）传播

- 不得向儿童和青少年播放未经许可的电影

- 州立媒体管理部门（Landesmedienanstalten）、行业自律协会（Freiwillige Selbstkontrolle Multimedia–Diensteanbieter e.V.，FSM/Freiwillige Selbstkontrolle Fernsehen，FSF）及青少年媒体保护委员会（Kommission für Jugendmedienschutz，KJM）
- 州立媒体管理部门应根据本州法律法规采取必要的措施

图 4-1　德国青少年媒体保护中传播媒介的分类

资料来源：Frank Fechner. Medienrecht：Lehrbuch des gesamten Medienrechts unter besonderer Berücksichtigung von Presse. Rundfunk und Multimedia. Tübingen：Mohr Siebeck Verlag, 2021. pp. 186.

于 2021 年生效的《青少年保护法第二修正案》是德国为保护青少年数字安全而新出台的专门法案，主要升级了青少年接触有害信息特别是互联网中有害信息的规制，明确了媒体服务提供商的保护责任。具体而言，一是调整未成年人媒体保护的执行机构，将联邦青少年有害媒介内容检查处（Bundesprüfstelle für jugendgefährdende Medien，BPjM）升级为联邦儿童和青少年媒体保护中心（Bundeszentrale für Kinder und Jugendmedienschutz，BzKJ），归口联邦家庭、老年人、妇女和青年事务部（Bundesministerium für Familie，Senioren，Frauen und Jugend，BMFSFJ）管辖，该中心不仅负责有害媒介内容清单的测定和发布，也协调和资助各州及联邦范围内的媒介素养发展项目，以及开展国际合作。二是面向媒体服务提供商，要求应用程序默认启动未成年人保护默认设置、改进帮助和投诉系统、优化家长陪伴设置（如为家长开发时长限制、金额限制等功能），以便家长以适合其子女年龄的方式陪同其使用互联网。

2. 儿童保护法律

面向儿童的法律主要为《联邦儿童保护法》（*Bundeskinderschutzgesetz*），其主要由2012年生效的《儿童保护合作信息法》（*Gesetz zur Kooperation und Information im Kinderschutz*，KKG）及对《社会法典》中有关儿童福利的章节修订组成。《儿童保护合作信息法》作为核心法案，从保护和合作（发展）两个维度立法。其中，保护维度主要针对儿童的个人数据使用。该法案第四章针对儿童福祉受损时的儿童个人信息传递进行规定。该章指出，专业人士在儿童福祉受损的情况下，为儿童及其监护人提供指导时，须获取监护人同意才可以向专业机构获取并传输儿童数据，并将所传输的信息匿名化，且遵守信息数据传输时的相关法律法规，违者将予以行政处罚。合作（发展）维度体现为在第三章立法确定形成具有约束力的儿童保护公共服务网络结构，将不同的专业和机构联系起来，并提供框架条件，以促进儿童保护工作，这为各州间自由建立青少年媒介素养提升的伙伴网络提供了法律基础。

4.2　规制实践：数字风险的严格治理

4.2.1　对色情暴力和极端主义等有害信息进行"铁腕之治"

德国政府保持着对未成年人媒介内容进行强制性规制的传统，秉承"铁腕之治"对待色情、暴力和极端主义等内容。早在魏玛共和国时期，就颁布了为保护未成年人免受色情文学侵害而对文学制品进行审查的行政法规。1949年德意志联邦共和国成立后，于1953年通过了《传播有害未成年人文字法》（*Gesetz über die Verbreitung jugendgefährdender Schriften*，GjS），并于1954年在联邦层面设立对未成年人有害内容检查局（Bundesprüfstelle für jugendgefährdende Schriften，BPjS），[①]着手对损害未成年人身心健康的内容进行测定、评级与治理。

随着网络媒体的兴起，网络中有害未成年人身心健康的内容越来越多，德国于1997年出台了《信息和通信服务规范法》（*Informations-und Kommunikationsdienste-Gesetz*，IuKDG），在第六章专门对《传播有害未成年人文字法》（GjS）做出修正，指明音像载体、数据储存器、图像和其他描述等同于文字，将网络中

---

① 为联邦青少年有害媒体检查处（BPjM）前身，2021年《青少年保护法》第二修正案生效后，改制为联邦媒体保护儿童和青少年中心（Bundeszentrale für Kinder-und Jugendmedienschutz，BzKJ）。

的有害内容也纳入有害媒体范畴。之后,《青少年媒体保护州际协议》(*Ju-gendmedienschutzstaatsvertrag*)《青少年保护法》《反对极右翼势力及仇恨犯罪法》《网络执行法》等法律和法规也逐渐修订并施行,其中关于色情、暴力及极端主义的网络内容规制,使得防止未成年人接触不良内容的法律体系臻于完善。

　　判定和处罚网络色情相关的法律法规分散在《刑法典》《青少年保护法》《青少年媒体保护州际协议》有关色情内容的条款中。《刑法典》第一百八十四条规定,传播或有组织传播儿童色情制品及涉及人与动物之间的暴力或性行为制品的,将处最高十年有期徒刑;《青少年保护法》第十八条界定了对青少年有害的媒体名单范围、判定标准,在青少年公共保护章节规定,公共场所的经营者不得向未成年人提供可能对其身心健康有所损害的软件,对传播色情信息的经营者或个人,将进行行政处罚,严重者处以监禁(温静,2011)。《青少年媒体保护州际协议》在界定色情内容时,沿用了《刑法典》第一百八十四条及《青少年保护法》第十八条的规定,并且色情内容的虚拟形式(virtuellen darstellungen)也被判定为色情内容。

　　政治极端主义和美化战争行为也是德国互联网规制的重中之重。自二战结束以来,德国社会对政治极端主义的忌惮渗透在社会生活之中,但随着德国极右翼政党支持率的显著上升以及全球范围内保护主义的抬头,极端思想在德国社会沉渣泛起。在互联网与新媒体迅猛发展的今天,政治极端主义团体和个人利用新媒体传播面广、隐蔽性高的特点,招募青年人煽动种族主义情绪,传播极右翼思想,进行网络政治动员。德国对政治极端主义的治理分散于《刑法典》《网络执行法》《反对极右翼势力及仇恨犯罪法》[①] 之中,以法律明确生产、传播政治极端主义及仇恨犯罪的处罚责任,明确社交媒体平台在识别极端主义和仇恨犯罪内容时的"双告知"义务,并将涉及政治极端主义和仇恨犯罪的媒体内容划入《青少年保护法》第十八条所规定的有害媒体清单范围。《刑法典》第一百三十条规定,传播或可使得公众及未成年人访问第十一条第三款所列内容,煽动对部分人口或个人的仇恨,侮辱、恶意诽谤、攻击个人或群体的人格尊严的,将处三年以下有期徒刑或行政罚款。2020 年通过的《反对极右翼势力及仇恨犯罪法》对《刑法典》第一百八十五条内容进行补充,指出:"通过互联网传播对第十一条第三款内容或通过攻击的方式进行侮辱,无论是其内容保存在易失性存储介质中还是保存在永久存储介质中,均处两年

---

① 是对《刑法典》和《网络执行法》的修订,此修正案被称为《反对极右翼势力法》。

以下监禁或罚款。"此外，《青少年媒体保护州际协议》第四条将美化战争、煽动对部分人口例如对民族、种族、宗教或族裔群体仇恨的广播及电信媒体节目归为禁止媒体（unzulässige angebote），禁止播出。

在对有害内容进行明确界定的同时，德国通过出台和修订《网络执行法》（*Netzwerkdurchsetzungsgesetz*，NetzDG），又称"Facebook 法"，细化了互联网服务提供商的责任：明确社交网络平台内容监管义务，特别指明了对儿童色情等内容加强监管；要求平台为用户设置投诉举报反馈渠道，优化用户使用体验，特别是要畅通对具有煽动性的政治极端主义内容和儿童色情内容举报的渠道；每半年向社会公开发布企业报告，说明用于查找、删除平台上不良内容的算法及程序、是否授权独立研究机构以科研为目的匿名访问平台用户数据。

在司法判决中，涉及危害未成年人数字安全的案件采取从重裁量。2001年，德国一名男子在网上散布一名 13 岁女孩的色情照片，州地方法院认为照片是在互联网上以数据的形式传播，因而不能以一般的性侵犯罪名对该男子定罪，仅判决四年监禁。然而，联邦政府认为，通过互联网或存储在硬盘中的色情图片同散播色情印刷品没有任何区别，因此推翻了原判，进行严惩（卢家银，2012b）。作为第一个对网络有害言论专门立法规制的国家，也是第一个规定可以对传播违法网络言论的网络服务提供商定罪的国家，当公民网络言论与公共利益发生冲突时，德国往往采用"法益衡量"，依据狭义比例原则①，限制网络言论自由。对用户个人涉及政治极端主义、儿童色情的言论，相关司法实践以公共利益为限，来对违反规制的言论进行处罚；对网络服务提供商，不论其是否知情，不论论坛内容来源于己方还是他方，一旦发生侵权，互联网服务提供商及消息来源者均须承担相应的法律责任（黄志雄等，2015）。

在执法实践中，德国警方组织专门力量，大力查处涉儿童色情的网络聊天平台，封禁有害信息网页。2001 年联邦刑警局（Bundeskriminalamt，BKA）组织网警力量建立"网络督察"团队，实时监控互联网有害信息的传播，查封有违法言论和图片的网站（姜闽虹，2014）。

4.2.2　内容分级分时与受规制的自我规制

除了法律红线，德国政府依照《青少年保护法》中的第四节"青少年媒

---

① 狭义比例原则即均衡原则，指行政权力所采取措施与其所达到的目的之间必须合比例或相称。

体保护"及各州签署的《青少年媒体保护州际协议》,对境内发行出版物的内容进行严格和详细的分级、分时管理,通过行业协会这个"调节者",形成"双自律",即受规制的自我规制体系,最大限度降低青少年接触有害媒体的风险。

　　内容分级的对象是在德国境内发行的电影、上架的应用程序和集成电影、游戏的平台。至于内容的分级层次,电影及电子游戏应用根据《青少年保护法》第十四条的规定,分为 0 岁以上、6 岁以上、12 岁以上、16 岁以上、18 岁以上四个级别;公共场合播送的对儿童及青少年发展有益的电影、游戏,应在特定位置标记为"讯息节目"(infoprogramm)或"宣教节目"(lehrprogramm),见图 4-2,上述两种节目不受年龄分级系统的限制。平台应履行严格按照分级制度提供电影和游戏的责任。

图 4-2　德国电影行业自律协会内容分级标识

资料来源:Freiwillige Selbstkontrolle der Filmwirtschaf(https://www.fsk.de/media_content/2010.pdf).

节目分时的主要对象是广播、电视及互联网上的广播和电视节目。私营广播电视系统，由电视行业自律协会（Freiwillige Selbstkontrolle Fernsehen，FSF）根据《青少年媒体保护州际协议》第五条，设置以下分时段播送规划：6：00～20：00为日间节目时段，可播送适宜儿童及12岁以下青少年的节目；20：00～22：00为晚间节目时段，可播送适宜12岁以上青少年的节目；22：00～23：00为夜晚节目，可播送适宜16岁以上青少年的节目；23：00至次日6：00为午夜节目时段，节目播送不受内容分时限制。此外，公法广播系统根据《德国之声法》（*Deutsche Welle Gesetz*，DWG）的规定，进行分时段播送。

为了保障分级分时的落实，德国法律对提供未成年人数字服务的内容供应商和平台服务系统进行了约束，例如要求平台通过"年龄验证系统（Age Verification System，AVS）"，实现对用户访问权的限制（孙慧娟，2020）。此外，德国成立了专门的机构保证政策的落实。德国州媒体管理局协会成立的青少年媒体保护委员会（KJM）监督签署州际协议的州立媒体机构负责履行儿童媒体保护方面的内容治理责任，有权在内容供应商拒绝遵守自律规定（Freiwillige Selbstkontrolle）时，对其进行行政处罚（最高罚款50万欧元）；联邦家庭、老年人、妇女和青年事务部（BMFSFJ）下辖的联邦儿童和青少年媒体保护中心（BzKJ），负责对未成年人有潜在风险的内容进行测定，并公布有害媒体索引（Indizierung）；多媒体行业自愿自律协会（Freiwillige Selbstkontrolle Multimedia-Diensteanbieter，FSM）、电影行业自愿自律协会（Freiwillige Selbstkontrolle der Filmwirtschaft，FSK）、电视行业自愿自律协会（Freiwillige Selbstkontrolle Fernsehen，FSF）及娱乐软件行业自愿自律协会（Unterhaltungssoftware Selbstkontrolle，USK）等行业协会负责面向会员企业执行多媒体、电影及电子游戏的内容分级。

行业协会在未成年人数字保护中扮演着重要角色，承担着制订年龄分级标准的职责，同时为企业提供青少年媒体保护方面的合规建议。行业协会的成立与运营受到青少年媒体保护委员会的监督。申请成立的行业协会需同时满足有充足经费得以运作、设定的行业标准对青少年有利、建立完善的申诉渠道等条件（温静，2011），方可获得许可，期满后再申请认证。在存续期间，若受认证的行业协会有违反《青少年媒体保护州际协议》的行为，青少年媒体保护委员会有权取消其认证。由此形成了青少年媒体保护委员会监督行业协会，行业协会敦促企业资料的"受规制的自我规制"（die regulierte Selbstregulierung）。

4.2.3　推动以网络诱导为代表的网络犯罪入刑

德国在未成年人数字保护领域还在尝试加大对新兴网络犯罪的惩戒力度，尤其是对发生频率较高、危害影响较大的网络引诱行为，裁量其直接进入刑事犯罪的范畴。

德国西南地区媒介素养论坛研究学会（MpfS）的研究显示，在 6～13 岁的德国儿童中，4% 承认遭遇过有问题的陌生人网络接触，其中 3% 的儿童承认不止被侵扰过一次（MpfS，2020）。2019 年发生于北莱茵 - 威斯特法伦州的"贝吉施 - 格拉德巴赫"案，是近年来德国境内最触目惊心的网络引诱犯罪，犯罪嫌疑人利用网络聊天室传播儿童色情制品，并交流引诱儿童的"经验"，其涉案的网络踪迹超过 30000 条，在德国境内追踪到 72 名犯罪嫌疑人。由此可见，德国儿童遭受的网络侵扰风险处于高位。而 2020 年生效的《刑法典》第五十七修正案，是德国首次对网络侵扰最为广泛的呈现形式——网络引诱（cybergrooming）进行量刑处罚：任何人通过文字、信息或通信技术影响儿童，以使儿童在行为人或第三人面前进行性行为，或让行为人或第三人对其进行性行为，或犯下《刑法》第一百八十四 b 条第一款第三项或《刑法》第一百八十四 b 条第三款规定的罪行，将被判处三个月至五年的监禁。

4.2.4　严禁商用未成年人个人数据

从 20 世纪 90 年代起，德国就开始陆续出台专项法律对公民隐私进行严格保护，并与时俱进修改补充，形成了由《信息和通信服务规范法》《网络执行法》《电信法》构成的相互补充的法律体系。

《信息和通信服务规范法》划定了服务提供商收集和使用个人数据和信息的范围，明确服务提供商收集和使用用户数据时，必须征得用户同意；服务提供商有义务告知收集、处理和使用用户个人信息的类型、范围、地点和目的。2021 年生效实施的《电信数据保护法》（*Telekommunikation-Telemedien-Datenschutz-Gesetz*，TTDSG）是德国互联网与信息安全方面较新的立法，规定了互联网服务提供商在履行保密、隐私保护义务时应采取的技术和措施，规定了互联网服务提供商在个人用户数据获取、存储、使用方面的权限等；尤其关于未成年人隐私数据使用规范程序：无论互联网服务提供商是否处理个人数据，使用储存在用户终端的小型文本文件（cookie）、网络存储及浏览器指纹识别等技术，原则上都必须征得用户的同意；在使用及传输数据时，应由专业人员审核数据请求是否合乎《电信数据保护法》第二十三章第二条的规定，并在其职责范围内采取必要的预防措施（包括确保用户可以在任何时候终止服务的使用，并确保他/她在使用电信媒体的过程中不为第三方所知；服务提供商应在技术上可行和合理的情况下，使电信媒体的使用和付款能够以匿名方式进行）。此外，《电信数据保护法》特别规定未成年人个人数据不可商用，即"如果电信运营商以出于对未成年人保护的目的（如通过年龄验证或其他技术措施）收集了未成年人的个人数据，或以其他方式获得了这些数据，则不得以商业目的使用、处理这些数据。"行政上，责成联邦网络局数据保护和信息自由专员办公室（Die Bundesbeauftragte für den Datenschutz und die Informationsfreiheit，BfDI）进行商业领域违法案件的处罚与监督。如若违反，则可处以最高30万欧元的罚款，这是截至2022年《电信数据保护法》所规定的行政处罚金额的上限。

2017年开始，德国警方禁售美国一款名为"凯拉"的智能电子玩具，因其涉嫌未经允许对儿童应答的问题录音并上传至网络；同年，联邦网络管理局全面禁止在德国境内销售儿童电话手表，以杜绝儿童在接打电话时被监听及跟踪位置（黄成宏，2018）。德国对未成年人数字权益的保护手段可谓坚决。

4.3 联邦政府：制定多项数字素养与青年战略

德国联邦政府制定数字战略并协调推进未成年人素质素养，通过密切与欧盟合作以及发挥中小学教育的基础性地位，积极落实各项目标。

德国联邦政府通过了多项全国性战略计划，同时注重国内宣教与国际合作，使未成年人数字保护工作在具有高度针对性和前瞻性的指导下有序开展。为建设数字社会，联邦政府连续制定数字战略，包括2016年通过的《德国数字战略2025》及2014年通过的《联邦政府数字化议程（2014—2017）》。作为欧盟的核心成员，德国也积极投身于区域性青年数字素养发展战略的制定与实施，2019年通过的"联邦青年战略"和2021年设立的"欧洲青年年"是响应欧盟欧洲青年战略（EU-Jugendstrategie）的有力证明。此外，各州文化与教育部长联席会议（Kulturministerkonferenz，KMK）通过发布"数字世界中的教育战略"，提出了青少年数字素养框架，为各州中小学青少年数字素养课程建设等提供有益参考。下文将逐一梳理上述战略的主要内容。

4.3.1　德国数字战略2025（Germany Digital Strategy 2025）

联邦内阁于 2016 年通过《德国数字战略 2025》（*Germany Digital Strategy* 2025），提出全面推进德国数字经济腾飞的十项措施，其中包括"全面提升公民数字素养"，而这一战略的重心在于中小学课程建设和教师能力培养、职业教育与企业需求的对接和高校信息素养课程建设。《德国数字战略 2025》第九部分指出：至 2025 年，要在中小学的课程计划中以及教师继续教育培训中完善课程设置，实现让德国中小学生拥有信息科学、算法编程基本知识的目标，以期使德国成为教育领域数字建设的领先者之一。

4.3.2　联邦政府数字化议程（2014—2017）

2014 年 8 月，联邦内阁通过《联邦政府数字化议程（2014—2017）》（*Digitale Agenda* 2014—2017）。该议程涉及七大领域，[①] 在"在社会中塑造数字生活世界"部分强调了青少年媒介素养教育与发展的措施：一是为在家庭中开展媒介素养教育提供信息和建议；二是促进营造适合青少年年龄的媒体环境；三是制定和实施青年媒体保护措施，积极开展与企业的合作，增强国际交流。与此同时，议程特别提出"利用数字化的机遇"，意在灵活发挥互联网优势，一方面扩大技术可能性以及对互联网的利用，另一方面尽可能地实现数据保护与数据安全。2017 年 4 月，根据此议程，联邦内政部发布《数字化议程2014—2017 立法报告》，总结了自 2014 年以来联邦政府统筹的未成年人数字素养提升举措，包括"与媒体共成长""与时俱进的青少年媒介素养教育""在家庭中促进儿童媒体素养提升""移民儿童的数字融入"及"反对网络仇恨与暴力"等项目（Die Bundesregierung，2017）。

---

① 即数字基础设施，数字经济与数字化工作，创新城市，在社会中塑造数字生活世界，教育，研究，科学，文化与媒体，经济社会的安全、保护与信任，欧盟及国际维度下的数字议程七大领域。

4.3.3 "数字世界中的教育"战略（Bildung in der Digitalen Welt）

2016 年 12 月，"数字世界中的教育"战略由各州教育与文化部发起，各州文化与教育部联席会议发布，面向不同教育层次发布数字素养培养方案。其中，中小学基础教育是提升未成年人数字素养的重要路径，该战略设置了德国中小学数字素养培养战略框架，提出青少年数字素养框架的六个主要素养：检索与（信息）处理；交流与合作；制作与呈现；问题处理与解决；保护与安全用网；分析与反思。并由此展开提出了 22 个子素养，见图 4-3（Kultusminister Konferenz，2017）。

《德国数字战略 2025》（以下简称"战略"）提出了基础教育阶段中小学及教师教育的数字化发展目标，"战略"指出，学校教育是关键，至 2025年，德国学校的数字媒体使用应达到世界领先水平。此外，"战略"还指明了政府下一步的实践方向，一是增强企业与学校的联系，提升学校教师的知识管理能力；二是激发教师的创新潜力，提升（在数字素养教育方面的）专业能力。

2019 年，"中小学数字协定（DigitalPakt Schule）"计划在数字战略的指引下应运而生，旨在加强学校数字基础设施建设。联邦政府为州内学校提供数字基础设施及数字资源建设的财政援助，同时要求各州承诺：确保信息教育基础设施的运行和维护，实行与之相配的专业师资配备、提升教师数字素养教育专业能力等措施，[1] 数字世界的教学活动同样要遵循教学原则，培养学生能够以专业、有责任担当和批判的方式处理数字世界中媒体的素养（徐斌艳，2020）。

硬件方面，从 2019 年开始，依托中小学数字协定，借助智慧校园系统和交互式白板等数字基础设施，联邦政府与各州政府合作，在全德中小学校推行现代化教学。计划共将投入约 55 亿欧元，其中联邦政府投入 50 亿欧元，州政府至少配套 5 亿欧元用于学校的数字化基础设施建设。[2]

---

① 德国各州在文化和教育上享有自主权，联邦无权直接干涉各州的文化教育实践。

② Die Finanzen im DigitalPakt Schule，BMBF［2023-03-28］，https：//www. digitalpaktschule. de/de/die-finanzen-im-digitalpakt-schule-1763. html.

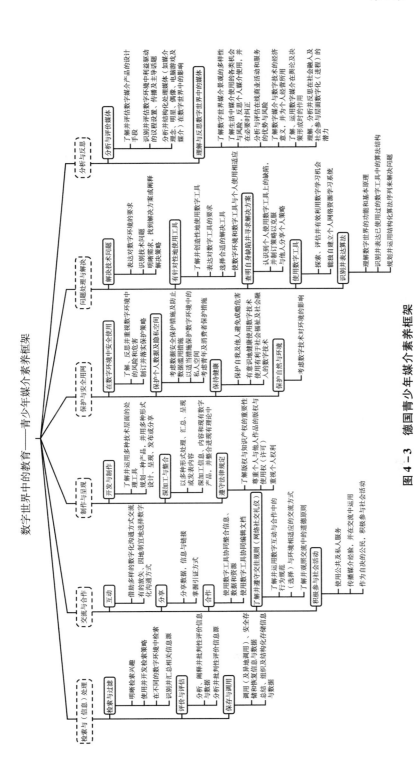

图 4-3 德国青少年媒介素养框架

资料来源：Kompetenzen in der digitalen Welt（https：//www.kmk.org/fileadmin/Dateien/pdf/PresseUndAktuelles/2016/2016_12_08 – KMK – Kompetenzen – in-der-digitalen – Welt. pdf）.

4.3.4 联邦政府青年战略（Jugendstrategie）

联邦政府的青年战略始于 2019 年，包括 9 个方面共 163 项措施，其中青少年群体的数字保护和素质素养提升是重要内容：一是由联邦资助以保障青少年平等的数字参与权利（如访问和使用多媒体教学资源等）；二是通过宣传教育及课程设置，使青少年培养识别、评估、减少信息技术安全风险隐患的能力并掌握信息技术技能；三是深化儿童及青少年保护法律改革，平衡联邦与州之间的权限，形成一个协调、可持续的未成年人法律保护框架；四是保障和发展青少年用户的数据隐私权。

此外，在数字战略规划下，联邦政府针对儿童、青少年及监护人的不同特点开展媒介素养普及教育，统筹、贯彻全国范围内的媒介素养宣教工作。这一任务主要由联邦家庭、老年人、妇女及青年事务部下的联邦儿童和青少年媒体保护中心（BzKJ）执行。概括而言有以下特点。

一是以儿童为对象。儿童作为参与主体是重中之重，以儿童易于理解的形式强化其对于儿童权利的自我觉知。这一点也是践行《儿童权利公约》中"儿童自决"的重要表现。例如，联邦家庭、老年人、妇女及青年事务部设置的"儿童部（kinder-ministerium. de）"官方网页，以图文并茂、易于理解的形式向儿童普及儿童权益知识。

二是以监护人为对象，普及家长在儿童数字素养培育中要承担的责任、儿童上网的潜在风险点、在与儿童交流的过程中如何教导儿童识别网络风险等。"看！孩子的媒介使用（Schau Hin!）""使用媒体茁壮成长（Gutes Aufwachsen mit Medien）"等长期项目为监护人陪伴、教育儿童安全使用互联网提供建议。

三是以青少年为对象。一方面，鼓励青年人发挥创意与好奇心，制作多媒体作品。如媒介素养激励奖项"迪特·巴克奖"（Diete Baacke Preis）自 2000 年起，每年分别设置儿童（0 ~ 13 岁）、青少年（14 ~ 21 岁）、跨文化等组别，分别评选优秀的媒介素养作品，表彰优秀媒介素养提升项目。为青少年因使用社交媒体及电子游戏等软件产生的心理问题，展开专业在线咨询，提供专业帮助，例如"青少年保护网（jugendschutz. net）""解忧援助热线（Nummer gegen Kummer）"等，均长期开展对青少年使用网络的指导与教育。

除此之外，联邦儿童和青少年媒体保护中心（BzKJ）还建立对话机制，

促进国家、企业和社会的对话，寻求儿童与青少年媒体保护的跨界合作。自
2018 年，"未来工作坊"（Zukunftswerkstatt）便是实现这一跨界合作的重要
平台。

4.4　州政府：动员社会各主体参与网络素养宣教

德国未成年人数字保护与发展体系的另一个重点是各州政府在地方上进行
的多主体、强自主性的宣传和教育。通过相对灵活、别具特色的媒体制度，各
州政府建立了包含媒体、学校、社会组织等公共主体，以及学生、研究者、社
会特殊群体等私人主体在内的多主体宣传教育体系，在赋予其自主管理权的同
时也以较高水平推进州内青少年媒介素养和数字能力的自主提升。

根据《宪法》第三十条以及第七十条第一款，文化与媒体事务的立法权
原则上属于各州，州政府有权自决本州文化和媒体事务的管理与监督。在
《青少年保护法》第十六节特别规定，"在电信媒体领域，出于保护未成年人
的目的，各州有权出台超出于本法的条例"因此，各州在广播电视事业的发
展上享有自主权，在青少年媒体保护法规与政策的出台、执行上，也具有较强
的独立性。

本书课题组通过观察德国 14 个州立媒体事务局的官方网站（见表 4 - 1），
总结其关于媒介素养提升的举措，主要分为以下六类。

表 4 - 1　　　　　　　　　德国 14 个州立媒体机构总览①

德文全称	中文译名
Bayerische Landeszentrale für neue Medien	巴伐利亚新媒体中心
Landesanstalt für Kommunikation Baden-Württemberg	巴登 - 符腾堡州交流事务局
Hessische Landesanstalt für privaten Rundfunk und neue Medien	黑森州私立广播与新媒体事务局
Sächsische Landesanstalt für privaten Rundfunk und neue Medien	萨克森州私立广播与新媒体事务局

①　汉堡与邻近的石勒苏益格州同属一个媒体事务局，柏林与邻近的勃兰登堡州同属一个媒体事
务局。

续表

德文全称	中文译名
Landesmedienanstalt Saarland	萨尔州媒体事务局
Medienanstalt Rheinland-Pfalz	莱茵兰－普法尔茨州媒体事务局
Thüringer Landesmedienanstalt	图林根州媒体事务局
Medienanstalt Berlin-Brandenburg	柏林－勃兰登堡媒体事务局
Medienanstalt Mecklenburg-Vorpommern	梅克伦堡－前波莫瑞州媒体事务局
Medienanstalt Hamburg/Schleswig-Holstein	汉堡/石勒苏益格－荷尔斯泰因州媒体事务局
Medienanstalt Sachsen-Anhalt	萨克森－安哈尔特州媒体事务局
Niedersächsische Landesmedienanstalt	下萨克森州媒体事务局
Landesanstalt für Medien NRW	北莱茵威斯特法伦州媒体事务局
Bremische Landesmedienanstalt	不来梅媒体事务局

资料来源：Die Medienanstalten Jahrbuch 2021（https：//www. die-medienanstalten. de/publikationen/jahrbuch/jahrbuch－2021）.

一是设立专门或分支机构开展素养教育。地方政府高度重视媒介素养发展，州媒体事务局承担州内媒介素养宣传教育及数字资源建设的重要角色，并分别设立办公室处理专门事务。在行政面积较大的州，州立媒体事务局下通常设有一个或多个办公室或分中心，并以此为圆心辐射周边城市的媒介素养建设。如巴登－符腾堡州于卡尔斯鲁厄市、斯图加特市设立的新媒体分中心，黑森州在卡塞尔、吉森、富尔达等城市设立办公室，统筹媒介素养建设的项目及活动。

二是建立合作伙伴网络，州与州之间互通有无。由于各州文化与教育事务的独立性，各州媒介素养教育的实践经验也不尽相同，州与州之间建立、维系合作网络是相互交流经验、扩大媒介素养教育影响力的重要方式。州与州间的合作主要分为以下三类：一是州内合作，如黑森州媒体事务局北黑森州媒体教育合作网络（Das Netzwerk Medienkompetenz Nordhessen，MKNH）、本州文化事务处及高校共同建立区域媒体教育网络；莱茵兰－普法尔茨州设立未成年人媒体保护委员会。二是区域合作，如莱茵兰－普法尔茨州、巴登－符腾堡州合作成立的西南地区媒介素养论坛研究基金会（Stiftung MedienKompetenz Forum Südwest，MKFS）及西南地区媒介素养研究学会（Medienpädagogischer Forschungsverbund Südwest，MpfS），自1998年成立以来，持续资助未成年人保护与发展项目，并开展青少年（JIM Studie）、儿童（KIM Studie）及其在家庭中媒介使用的发展性研究（FIM Studie）。三是以州为主开展的国际合作，如莱茵兰－普法尔茨州参与的欧盟"埃福沃斯（EFIVOS）计划"，即在美因茨、路德维希市的试点学校，面向青少年开展有专业人员指导的新闻媒介素养教育。

三是通过讲座、培训和研讨会对细分群体进行专题培训。各州媒体事务局拓展媒介素养提升的宣教形式，以讲座、研讨、工作坊等方式展开专题培训。这些培训和研讨通常聚焦不同的群体：面向中小学生的，普及安全上网知识，提升数据隐私保护意识，识别和防范网络侵扰与网络风险；面向青少年的，鼓励青少年在专业媒体从业者的指导下制作多媒体作品、住宿学生媒体风险教育与干预等；面向家长和教师的，提供科学指导儿童用网的工作坊；面向研究者的，举办研讨会、论坛以增强交流，如下萨克森州媒介素养论坛等。

除此之外，州政府会因地制宜地针对特殊群体开展相关宣教活动，例如在移民、难民较多的柏林，柏林－勃兰登堡州立媒体事务局针对难民及少数裔群体、移民群体跨文化背景下的媒介素养提升。

四是研发媒介素养教育的教学及参考资料。部分州立媒体机构发行媒介素养教育资料，如汉堡/石勒苏益格－荷尔斯泰因州媒体事务局的 *Scout* 杂志，其纸质版每年出版两次，为家长、教师介绍汉堡/石勒苏益格－荷尔斯泰因媒介素养发展项目和成果；利用官方网站实时发布专栏文章，为家长、教师指导儿童和青少年使用网络媒体提供建议。

五是设置媒介素养发展激励奖项。为鼓励未成年人积极参与提升媒介素养，各州立媒体机构均在州内设有不同的激励奖项，每年颁发一次。一方面，表彰与儿童、年轻人或成人的创新媒体作品或项目，如黑森州的"媒体冲浪者"媒介素养奖（MediaSurfer Preis）（2003 年始颁），下萨克森州媒体奖及青年作品奖（1995 年始颁），梅克伦堡－前波莫瑞媒体能力奖（2006 年始颁）。另一方面，表彰为未成年人网络素养或安全发展做出贡献的团队或个人，如不来梅媒体能力奖（Das Ruder）（2016 年始颁）。

六是鼓励青少年在互助及同伴教育实践中发展媒介素养。"帮助少年的你"（JUUUPort. de）由青年志愿者组成，通过热线、线下志愿者互助的方式为青少年提供媒介使用建议的互助平台。在青少年面临网络引诱、网络跟踪及网络隐私泄露等侵扰问题时，给出识别网络侵扰的案例和介绍，助力青少年防范网络风险。

除此之外，监督和管辖各州媒介素养提升的青少年媒体保护委员会（KJM），每年发布未成年人媒介素养报告及州立媒体机构年鉴，总结回顾年度各州在青少年媒介素养提升方面的成果，并为进一步优化监管措施提供建议。

总结而言，州立媒体机构的宣传教育有以下特点。第一，有关未成年人网络素养提升的项目丰富、主体全面。各个级别媒体机构所设置的媒介素养提升项目均覆盖儿童、青少年、家长、教师，并根据各州实际情况细分领域和重点。第二，因地制宜，因材施教。比如在以农业为主的石勒苏益格 - 荷尔斯泰因州拥有大面积农村地区，该州协调资助的未成年人网络素养项目就包含专门面向农村地区青少年网络素养提升。第三，关于未成年人网络素养培养的方式多样化，突出未成年人的主体作用。例如在普及网络风险的项目中，加强同伴教育，鼓励自主创作并设置奖项激励。

4.5　小　　结

4.5.1　探索与经验

德国的未成年人数字安全保护和素养提升具有鲜明的国家特色。一方面，国家高度重视，把未成年人的数字安全与素养问题纳入国家数字战略的核心和基础部分。另一方面，秉承媒介治理与未成年人保护两条路径上的传统思想和做法，结合互联网时代的特征和德国社会的主要矛盾，形成了与时俱进且符合德国社会传统的方法，进而使相关法律法规和政策能够有效推进。

德国政府高度重视未成年人数字安全与素养发展，打造了具有德国特色的组织体系。联邦家庭、老年人、妇女和青年事务部专门成立下辖机构，联邦儿童与青少年媒体保护中心负责督促行业和企业自律以及提供相关服务。联邦家庭、老年人、妇女和青年事务部与联邦信息安全部致力于从协调社会资源、促成政府与公益组织、企业与公益组织合作上推动未成年人数字保护与发展。此外，大力支持科研院所从事相关研究并在修订法律、制订准则和条例时充分听取意见，保持政府与科研机构的良性互动。

通过多种手段激发行业协会的活力，发挥专业作用。激励企业加入行业协会，明确委托政府机构设立激励机制，以确保自律企业的权益，鼓励更多企业加入行业协会；"受规制的自我规制"体系一方面让行业体系的运作专业化，提升了可信度，另一方面在保障内容治理效果的同时，充分保护企业在未成年人媒体保护领域的自主性。

注重发挥专门机构的专业性，体现出未成年人数字保护的"发展性"。从前述梳理中不难发现，无论是联邦层面还是地方（州）层面，都由政府设立的专门机构来统筹儿童青少年保护与发展。但和中国的专门机构"保护性"不同的是，这些机构所开展的项目和合作（除了符合《青少年媒体保护州际协议》及其他媒体法的内容评级测定之外），更多是"发展性"的，无论是面向儿童、青少年、家长和教师的媒介素养提升的项目和出版物，还是面向科研机构的研讨会与论坛，都致力于优化儿童与青少年的媒介使用，提升其权利意识。

数字素养的培育与建设是重点。依托德国的媒体制度，充分发挥各州媒体机构的自主性，因地制宜，因材施教，开展媒体素养提升项目。

总之，德国未成年人数字安全体系的建设仰赖于两种"互相平衡的能力"，即政府的积极投入和专业、灵活的行业辅助。政府一方面确立了硬性的法律规定，划定了未成年人数字保护的"基准线"，另一方面积极盘活资源，促进不同主体开展有效合作；而行业协会则一方面发挥专业性优势，保证了管理体制和保护标准的适用性、实用性和科学性，另一方面发挥身份优势，灵活参与数字素养的培育与建设活动，拓展了未成年人数字保护的"天花板"。

4.5.2　问题与反思

虽然当前德国在未成年人数字保护工作上取得了显著成果，但在区域均衡发展和法律实践层面仍旧存在一些问题和争议。

一是儿童权利写入《基本法》的进程不甚顺利。自1992年德国签署联合国《儿童权利公约》以来，德国国内关于儿童权利写入《基本法》的讨论持续至今，其间不乏关于宪法修订儿童权利的草案通过内阁审议，但都未能在议会表决时获得2/3多数，最终流产。按照《基本法》，国家应在保障儿童权利方面积极承担责任，但落实中却常常陷入窘境，《基本法》这一精神常常面临着权利主体间平衡与调适的困难。一方面，立法者必须以有效的方式确保未成年人免受不良媒体内容影响，并根据发布的"有害媒体内容清单"对网络不良内容采取措施；另一方面，意在保护未成年人的措施却是对成年人一部分言论自由权的减损，是否牺牲成年网民的部分权利而保护儿童与青少年，是议会争论的焦点之一，也是儿童权利正式写入《基本法》困难重重的重要原因。

二是地方自主性与联邦整体均衡发展的矛盾。在媒介素养提升方面，各州政府享有独立的媒介、文化与教育权力，且联邦政府无权干预，导致德国国内对未成年人数字安全和素养发展的保护力度、支持幅度、发展程度存在严重的不平衡、不均衡现象。德国儿童互助委员会（Deutsches Kinderhilfswerk e. v.）2019 年的调研显示，在受访的中小学生中，柏林和汉堡分别有 40% 和 36% 的受访者表示他们的学校没有为学生提供互联网接入，在图林根州和不来梅，这一比例明显降低，分别为 19% 和 20%。由此可见，德国各州在跨越"接入沟"方面仍存在较大差异（Deutsches Kinderhilfswerk，2019）。而同年由联邦教育部发起的"中小学数字协定"（Digital Pakt Schule）提议致力于中小学网络素养基础设施和人员师资两方面的建设，但被各州否决，仅同意资助基础设施建设，理由是利用联邦资金进行的人员建设会涉嫌干预州内的文化与教育自主权。

三是立法与司法仍存在一定不足。德国在落实联合国《儿童权利公约》第十二条规定的儿童参与权方面仍然存在缺陷。2021 年《青少年保护法》第二修正案中，并未对保障儿童和青少年的参与权进行明文规定。究其原因，理论层面，是由于儿童是否能单独作为法律主体（Subjekte des Rechts）主张自身权利在德国法学界仍存在分歧；立法层面，德国关于儿童参与权的立法还处在探索阶段，仅在教育法层面立法保障了儿童有限度的参与，其他法律领域中相关条款仍有缺失；司法层面，缺乏相应的司法程序以及儿童主张权利的司法案例。

索　引

chutzgesetzes，2. JuSchGÄndG

7. 联邦少儿保护法　Bundeskinderschutzgesetz，BKiSchG

8. 网络执行法　Gesetz zur Verbesserung der Rechtsdurchsetzung in sozialen Netzwerken，NetzDG

9. 刑法第五十七修正案　Siebenundfünfzigstes Gesetz zur Änderung des Strafgesetzbuches-Versuchsstrafbarkeit des Cybergroomings，57. StrÄndG

10. 德国之声法　Deutsche-Welle-Gesetz，DWG

11. 电影资助法　Filmförderungsgesetz，FFG

12. 刑法修正案　NetzDG

13. 电信数据保护法　Telekommunikation-Telemedien-Datenschutz-Gesetz，TTDSG

14. 打击右翼极端主义和仇恨犯罪法　Gesetz zur Bekämpfung des Rechtsextremismus und der Hasskriminalität，ReHaKrBG

15. 德国数字战略2025　German Digital Strategy 2025

16. 联邦政府数字化议程　Digitales Agenda 2014–2017

17. 职业教育4.0　Berufsbildung 4.0

18. "数字世界中的教育"战略　Bildung in der digitalen Welt

19. 联邦儿童和青少年媒体保护中心　Bundeszentrale für Kinder-und Jugendmedienschutz，BzKJ

20. 联邦信息安全局　Bundesamt für Sicherheit in der Informationstechnik，BSI

21. 联邦网络管理局　Bundesnetzagentur

22. 青少年媒体保护委员会　Komission für Jugendmedienschutz，KJM

23. 巴伐利亚新媒体中心　Bayerische Landeszentrale für neue Medien，BLM

24. 巴登－符腾堡州交流事务局　Landesanstalt für Kommunikation Baden-Württemberg，LFK

25. 黑森州私立广播与新媒体事务局　Hessische Landesanstalt für privaten Rundfunk und neue Medien，LPR Hessen

26. 萨克森州私立广播与新媒体事务局　Sächsische Landesanstalt für privaten Rundfunk und neue Medien，SLM

27. 萨尔州媒体事务局　Landesmedienanstalt Saarland，LMS

28. 莱茵兰－普法尔茨州媒体事务局　Medienanstalt Rheinland-Pfalz

29. 图林根州媒体事务局　Thüringer Landesmedienanstalt，TLM

30. 柏林－勃兰登堡媒体事务局　Medienanstalt Berlin-Brandenburg，mabb

31. 梅克伦堡 – 前波莫瑞州媒体事务局　Medienanstalt Mecklenburg-Vorpommern，MMV

32. 汉堡/石勒苏益格 – 荷尔斯泰因州媒体事务局　Medienanstalt Hamburg/Schleswig-Holstein，MA HSH

33. 萨克森 – 安哈尔特州媒体事务局　Medienanstalt Sachsen-Anhalt

34. 下萨克森州媒体事务局　Niedersächsische Landesmedienanstalt，NLM

35. 北莱茵威斯特法伦州媒体事务局　Landesanstalt für Medien，NRW

36. 不莱梅媒体事务局　Bremische Landesmedienanstalt

37. 电影行业自愿自律协会　Freiwillige Selbstkontrolle der Filmwirtschaft，FSK

38. 电视业自愿自律协会　Freiwillige Selbstkontrolle Fernsehen，FSF

39. 多媒体服务提供商自愿自律协会　Freiwillige Selbstkontrolle Multimedia-Diensteanbieter e. V.，FSM

40. 电子软件及娱乐游戏自愿自律协会　Unterhaltungssoftware Selbstkontrolle，USK

第5章

法　国

2021 年法国 63％的 13 岁以下未成年人至少有一个社交网络账户，Instagram 上汇集了 58％的 11～14 岁人群和 89％的 15～18 岁人群；11～14 岁人群及 15～18 岁人群中分别有 75％和 88％使用 Snapchat；访问 YouTube 的 11～14 岁青少年占 78％，这一比例在 15～18 岁青少年中达到 75％；从 2020 年到 2021 年，TikTok 的未成年用户比例从 30％左右增长到近 50％，它的使用量在 15～18 岁的人群中增加了一倍以上，可见未成年人的成长越来越离不开互联网（Génération Numérique，2021）。为了保护孩子免受网络风险的侵害，更好地捍卫数字环境中的未成年人权利，法国政府把保护未成年人数字安全和提升未成年人的素质素养作为优先事项，以应对新的互联网环境。

法国通过制定相关法律、加强行业自律、推动各方合作、强化技术屏障等方式，对青少年上网行为进行引导，为孩子在网络社会健康成长保驾护航，并在全社会树立了保护未成年人健康安全上网的风尚。

5.1　法治体系：从打击网络犯罪到保护数字权利

法国对未成年人数字安全的保护力度很大，显著特点是对常见的网络危害给予刑法层面的打击。

5.1.1 以刑法严打网络犯罪

法国通过修订《刑法》，加强对"色情""暴力""种族主义"或可能损害尊严等"有害"内容进行严厉打击。

1. 网络欺诈

针对未成年人的网络诈骗行为主要有社交媒体诈骗、虚假广告诈骗、奖学金诈骗、就业诈骗和爱情诈骗等。法国《刑法》严惩网络欺诈，尤其是对以未成年人为目标的网络欺诈从重处罚。法国《刑法》第 313 - 1 条规定，欺诈是"通过欺骗手段获取商品、服务或金钱的行为""受害人被故意欺骗而自愿支付金钱，施害者将被处以 5 年监禁和 37500 欧元罚款"。若涉及身份信息窃取，施害者将被处以 1 年监禁和 15000 欧元罚款（法国《刑法》第 226 - 4 - 1 条）。若通过网络诈骗收集个人数据，施害者将处以 5 年监禁和 30 万欧元罚款（法国《刑法》第 226 - 18 条）。法国《刑法》第 227 - 22 条规定，若发现贿赂或企图贿赂未成年人的行为，将加重处罚，这种罪行通常可判处五年监禁和 75000 欧元罚款。如果未成年人通过互联网与犯罪人取得联系，则可判处 7 年监禁和 10 万欧元罚款。

2. 网络欺凌

来自法国参议院的数据显示，6% ~ 10% 的学生在上学期间经历过某种形式的欺凌，25% 的中学生面临网络欺凌。每年总共有 80 万至 100 万名儿童成为学校欺凌的受害者（Sénat，2021）。法国教育部将"网络欺凌"定义为"一个或一群学生通过电子通信手段，反复针对无法轻易为自己辩护的受害者，实施的一种侵略性的、蓄意的行为"。这种现象发生于多人同时或一人先后骚扰同一个受害者，采取的工具或方式包括手机、即时通信、论坛、聊天、在线游戏、电子邮件、社交网络、照片共享网站、博客等。

2022 年 3 月 2 日法国《刑法》第 2022 - 299 号法律中，明确规定了校园欺凌成为一项《刑法》惩戒的犯罪行为。校园欺凌可处以最高 15 万欧元的罚款和最高 10 年的监禁。如果校园欺凌导致受害者完全丧失工作能力（ITT）少于或等于 8 天，施害者将被处以 3 年监禁和 45000 欧元的罚款；如果 ITT 超过 8 天，该措施将更加严厉。当事实导致受害者自杀或企图自杀时，可判处 10 年监禁和 15 万欧元的罚款。随着校园欺凌通过网络的形式扩散和放大，为了更有效地打击社交媒体上的网络欺凌行为，用于骚扰学生的手机和电脑可能会被没收。

法国《刑法》（第 222 - 33 - 2 - 2 条的 2014 - 873 号法律）给道德骚扰下了定义，并在 2018 年 8 月 3 日经第 2018 - 703 号法律修订，规定道德骚扰是"以反复发表言论、行为为目的或影响他人生活条件恶化导致其身心健康改变的行为"，可处以 1 年监禁和 15000 欧元罚款。此外，以下也属于处罚情节：一是当道德骚扰言论或行为是由几个人以一致的方式或在其中一人怂恿下对同一受害者施加的，即使这些人中的每个人都没有重复行动；二是当道德骚扰言辞或行为是由几个人连续强加给同一受害者，且有显著细节证明其言辞或行为的重复性。

法国《刑法》第 222 - 33 - 2 条认为，网络欺凌是道德骚扰的加重情节，也是一种犯罪行为，理应受到惩罚，但是具体处罚因情况而异：如果行凶者是成年人，而受害者超过 15 岁，他将面临最高两年的监禁和 3 万欧元的罚款。如果受害者年龄在 15 岁以下，最高刑罚为 3 年监禁和 45000 欧元罚款。如果行凶者年龄在 13 岁以下，则一事一议。如果行凶者年龄在 13 岁以上，而受害者年龄在 15 岁以上，则最高刑罚为 1 年监禁，罚款 7500 欧元。如果受害者年龄在 15 岁以下，罚款将增加到 18 个月和 7500 欧元。

从法国对校园欺凌定性为一种犯罪可以看出国家严厉打击欺凌的决心。网络欺凌作为校园欺凌的一种延伸，继续存在于校外等场域中。除了法律规定之外，国家还鼓励未成年受害者保存证据，积极通过 3020 举报热线、3018 应用程序等渠道举报骚扰案件，并在 2021 年推广了"针对学校和学院的欺凌预防计划"（Le programme pHARe），对学校和机构进行系统性培训，以预防网络欺凌和校园欺凌的发生。

3. 色情内容

根据法国团结和卫生部提供的数据，截至 2018 年几乎 1/3 的儿童在 12 岁以前已经接触过色情内容，而且大多是意外接触，44% 的发生性行为的年轻人几乎复制了他们在色情视频中看到的内容，近 1/4 的年轻人表示色情对他们的性行为产生了负面影响。[①] 然而近 1/3 的父母不知道有"家长控制"之类的工具存在，57% 的父母表示他们不使用这些工具。互联网上出现的色情内容不是

---

① Opinion way：Les 18 - 30 ans et la pornographie（2018 - 04 - 11）[2023 - 03 - 28]，https://www.caf.fr/allocataires/vies-de-famille/articles/pornographie-en-ligne-comment-proteger-vos-enfants.

性教育，会带来未成年人性成瘾、卖淫等风险。

法国《刑法》对提供色情内容的生产者和传播者做出了严格的刑事处罚。其第二百二十七条第二十四款规定，"向未成年人免费提供色情内容将被判处3年监禁和75000欧元罚款"。2020年7月30日，旨在保护受到家庭暴力受害者的第2020－936号法律规定，"仅要求在访问在线色情内容时申报年龄的举动，不足以免除色情网站的刑事责任。"该法律的第二十三条授予视听高级委员会（Conseil Supérieur de L'audiovisuel，CSA）干预出版商或网站的权力，要求出版商或网站采取有利于保护未成年人的行动。2021年7月28日，电子未成年人协会和儿童之声联合会收到一项临时命令，要求互联网服务提供商封锁仍允许未成年人访问色情内容的色情网站，因为其行为构成犯罪。巴黎法院于10月8日做出裁决，驳回了网站封锁的请求。同一天，政府颁布了第2021－1306号执行法令，规定执行保护未成年人无法访问色情网站的措施的程序。这是视听高级委员会（CSA）向目标网站发出的正式通知。2021年11月5日，电子儿童协会和儿童之声对法院拒绝封锁几个色情网站的决定提出上诉。

法国《刑法》对网络中出现的"性提议（sexual proposal）"的部分也有所规定。《刑法》第227－22条对"贿赂行为"予以明确规定，即如果发现贿赂或企图贿赂未成年人的行为，将加重处罚，这种罪行通常可判处5年监禁和75000欧元罚款；如果未成年人通过互联网与犯罪人取得联系，则可判处7年监禁和10万欧元罚款。其中子条款第227－22－1条中更对"性提议"的惩处加以细化：成年人使用互联网等电子通信手段向15岁以下的人或自称向15岁以下的人发出性提议，应处以两年监禁和3万欧元罚款。

法国《刑法》第227－23条规定，录制或传播儿童色情图片的，处5年徒刑和75000欧元罚款。根据《刑法》的规定，将未成年人的形象通过电子通信网络传播给未成年人的，处7年徒刑和10万欧元罚款。《刑法》第227－24条规定，传播未成年人的色情图像或描绘未成年人的行为，以及未成年人看到或感知色情信息的行为，都是犯罪行为。该法规定：以任何方式制作、传播或交易暴力或色情性质或严重侵犯人的尊严的信息，应处以3年监禁，如果未成年人可能看到或听到此类信息，应处以75000欧元罚款。

除此之外，法国政府还关注到了未成年情侣关系中时常出现的"复仇色情"。"复仇色情"是通过公开显示亲密关系中的色情内容来羞辱报复对象的现象。这些内容可能会在当事人知情同意的情况下生产，但在未经其同意的情况下分发，包括照片、视频以及以私人身份发表的关于性的言论。自2016年以来，"复仇色情"被《刑法》视为犯罪。《刑法》第 226 – 2 – 1 条加强了对传播性内容的具体案件的制裁，它规定："如果涉及在公共或私人场所拍摄的具有性特征的文字或图像的罪行，应处以两年监禁和 6 万欧元罚款。在未经该人同意的情况下，向公众或第三方传播的符合第 226 – 1 条情况的任何录音或文件，或涉及性文字或图像的任何录音或文件，应处以同样的处罚"。因此，性内容被视为加重处罚的情节，因为在这种情况下，可判处 1 至 2 年监禁和 4.5 万 ~ 6 万欧元罚款。

法国政府把打击未成年人接触色情内容作为优先事项，由此推出了"保护我的孩子"网站（www. jeprotegemonenfant. gouv. fr），旨在告知父母与孩子接触色情内容相关的风险并提供解决方案。同时，法国政府畅通举报渠道，设置"举报互联网非法内容官方门户"（Portail officiel de signalement des contenus illicites de l'Internet，PHAROS）网站，网民可以通过此官方门户匿名报告在网上发现的非法内容和行为，并为有关部门删除"复仇色情"内容提供线索。

5.1.2　积极保护未成年人数字权利

作为欧盟的成员国之一，法国主要根据欧盟的《通用数据保护条例》（GDPR）与自身颁布的《国家数据保护法》为未成年人数据保护提供法律保障，并由数据保护机构国家信息与自由委员会（Commission Nationale de L'informatique et des Libertés，CNIL）专门负责执行。《国家数据保护法》于 1978 年 1 月 6 日生效，2004 年修订，用以替换 1995 年 10 月 24 日的《欧洲个人数据保护指令》，它规定了个人数据处理的自由，适用于在其活动过程中使用个人数据的所有部门。它包括了立法机构选择行使的 GDPR 所允许的"成员国家具有回旋余地"的规定，并将"警察 – 司法"指令等转换为法律。《国家数据保护法》在某些未成年人互联网保护条款中明确提到了 GDRR 的规定，但它并不是 GDPR 的复制，两者在年龄准入、被遗忘权等相关内容上有所差异。

1. 年龄准入

虽然各国划定民事行为能力的年龄标准不同，但未成年人是否有足够的判断能力来做出对处理其个人数据的表态是各国均需要考量的问题。欧盟 GDPR 规定，对于未满 16 周岁的未成年人，需要由其父母做出对使用数据同意的表态，而 16～18 周岁的未成年人则被视为具有自主决定的能力，可以对自己的数据能否被使用自行表态。自 2018 年 5 月 25 日通过以来，GDPR 不断加强对未成年人数据使用同意和透明度的管理。对于 13～14 岁的未成年人，需要父母同意才能在社交网络上进行注册；15 岁及以上的人可以像成年人一样自行决定。对于年满 13 周岁的未成年人，欧盟 GDPR 给予了各国更大的自由裁量余地，各国可以根据本国的具体实际情况进行判断。

GDPR 为成员国提供了在 13～16 周岁之间调整这一限制的可能性。法国在欧盟的框架下建立了自己的年龄准入限制，把 15 周岁作为"数据处理同意"的法定年龄。在大多数社交网络上，用户必须年满 13 岁才能创建账户。使用虚假信息（例如不正确的年龄）创建账户是违反社交网络使用条款的。但《国家数据保护法》没有对未成年人和成年人数据保护的差异进行区分，体现了法国对于数据保护普遍性的立场。

2. 被遗忘权

2018 年，GDPR 首次将专门针对未成年人的特定条款引入欧洲数据保护法之中。与之前不同的是，更新后的法律要求收集与年龄有关的信息，以加强孩子们的"被遗忘权"和同意处理数据的能力（仅限于 15 岁以上或 15 岁以下未成年人与父母一起处理的情况）。GDPR 第 17 条规定任何人都可以向相关公司的数据控制者要求"删除个人数据"，并且后者有义务尽快执行请求。

当数据主体在数据收集时是未成年人，他或她完全可以要求删除有问题的数据。如果在请求后一个月内没有答复或未答复，则可以向国家信息与自由委员会（CNIL）寻求帮助，CNIL 有三周时间给出答复。不遵守《国家数据保护法》将受到严厉的处罚，CNIL 会对收集者处以最高 30 万欧元的行政罚款，且最高可判处 5 年监禁和 30 万欧元罚款。

近年来，由于未成年人社交媒体明星的受欢迎程度迅速增长，许多未成年人出现在 YouTube 等平台的最高收入者名单上。法国在出台的一项保护未成年人社交媒体明星的新法律《在线平台未成年人影像商业开发管理法案》中也规定了"被遗忘权"。该立法除了规范 16 岁以下的未成年人的在线工作时间以及其收入的相关事宜，还规定了这些社交媒体"童星"拥有被遗忘的权利，这意味着平台将有义务根据孩子的要求删除内容。

在法国，虽然没有针对未成年人的特定隐私法律，但是越来越多的政界人士、监管界人士、数字界人士和媒体人士都强烈要求未成年人和青少年网站的经营者谨慎处理有关年轻用户和客户的信息。同时，许多公共和私人组织提出的倡议、建议、意见、章程都规定了为提高保护未成年人数据水平而采取的措施，如在 CNIL 提出的八条建议中，规定了未成年人及其父母数据使用同意的含义和范围、讨论了"家长控制"系统是否给孩子带来隐私威胁等，并已经被越来越多的组织采用。即使这些文本是非强制性的"软法"，它们仍然可以作为未来法律发展的依据。

5.1.3　以商业开发法律保护"童星"权利

随着网络视频的不断普及，未成年人在网络视频中的合法权益理应受到保护。由此，2020 年 10 月 19 日法国国民议会通过了第 2020 - 1266 号《在线平台未成年人影像商业开发管理法案》，该法案为未成年人在互联网视频领域设立管理框架，保护未成年在视频中的权利，包括决定权、休息权、教育权以及当他们成年时获得自己创造性收入的权利。该法律旨在保护作为未成年人演员和模特的"童星"，对家长和视频平台加以限制。它规定，如果未成年人视频被证明是工作性质的，那么这些未成年人就必须受到关于未成年人从事演出和模特类工作相关法律的保护。其家长必须获得相关的许可或者进行报备。另外，法案对未成年人工作时间进行了严格的规定。比如，6 ~ 11 岁的孩子每周最多工作五天，每天三个小时。而在收入上，家长必须将收入的一部分存入法国指定的银行。如果家长不遵守相关规定，将被惩罚。同时，该法案同时要求视频平台承担相关责任，视频平台需要和社会机构一起，打击非法利用未成年人视频的商业行为。该法案还特别强调，当未成年人要求视频平台删除所拍摄内容时，平台必须永久删除这些内容，无须经过家长同意。

5.1.4　以《反假新闻法》确保儿童获得可靠的信息

法国社会关注到假新闻对人们造成的误导。为了抵制出于意识形态的虚假宣传或者出于经济原因的个人数据窃取，法国专门制定了《反假新闻法》。然而，因为它仅适用于选举前时期，所以它的适用范围仍然十分有限。就其本身而言，如果故意传播"可能会改变其本意的虚假信息"，法国视听高级委员会（CSA）可以对"受外国控制或影响"的媒体采取措施。此外，该法规定平台必须标明付费宣传与大众偏好的信息及讨论内容的人的身份。当为直播支付的不含税金额超过 100 欧元时，平台也需要注明该金额。法国的电子儿童协会会针对假新闻，对孩子们进行一定的教育干预，以唤醒孩子们对假新闻的警惕，培养他们的批判意识，帮助他们辨别信息真伪。

法国对于未成年人的保护全面而细致，几乎关注了未成年人在互联网可能遇到的所有风险，并不断推动法律的覆盖。同时，法国政府也非常重视未成年人的合法权利，针对个人的数据安全以及未成年人影像商业开发的合法权益出台了相应的法律，法国也因此被认为是立法保护社交媒体中"童星"的先驱。《反假新闻法》在一定程度上帮助未成年人远离误导。

5.2　组织保障：集结国内与国际的未成年人保护专门机构

为了保证法律的意志能够充分落实，法国政府设立了专门的机构，以保护未成年人的触网安全与健康，并维护未成年人的权益，这些机构为法国未成年人保护提供了有力的组织保障。同时，法国政府与欧盟致力于支持法国促进未成年人互联网保护的非政府组织，并合作展开更高效协同的行动，成为法国未成年人数字安全与发展的一大特色。此外，法国进一步加强与周边国家的合作，也逐渐成为法国保护未成年人数字安全的重要手段。

5.2.1　专门保护组织：电子儿童协会

为了更好地落实保护未成年人互联网行为的政策，法国专门建立了电子儿童协会（e-Enfance）。该协会于 2005 年经国家教育部批准成立，是保护互联网未成年人和数字公民教育的先驱。它与父母、儿童、青少年和专业人士一同处理数字世界的潜在危险（网络骚扰、屏幕接触、色情、网络游戏、性侵犯者、家长控制、身份认同、盗窃、诈骗、假新闻）。该协会把预防作为行动的基础，致力于在学校、课外活动和学生中开展提高认知的活动。

电子儿童协会就"互联网的风险和负责任地使用互联网"对父母、专业人士、同行和合作伙伴进行培训，比如宪兵总局、警察、青少年司法保护、国民教育、大学医院、青少年中心、残疾人中心、医学心理中心等。该机构也致力于公开讨论，加强与专业独立机构的合作伙伴关系，对法国政府和未成年人保护提出建议等。同时，电子儿童协会通过发布调查报告、开展大量活动，在实践中提出倡议，以提高整个社会对未成年人数字保护的认知以及促进法律的完善。例如该协会在 2020 年的一项研究发现，59% 的网络暴力受害者是年轻女孩，女孩比男孩更有可能因为外表而成为网络暴力的受害者。在 3018 援助平台上，电子儿童协会还观察到 2020 年专门针对年轻女性的两种网络暴力行为有所增加——"复仇色情"（未经同意传播性内容）和账户"Fishas"（创建虚假账户以"展示"偷来的少女裸照）。因此，协会向社会呼吁提高对针对年轻女性的网络暴力的认识，动员学生提高自身网络素养，强化对女性权利的认识以防止基于性别的暴力。

5.2.2　数据保护组织：国家信息与自由委员会

国家信息与自由委员会是法国一个独立的数据保护行政机构，它根据 1978 年 1 月 6 日发布的《国家数据保护法》（La loi Informatique et Libertés）（于 2004 年 8 月 6 日修订）的规定运作，负责执行法国的《通用数据保护条例》以及《国家数据保护法》。除此之外，CNIL 还非常注重保护未成年人的数字权利，法国政府认为未成年人和成人一样拥有数字权利，而且他们需要行使这些权利。

国家信息与自由委员会希望在家长和专业人士的帮助下为孩子提供适当的支持，并发布了八条建议，这些建议不仅涉及未成年人，也涉及他们的父母和其他数字用户，用以创造一个更加尊重儿童权利的数字环境。国家信息与自由委员会发布的八条建议如下：一是调节儿童在线行为的能力；二是鼓励儿童行使自己的权利；三是通过数字教育支持父母；四是未成年人具有一定程度的数据处理同意权，未满 15 岁的未成年人需要由其父母同意；五是促进尊重儿童隐私和最大利益的家长控制；六是通过设计加强儿童获取信息的权利；七是在尊重孩子隐私的同时检查孩子的年龄和父母的同意情况；八是提供具体保障措施以保护儿童的利益。

同时，国家信息与自由委员会旨在平衡保护儿童权利与发挥儿童自主权间，倡导以不同的方式去保护不同年龄的未成年人，比如不能以同样的方式理解 6 岁儿童和 16 岁青少年的自主权、保护、自主同意与父母监护的关系。考虑到实践的多样性和未成年人的成熟程度，国家信息与自由委员会针对不同主体，构建了不同的建议：对于未成年人，在考虑到他们的自主权和权利的同时，需要保护他们的在线行为；对于父母和教育工作者，在尊重未成年人隐私和最大利益的框架内，需要为未成年人提供尽可能的支持；对于在线服务提供商，需要让他们意识到其对未成年人的责任，尊重未成年人的数据权利，以便提供更好的服务。

除此之外，作为法国《通用数据保护条例》的执行机构，国家信息与自由委员会长期以来一直致力于关注未成年人的数据保护的进展，积极推进"被遗忘权"法律的完善。

5.2.3　救助组织：国家宪兵总局

为了给孩子的网上实践提供更加可靠的保障，电子儿童协会与国家宪兵总局一起合作，为受到数字暴力的年轻受害者提供保护。法国国家宪兵总局（The Direction Générale de la Gendarmerie nationale，DGGN）是法国内政部的一个部门，与国家警察总局（Direction générale de la Police nationale，DGPN）一起构成法国的执法部门。首先，国家宪兵总局会对警察进行未成年人保护的专门培训，使他们了解未成年人的数字使用和潜在的暴力行为（如网络侵扰等）。宪兵总局会还对受害者施以特殊的照顾，依靠数字保护热线3018和3018平台信任的第三方（如Facebook、Instagram、Snapchat、Twitter、TikTok、Disco、Yubo、Mym等），借助法国独有的优先报告程序，可以在几个小时内删除非法或有害于未成年人的内容。

5.2.4　国际合作组织：特拉莱尔

在欧盟委员会的支持下，法国启动了"法国安全互联网计划"（Safer Internet France）。"法国安全互联网计划"是欧洲"给孩子更好的网络"（Better Internet for Kids）计划的法国部分，它自2008年起由欧盟委员会发起，如今已在31个国家或地区部署，由特拉莱尔（Tralalère）负责运营和协调。"法国安全互联网计划"汇集了三条行动路线：求助热线3018、"互联网无所畏惧计划"（Internet without Fear）以及匿名举报平台"联系点"（Point de Contact）。

特拉莱尔于2000年由一群文化和教育多媒体的先驱以及面向年轻观众的传播专家创建，是一个背靠欧盟的非政府组织。它主要为未成年人及其教育者制作数字教育内容，并在线上和线下渠道提供卡通、游戏、网络纪录片、互动活动、博物馆展示等内容。

在国家层面，特拉莱尔主要负责删除在互联网上发布的攻击性和非法内容、与公众和私人合作伙伴一起开展宣传活动、并组织"更安全的互联网日"等活动。在欧洲层面，特拉莱尔通过国际安全上网论坛（INSAFE）支持年轻人和教育工作者预防风险和促进积极使用互联网，以及国际网络检举论坛联盟（INHOPE）协调每个国家的报告平台（热线）。它主要负责沟通分享国家政策信息和有效的保护措施、将未成年人性虐待内容传输到东道国以确保删除、倡导建立数字行业等。

在政府的授权下，大量的政府组织和非政府组织有力地推进法律的落实和计划的实施，并在全社会倡导形成保护未成年人的意识，开展各项有益的措施，这些组织成为法国未成年人保护最有力的抓手。

5.3 技术手段：完善网络技术设施预防风险

为了能在互联网中更及时地解决参与遇到的问题，法国不遗余力地完善了网络技术设施，期望援助手段可以第一时间到达现场，以预防未成年可能遇到的威胁。电子儿童协会强调：开发软件只是一种辅助的技术手段，任何软件都无法百分之百消除有害信息。因此，保护孩子的最好办法是加强与孩子的交流和沟通，让他们主动远离危险，这需要全社会（特别是学校和家长）的齐心协力。

5.3.1 3018：法国数字育儿号码及应用程序

2009 年以来，在政府的支持下，电子儿童协会推出了电话号码 3018，这是为了保护互联网上未成年人和支持数字育儿的国家绿色号码。2022 年 2 月，背靠着法国政府，3018 应用程序在法国电信（Orange™）的技术及人力支持下推出。它是唯一一个直接与法国"举报互联网非法内容官方门户"（Portail Officiel de Signalement des Contenus Illicites de L'Internet，PHAROS）和儿童紧急求助热线 119（119 - Enfance en Danger）进行合作的组织，以实现优先警报。它为受害者提出申诉提供咨询意见，尤其是会为受到网络骚扰的孩子提供强有力的支持。通过与 3018 专业人士的聊天得到即时联系与指导，孩子也可以将骚扰证据（截图、照片、URL 链接等）存储在安全的数字保险箱中，所有或部分证据可能会转移到 3018 团队，以提供应对措施。同时，孩子们可以通过问卷调查对自己的情况进行自我评估，寻求帮助。3018 和 Facebook、YouTube 等社交网络合作推出快速报告程序，可以在几个小时内通过网络删除账户或内容。总之，3018 是一个能够让受害者第一时间想到并求助的热线以及应用程序。

5.3.2 家长控制系统：过滤不良内容，保护孩子上网环境

家长控制系统是一种功能或软件，可以过滤和限制某些内容，它源于 2004 年 6 月颁布的《数字经济信任法》。在《数字经济信任法》的规定中，互联网服务提供商和技术中介机构（包括托管机构）无须对其传输或存储的内容进行监控。然而，这些机构必须建立内容可访问和内容可见机制，允许向用户报告非法内容的存在。在这种情况下，互联网服务提供商和托管机构有义务向用户报告内容无法访问，否则，用户将有权利向法院申请删除他们浏览的非法内容，这样可以有效拦截一部分对未成年人有害的信息。此外，互联网服务提供商有义务向其用户通报"家长控制"程序的存在。

法国的网络运营商因此推出了"家长控制"系统，它可以根据孩子的年龄调整限制，帮助家长创建不同类型的配置文件，让孩子在没有对话空间的相对封闭的网络空间中探索，访问安全的网站。启用家长控制功能，会过滤非法（种族主义、毒品等）和不适合未成年人（色情、暴力、赌博等）的网站，通过设置访问时间来限制孩子上网时长，限制对游戏或应用程序的访问等。

但"家长控制"系统也大量涉及未成年人个人数据的收集，比如浏览记录和地理定位等，让家长控制转变成一种带有一定风险的监视形式。在某种程度上，这种系统的装置会改变父母与未成年人之间的信任关系，导致孩子们不再与父母分享自己的信息；也会在一定程度上阻碍对未成年人的赋权，限制他的言论自由、获取信息和发展批判性思维的能力；还可能会使未成年人习惯于长期处于监视之中，不断加强自我审查，让他们丧失对民主社会中个人权利和集体价值的意识。

5.3.3 Bodyguard：识别仇恨内容，避免网络骚扰

Bodyguard 是一种技术解决问题的方案，但是它更加依赖人类的主导。这款应用程序不同于数字巨头普遍采用的机器或深度学习，是由内部团队开发出

的独特技术。通过人为的控制和参与，它可以在不侵犯每个人言论自由的情况下，识别言论的语气和接受者。在专业人士的协助下，技术模型和规则是由人来操控的，因此可以识别不同的仇恨表达，并像人类语言一样不断演变。在法国第一次网络治理的浪潮中，社交网络上的仇恨内容增加了60%，Bodyguard由此更加致力于打击不恰当的言论和行为。随着法国网络骚扰的案件激增，Bodyguard正在动员其合作伙伴、用户意见领袖等，意在强调在学校、家庭及工作领域中，提升7～77岁用户对骚扰风险重要性的认知。

Bodyguard可以识别有关仇视同性恋言论、种族主义言论及与个人身体有关的攻击。虽然公众辩论有时会涉及打击网上仇恨和言论自由的平衡，但Bodyguard认为，必须厘清仇恨内容、网络骚扰与言论自由的边界。从定义上看，网络骚扰是指向同一个人重复发送的内容，仇恨内容是攻击性内容。Bodyguard创始人查尔斯·科恩说："匿名情况下的骚扰不是言论自由，我们希望Bodyguard可以保护人们，解放他们自由的言论，也减少越来越普遍的自我审查。我们必须捍卫言论自由，以遏制仇恨和骚扰的内容。"

5.4　社会参与：政企合作维护网络空间安全

社交网络是青少年上网的主要基地，同时社交网络公司拥有着先天的技术优势。法国政府及其所支持的组织积极和社交网络开展活动，借助数字技术提高对网络危险的预防和治理能力，同时依靠平台的影响力宣传网络未成年人保护的重要性，给未成年人一个健康和安全的网络环境。

5.4.1　TikTok：过滤有害信息，禁止骚扰恐吓

在反校园欺凌日之际，TikTok与电子儿童协会合作，发起了一项关于正确使用数字技术的宣传活动，旨在提醒用户，尤其是未成年用户，他们可以使用哪些工具来处理网络骚扰情况并防止平台内外的危险行为。

活动期间，TikTok应用程序会直接提供一个专门的页面，并在"发现"选项卡上突出显示，其中包括一个在线安全测试、一个由电子儿童协会提供的视频演示以及国家教育部制作的宣传短片，旨在帮助用户更好地识别网络骚扰事件，并了解TikTok上可用的安全工具。

为确保网络社区安全，给未成年人清朗的上网环境，并促进用户间的友好交流，TikTok 采取了以下手段。一是设置弹窗提醒，在发布可能不适当或冒犯性的评论之前，用户屏幕上会出现一条通知，要求重新考虑、修改和重现 Tik-Tok 的社区规则。这是一个非常有效的工具，约40%的用户决定删除或编辑他们的评论；二是开发"过滤所有评论"功能，只有经过视频作者批准的评论才会出现在内容下方。

针对网络欺凌和骚扰，TikTok 采取以下措施。一是严格设置社区规则，严禁在平台上进行骚扰和恐吓，并主动删除与此类恶意行为相关的所有内容和账户。在 2021 年 4 月至 6 月，全球超过 8100 万个视频因违反 TikTok 的社区规则而被删除。二是改进仇恨符号和文字的主动报告系统。2021 年 4 月至 6 月，73.3%的因骚扰或恐吓而被删除的视频在被举报之前就已被删除，而第一季度被删除的比例为 66%。

5.4.2　Facebook：支持电子儿童协会开发新的聊天室

在欧盟委员会"更安全的互联网计划"的支持下，在欧盟提出的"更安全的互联网日"（欧洲数字意识日）之际，Facebook 与电子儿童协会推出了一个新的工具——聊天机器人（Chatbot），并与 3018 相关联，这在法国尚属首次。它是一个新的对话工具，它的聊天室特别面向年轻人和家长，以便他们在数字应用中寻求快速的答案和建议。

自疫情封闭以来，由于电子儿童协会"网络聆听"平台上的需求不断增加（比 2020 年增长 44%），协会利用人工智能来扩展其现有的连接设备（netlook. fr、mail、chat、messenger 或 3018）。聊天机器人可以在其网站或 Facebook 主页上找到，它分析请求并向使用者提供一个具体的答案。根据请求，它引导呼叫者访问网站所提供的资源，为网络骚扰或网络摄像头勒索等复杂的侵扰提供答案；聊天机器人还可以直接将来电者引导到"聆听员"处，以获得即时和个性化的支持。聊天机器人加强了平台的接收功能，并在处理最紧急情况时提高响应能力。

除此之外，Facebook 与法国政府、专家和社会组织密切合作，开发安全和安保方案、功能及资源。例如，法国 Facebook 团队设计了数字教育项目；开设网络家庭暑期课程，与协会和专家进行为期一周的在线安全交流和培训；成立每年能够提供 100 万欧元的电子公民基金，支持社会组织打击骚扰和仇恨以及培养批判性思维的项目；在 2020 年底更新"教育/家长"群组，作为 Face-book 上群组功能的一部分；成立"在线和安全"网站、欺凌预防中心、家长门户、青年门户，为家长、年轻人和教育工作者提供资源，以回答他们关于数字使用的所有问题。

5.5　宣传教育：数字素养的全民培育风气

未成年人数字保护是一件需要多主体合力、长期而复杂的系统性工程，法国颇为重视社会公众教育，除了政府主导、行业协同、技术治理之外，还迫切需要大众的广泛支持和积极参与。由于意识到未成年人数字保护是一个全社会的问题，法国政府不遗余力地开展多样化的网络安全教育，旨在通过潜移默化的数字教育，培养公众尤其是未成年人正确、安全的用网习惯。

5.5.1　成立数字全民教育的机构——教育学院

2013 年 5 月，国家信息与自由委员会（CNIL）建立了一个旨在推广全民数字教育的教育学院（EDUCNUM），这是一个由教育、研究机构、数字经济组织、民间社会、企业基金会和其他机构的广泛参与者组成的组织，旨在培养真正的"数字公民"，让网络参与者意识到数字文化的重要性，特别是提高年轻人负责任地使用数字技术的认知和能力。同时，该协会积极促进代际对话，鼓励参与数字教育的不同行动者交流经验。除此之外，在国内，在与组织成员协商交流后，教育学院会通过公开演讲传达在数字教育方面所采取的行动，并向政府部门提出建议；在国际上，教育学院与其他国家分享本国的数字教育经验，并谋求合作。

教育学院针对不同年龄的青少年、家长、专业人士提供了不同的媒体、信息以及数字工具方面的教育，例如在网站发布网络通识类视频，让孩子们认识网络世界。教育学院汇集了为数字公民教育而设计的多种资源，主要内容涵盖了数据安全、未成年人权利、隐私、网络游戏等多个方面，涉及了不同主体在数字教育中的责任分布。从全民数字教育机构的建立，可以看出法国政府提升全民网络素养、为未成年人营造健康网络环境的决心。

5.5.2 多措并举、寓教于乐建设数字校园

法国为了让学校也能参与保护互联网上的未成年人，在 2013 年 7 月 8 日出台了《共和国学校重建指导和规划法》（*Loi d'orientation et de programmation pour la refondation de l'école de la République*），为孩子提供数字使用工具和资源，并要求教师采取行动，帮助未成年人提高对使用互联网和网络的权利和义务的认识。

法国教育部以"控制＋引导"的方式，一方面保护孩子免受网络犯罪的侵扰，另一方面利用网络开展文明教育，引导学生在上网时提高警惕。由教育部和数字经济部国务秘书牵头，互联网行业共同开展了专门面向青少年的"放心互联网"项目，教育青少年如何在网上获取正确知识，同时注意保护自己的隐私，学会尊重著作权与画像权。同时，针对青少年阅读的特点与爱好，"放心互联网"还以轻松活泼的动漫及连环画节目将有关健康上网知识编辑成集，注重知识性与趣味性的结合，共编辑了 15 套节目，专门提供给 7~15 岁的少年观看。

除了文明教育之外，学校在校园网上安装自动浏览监视器，限制学生的上网内容及范围。从 2004 年起，法国所有学校都在网络上设置了涉及淫秽及种族歧视的"黑名单"，通过专门过滤，使学生免受不良网站的侵害。一些非政府组织也积极加入保护青少年免受"网毒"危害的队伍，形成了一个从政府、学校到社会的监督保护网络，大大降低了互联网对青少年的伤害程度。

5.5.3 强化家长素养教育培训，保护孩子健康上网

家庭的预防对于保护未成年人至关重要，最常见的一种是对话或者教育。作为父母，重要的是要指导孩子正确使用互联网并就使用中出现的现象进行讨论。然而，几乎有一半的父母感觉无法对孩子的数字实践进行充分的监督。面对新的数字挑战，父母也需要获得外部力量的支持。

2021 年 2 月，法国政府推出了"保护我的孩子"网站（jeprotegemonenfant. gouv. fr），旨在制止年轻人接触色情制品。这是一个由全国家庭协会联盟领导的专家委员会，还包括电子儿童协会、无恐惧/无障碍互联网等协会，每年共有 4 万名家长接受免费培训。政府希望为家长提供更好的支持，所以未成

年人和家庭事务大臣 Adrien Taquet 正在启动第一个数字育儿计划。"保护我的孩子"如今已成为一个独特的门户网站，除了可以帮助家长保护自己的孩子远离色情内容，还可以保护孩子合理适度地使用电脑屏幕，免费提供有关数字育儿的信息，它将为所有想要寻求帮助的家长提供信息、实用提示和教程。

除了对家长进行相应的数字教育外，电子儿童协会还会对家长进行教学干预，训练家长正确使用互联网，并为他们提供保护孩子的钥匙。电子儿童协会的教学干预对家长进行了互联网使用培训、帮助他们了解未成年人的数字用途以及识别互联网的威胁和机遇，培养家长成为真正的数字时代的父母。同时，电子儿童协会会根据孩子年龄调整对父母教学干预的主题。对于孩子上小学的父母，电子儿童协会将其教育干预重点放在育儿支持上，目的是更好地了解孩子的数字世界（包括个人数据、游戏、网络欺凌、不良内容等）。

同时，"家长控制"系统成为家长更好监督孩子上网控制的手段。"家长控制"的出现源于《数字经济信任法》（*loi pour la confiance dans l'économie numérique*，LCEN），该法案规定互联网服务提供商有义务向其用户通报"家长控制"程序的存在。国家信息与自由委员会对年轻人的数字实践的研究指出，绝大多数家长都宣称自己支持家长控制设备的使用，但是很少有人真正使用它们。一方面是因为家长对孩子的数字实践感到越来越陌生，另一方面，复杂的家长控制系统让家长不易监督。因此，法律对提供互联网接入的设备或服务施加更严格的义务做出规定，使得家长可以更加系统、方便地使用控制设备。2022 年 3 月 2 日，法国在《邮政和电子通信法》中通过了一项旨在加强家长对互联网访问方式的控制的法律。它规定，在法国销售的联网设备上必须预先安装家长控制系统，该系统必须在设备首次调试时激活并免费提供给用户。同时，严格禁止将激活家长控制系统时收集或生成的未成年人个人数据用于商业目的（营销、分析或定向广告）。

在政府的教育普及和法律的强制措施下，家长可以更加自如地监督孩子的上网行为，过滤不良内容，做好孩子的"把关人"。

5.5.4　教育干预专业人士提供及时帮助

对于专业人士（教育者等）而言，他们经常与未成年人接触，所以需要了解孩子们所处的数字环境。他们应当能够找准自己的定位并对未成年人使用数字设备提供支持，一旦发现危险情况，特别是在网络欺凌的情况下，他们也可以发挥警报作用。教育干预的目的在于激发专业人士对未成年人数字教育的思考和讨论，以便他们能够在遇到与使用数字相关的问题时为孩子们提供最佳响应，在日常生活中保护孩子预防可能遇到的问题和侵害。

5.5.5 对未成年人分年龄段采用不同的教育干预策略

电子儿童协会针对不同年龄的孩子提供了不同的教育干预方式，尤其注意到了第一次离开父母监督、准备进入大学和职场的青年人的教育。

1. 小学生(6 ~10 岁)

电子儿童协会专门为 6 ~ 10 岁的儿童提供了趣味教育节目《网络超级英雄》（Les super-heroes du net），帮助他们了解互联网的使用及危险的预防。节目借用幻灯片、测试、视频等形式鼓励孩子们分享他们的经历，并参与讨论。在参与的过程中，孩子们可以意识到管理情绪的重要性，并学会情绪管理。在 Google 的支持下，电子儿童协会为小学生免费提供了这项服务。借助教育干预程序网络超级英雄（Net Superheroes），小学生在漫画 "网络男孩"（NetBoy）和电影 "网络女孩"（WebGirl） 的建议下学习如何安全使用互联网，漫画和电影涵盖的主题包括网络欺凌、密码管理、健康和屏幕、不适当内容的传播、网络钓鱼甚至假新闻识别教育。网络超级英雄分为 6 个模块。

> 超级敏锐：保护自己免受误导信息的侵害
> 超级聪明：避免诈骗
> 超级善良：打击网络欺凌，做负责任的小朋友
> 超级勇敢：互联网上的不当内容
> 超级自由：保护自己免受数字使用对健康的影响
> 非常小心：保护你的形象和个人数据

2. 初中生(11 ~17 岁)

对 11 ~14 岁的儿童进行干预的方式是谈论他们自己的经历和数字技术的使用情况，以及进行一些相应的角色扮演活动。谈论主题并不限于网络欺凌，还有年轻人的在线实践，比如健康（上网时长、睡眠）、个人数据（电子声誉、被遗忘权）、虚假信息（假新闻）、性行为（色情、恋爱关系、性同意、性勒索以及报复色情）等。

3. 高中生(14 ~17 岁)

对于 14 ~17 岁的学生（即九至十二年级的学生），电子儿童协会提供专门与时事相关的教育干预，如用冠状病毒的例子学习新闻的来源，来辨别信息的真假。这种干预让孩子们能够正确处理假新闻、阴谋论和误导信息。

无论是查找信息还是在社交网络上进行交流，高中生已经能够熟练运用互联网。但他们大多都缺乏远见，没有意识到自己容易落入互联网的陷阱，例如泄露个人数据、发送可能损害其声誉的照片或视频等。由此，电子儿童协会开展了"从多巴胺到成瘾"的项目，旨在帮助高中生提高互联网使用水平。

4. 青年(18 ~25 岁)

18 ~25 岁这段时期是年轻的成年人/学生在学习期间第一次没有父母的自主体验，他们很有可能面临各种数字风险（如网络成瘾、赌博、卖淫等），因此预防风险对他们行使自主权至关重要。对这个时期的青少年进行干预，是为了让他们识别互联网的威胁和机会，以便在他们的生活和职场中更自如地使用网络技术。

5.6　小　结

总体而言，法国非常重视对未成年人网络活动的保护，并形成了自上而下协调有效的联动保护体系，在全社会营造了保护未成年人健康安全上网的氛围。从法律层面看，法国的《刑法》针对未成年人犯罪的处罚和制裁十分严格，同时非常注重未成年人的数据保护，在在线平台对未成年人影像的商业开发保护方面走在世界前列。从政府和组织的角度来说，在政府的支持下，法国设置了专门的保护协会，用以为孩子、家长以及相关专业人士提供援助，保护孩子在线生活的各项合法权利，这些组织已经成为法律实施以及数字教育的有力抓手。从互联网行业层面来说，政府组织、非政府组织和各个互联网公司形成了紧密的协作，动员所有资源，给孩子们的互联网活动打造和谐的成长环境。就技术层面而言，法国通过技术辅助，提高未成年人保护的效率。最后，法国注重全民的数字教育，对孩子、家长以及和孩子接触较多的相关人士进行干预，并采用寓教于乐的方式，建设数字校园。

索　引

24. 电子儿童协会　e-Enfance
25. 特拉莱尔　Tralalère
26. 联系点　Point de Contact
27. 国际安全上网论坛　INHOPE
28. 国际网络检举论坛联盟　INSAFE
29. 教育学院　EDUCNUM
30. 全国家庭协会联盟　Union nationale des associations familiales

第6章

荷　兰

作为西方十大经济体之一、欧洲乃至全世界教育最发达的国家之一，荷兰是较早启动"数字议程"（Digital Agenda）战略的国家，在未成年人数字保护方面处在世界前列。荷兰具备强大的网络基础设施、先进的未成年人保护理念，通过广泛的公私合作构建丰富灵活的未成年人数字保护体系，鼓励未成年人在数字空间中自由探索、自主发展，在全社会范围内形成了保护未成年人数字安全，尊重未成年人权利，培养未成年人数字素养的共识和氛围。

6.1　安全与发展并重的未成年人保护制度

2015 年颁布的《青少年法》（*Jeugdwet*）奠定了荷兰未成年人保护制度的基础。荷兰形成了包括中央和地方两级政府的未成年人权益保障和服务支持系统，通过财政资金和专业服务把对未成年人的服务保障向家庭延伸。在这个过程中，广泛吸纳非政府组织的作用，形成保护未成年人的合力。荷兰的未成年人保护体系尤其注重保护隐私和个人数据安全，在欧盟统一的规范下形成了具有本国特色和较强执行力的规则，并通过公共和私人两种途径保障执行。荷兰率先意识到数字产品和服务给未成年人带来的潜在福祉，通过保障公平、鼓励参与和促进发展等政策来维护和保障其发展权益。

6.1.1　两级协调多方合作的保护体系

荷兰人口约 1756 万，设 12 个省，下设 355 个市镇。18 岁以下未成年人约 350 万。联合国儿童基金会 2020 年对 41 个高收入国家的未成年人福祉进行综合评估，结果显示荷兰得分最高（UNICEF，2020）。

中央层面，荷兰政府设有 12 个组成部门，多个部门涉及未成年人保护工作，其中司法部和卫生体育福利部在未成年人保护体系中举足轻重，司法部主要负责预防未成年人犯罪和执行涉及家庭暴力、虐待儿童等事项的相关法律，下属未成年人保护委员会、未成年人违法犯罪委员会等；卫生体育福利部主要负责对需要照看的未成年人及其家庭提供政策支持，指导地方开展照料服务（方芳，2016）。

地方层面，自 2011 年以来，荷兰所有城市均设立了青少年和家庭中心，这些中心向家长提供有关抚养孩子的指导和建议。2015 年荷兰政府颁布《青少年法》，取代了之前的《青少年照料法案》（*Youth Care Act* 2005），此后，荷兰未成年人保护制度迎来了一系列革新。其一，行政和财政责任由省政府转移至市镇政府。各市有权安排未成年人的保护服务工作，包括预防、发现和干预虐待儿童的行为，对智力障碍青少年的照顾，青少年心理健康照顾、个人照顾、阅读障碍照顾以及短期照顾等。其二，未成年人保护工作经费直接向市镇转移，市镇政府从中央政府获得拨款，各地所获经费的数额取决于以往的经费使用情况和效益。其三，通过提供专门家庭教育支持，利用、恢复和加强未成年人及其父母的问题解决能力，最大限度地减少其对专门服务的需求，分担政府保护未成年人安全的责任与压力。通过简化结构，协调各利益相关群体，荷兰政府正在计划形成一个更高效的未成年人保护制度。

除中央与地方外，荷兰未成年人保护制度的协调性还体现在政府与社会组织的合作关系上。一直以来，非政府组织在荷兰社会扮演着重要角色，荷兰有 200 多家从事未成年人保护的非政府组织，它们的工作领域各有侧重，相互之间经常开展交流合作。这些社会组织接受荷兰政府监督，同时也对政府的决策和工作进行监督和评估。非政府组织可以直接向联合国儿童权利保护委员会提交荷兰的儿童权益保护报告，例如荷兰儿童权益联盟（Dutch Coalition on Children's Rights）于 2019 年发布的《荷兰儿童权利》（*Children's Rights in the Netherlands*）。该报告对当前荷兰未成年人保护的原则、举措、未成年人遭受暴力、家庭保护与社会关怀、教育支持分别进行了细致的梳理，针对报告提出当前工作的不足，荷兰政府联系专家和机构共同商讨应对举措（Dutch Coalition on Children's Rights，2019）。

6.1.2 多措并举严格保护数据安全

荷兰严格保护未成年人数据隐私。存储、处理未成年人数据必须遵守欧盟《通用数据保护条例》（GDPR）和本国法律的具体要求。除政府部门的公共执法行动外，荷兰的社会组织还可以通过集体诉讼维护未成年人的数据安全。

1. 兼顾欧盟规则与本国规则

荷兰数据隐私相关的法律法规可以分为欧盟的同行规则和当地的法规。欧盟发布的《通用数据保护条例》适用于荷兰，总领管辖荷兰的个人数据保护，《荷兰 GDPR 实施法案》（*Dutch GDPR Implementation Act*）和其他个人数据处理相关的行业法规对 GDPR 进行了立法补充。GDPR 规定了合法处理未成年人数据的附加条件，例如在处理 16 岁以下未成年人的个人数据时需获得父母的同意，并且使用易于理解、清晰明了的语言对未成年人进行告知。《荷兰 GDPR 实施法案》并未偏离 GDPR 的规定，法案第 5 条规定，最低年龄 16 岁也适用向未成年人提供的信息社会服务以外的服务。此外，法案第 30 条规定，"禁止处理未成年人健康数据"不适用于当学校在对学生进行特殊监护或是对其健康状况采取特别措施的情形。

在司法实践中，未成年人图像也作为个人隐私受到法律保护。2020 年，在海德兰法院的一次判例中，就对未经未成年人及其监护人同意，在社交媒体上发布未成年人照片的行为做出了删除照片、进行赔偿的判决。

为简化和更新数据立法，2021 年 12 月，荷兰向国务委员会（Raad van State）提交新的法案《荷兰数据保护集体法》（*Dutch Data Protection Collective Act*）。该法案包含对当前法律的技术性、解释性和实质性的修正，截至 2022 年，法案已提交至众议院进行研讨，尚未生效。[①] 数据保护方面，该法案拟赋予 12～16 岁未成年人以下权利：能够独立于自己的法定代理人，撤回关于处理自己数据的同意。12 岁以上的未成年人可以自主行使他们的数据主体权利，12 岁以下的未成年人仍然由他们的法定代理人行使数据主体权利。

---

① https://zoek.officielebekendmakingen.nl/dossier/kst－36264－2.html.

2. 综合公共执法与私人执法

荷兰针对未成年人数据保护的执法行动可以分为公共执法和私人执法。公共执法是指国家政府部门对法律的执行，私人执法则是指由个人或企业、公益机关、行业组织等调查违法行为，对违法行为提出诉讼。通常情况下，公共执法不受个体利益的驱动，能做出更理性的决策，但容易出现执法不力或怠于执法的现象；私人执法因受到利益激励，能以更低的成本、更高的效率对违法者形成震慑。整体上，公共执法与私人执法各有优势，相互补充。

公共执法层面，荷兰数据保护机构（Autoriteit Persoonsgegevens，AP）是主要执法机关，它将未成年人数据保护列为高度优先任务。2021 年 7 月，AP以"侵犯幼儿隐私"为由对 TikTok 处以 75 万欧元的罚款。AP 认为 TikTok 在安装和运行该应用程序时向荷兰用户（其中许多是幼儿）提供的信息是英文的，不易被理解。由于没有用荷兰语提供隐私声明，TikTok 未能充分解释该应用程序如何收集、处理和使用个人数据，因此构成了对荷兰数据保护法的侵犯。

荷兰法律明确私人执法的合法地位，社会组织可以通过集体诉讼的形式来向法院要求损害赔偿，保护未成年人利益。荷兰集体诉讼法（Dutch Collective Settlement Act）允许基金会或协会向法院提出法律索赔，涉嫌侵犯未成年人数据隐私的集体诉讼通常由荷兰非政府组织"市场信息"（Stichting Onderzoek Marktinformatie），联合荷兰"消费者联盟"（Consumentenbond）和"收回你的隐私"（Stichting Take Back Your Privacy）共同发起。

6.1.3 广泛凝聚数字权利保护合力

荷兰充分尊重联合国《儿童权利公约》（*Convention on the Rights of the Child*）中的原则，最大限度地保护未成年人权利。2011 年荷兰成立独立的儿童权益监察机构——儿童权利监察署（Office of ombudsman for children），并设立儿童权益监察员（De Kinderombudsman），负责向政府提供咨询意见，衡量荷兰在未成年人权利保护方面的进展状况。

数字权利对个人发展和福祉有深远影响。通过联合政府、学术界、行业力量，并鼓励未成年人积极参与，荷兰凝聚社会合力探究未成年人数字发展权利的内容，制定数字权利保护的规范，向各界提供可供遵循的法定准则。

1. 关注数字发展权利与数字福祉

数字发展权利是利用数字技术和产品帮助自身发展和获得更多福祉的权利。媒介是最重要的数字化产品，因此荷兰对未成年人数字发展权利的关注起源于对数字媒体权利的关注。荷兰是较早关注未成年人数字媒体权利的国家。早在 2014 年，荷兰数字权利领域的专家就联合倡导，发布宣言"媒体素养权利"（Recht op mediawijsheid）。宣言灵感来自联合国《儿童权利公约》，公约涵盖了许多可能影响 18 岁以下未成年人的问题，从教育、住房、健康到宗教、父母和朋友。据此，荷兰展开对未成年人数字媒体权利的研究，结合专家意见制定了以下 10 种媒体方面的权利变体，指导未成年人在媒体社会中以最佳和最安全的方式行动：

➢ 未成年人有权访问互联网
➢ 未成年人有权使用安全媒体
➢ 未成年人有权接受媒体教育
➢ 未成年人有权接受媒体教养
➢ 未成年人有权被网络遗忘
➢ 未成年人有权在媒体上自由表达
➢ 未成年人享有在线隐私权
➢ 未成年人有权免受有害图片和文字的侵害
➢ 未成年人有权在线娱乐
➢ 未成年人媒体界限的权利

为进一步探寻实现数字权利的良方，荷兰内政部和王国关系部决定制定未成年人数字权利规范。2021 年 3 月，面向企业约束数字产品设计和开发者的《儿童权利守则》（Code voor Kinderrechten）问世。该守则旨在确保面向未成年人的应用程序、游戏和网站质量上乘，数字技术安全且值得信赖，更重要的是，呼吁荷兰社会关注未成年人在数字空间中的发展与福祉。

守则由荷兰莱顿大学和技术与社会未来实验室（Waag）① 起草，基于荷兰多年来对数字权利和数字技术的研究结果开发，一定程度上也受到英国《适龄设计准则》（Age Appropriate Design Code）的启发。守则包含 10 项基本原则，为数字产品与服务开发者提供了实用的指导方针，它们分别是：

---

① Waag 创立于 1994 年，是一家专注于艺术、科学和技术交叉领域的荷兰研究机构。

> ➤ 将孩子的利益最大化放在设计的首位
> ➤ 让孩子参与设计过程
> ➤ 以合法方式处理儿童个人数据
> ➤ 以儿童可以理解的方式提供透明度
> ➤ 进行儿童权利隐私影响评估
> ➤ 提供儿童友好的隐私设计
> ➤ 避免对儿童进行数据分析
> ➤ 始终避免对儿童进行经济剥削
> ➤ 始终避免对儿童有害的设计
> ➤ 制定以保护儿童权益为重点的行业指南

可以看出，守则不仅强调保护未成年人隐私权，还涵盖了在线参与权、防止经济剥削等其他权利。前两条原则是依据联合国《儿童权利公约》的四项核心条款（不歧视，致力于实现儿童的最大利益，生命、生存和发展权利，尊重儿童观点）提出的。第一条原则指出，在数字服务的设计中，未成年人的最大利益必须是至高无上的；第二条原则指出未成年人应参与数字服务的设计，全面了解情况，并表达自己的看法。

2. 鼓励未成年人参与制定准则

荷兰鼓励未成年人参与法定准则、行业规范的制订过程。荷兰政府期待通过赋权未成年人，发挥其理解力、能动性在保护自身数字安全方面的关键作用。《儿童权利守则》制定的各个阶段均体现了未成年人参与原则。在设计阶段，守则起草人员就邀请未成年人以小组形式讨论数字技术、上网时间、应用程序和负面的网络体验等相关话题，通过使用简明易懂的话语引导孩子们畅所欲言，深入了解未成年人遇到的各种障碍与困惑，同时汲取他们在网络使用过程中的创造力与洞见。在守则后续的更新与调整阶段，未成年人可以通过反馈机制陆续提出投诉或发表意见。起草人员据此确定守则的具体内容，启发数字服务提供商在开发设计过程中参考未成年人看待技术服务的方式，以及思考他们可以从孩子们身上学到些什么。

尽管《儿童权利守则》本身不具有法律效力，但它基于具有法律约束力的法律法规，例如《儿童权利公约》和《通用数据保护条例》。守则附件中还提供了如何就隐私问题向五个年龄段（0~5 岁、6~9 岁、10~12 岁、13~15 岁、16~17 岁）的儿童和青少年展开沟通的建议。

0~5岁：以适合家长的方式，根据 GDPR 第 13 条和第 14 条的规定提供完整的隐私信息；必须提供音频或视频鼓励孩子们选择高隐私设置，或者鼓励他们向父母和受信任的成年人寻求帮助。

6~9岁：除向家长提供信息外，可以采取卡通、音视频等方式；解释当前网络服务在线隐私的基本保护原则，包括提供什么隐私设置、谁可以看到什么、他们的信息权利以及如何尊重他人隐私；解释当前网络服务的基本要素，他们是如何运作的，以及期待从你身上得到什么你期待得到什么。

10~12岁：以适合孩子的方式，根据 GDPR 第 13 条和第 14 条的规定提供完整的隐私信息；为孩子提供书面/音视频的选择；为孩子提供基于个人需要的选择，例如扩大或缩小信息；如果孩子们试图改变高隐私的默认设置，提供卡通或书面、音视频材料来解释将会发生什么以及其中的风险。

13~15岁：以适合该年龄段的形式，根据 GDPR 第 13 条和第 14 条的规定提供完整的隐私信息；鼓励孩子们向他们的父母和受信任的成年人寻求帮助，以及有疑惑时不改变隐私设置；除向孩子们提供信息外，以适当方式向家长呈现完整的信息。

16~17岁：鼓励孩子们向成年人或可信任的信源征求建议，以及有疑惑时不改变隐私设置；除向孩子们提供信息外，以适当方式向家长呈现完整的信息。

6.2　风险治理：重点打击儿童色情与网络欺凌

未成年人在网络空间中面临着诸多风险，其中不良信息、儿童色情、网络欺凌是荷兰未成年人最常遭遇的威胁。荷兰通过法律、技术、政策等多种方式打击犯罪，防范风险，形成了特色鲜明且重点突出的网络风险防范体系。

6.2.1　以"网络中立"为由不设内容过滤

在荷兰，对网络市场的监管是围绕"保护公民基本权利"和"维护市场公平竞争"展开的。荷兰没有系统的监管网络的法律，对网络的治理基于一个个案例，网络主要依靠市场主体自我管制和行业自治机构合作管制（程雪阳，2013）。

由于下议院的强烈反对，荷兰一直未建立政府强制的网络监管和内容过滤制度。2007 年，荷兰国家警察总署（Korps Landelijke Politiediensten，KLPD）与荷兰各网络运营商签订合作管制协议，根据协议，网络运营商将依据警察总署提供的"黑名单"过滤涉儿童色情的网站，协议一经发布便受到了许多批评（Bert-Jaap Koops，2010）。2008 年，时任司法部部长提出提案，旨在允许网络运营商自行决定是否过滤以及如何过滤涉儿童色情网站，然而议会未通过此提案。2010 年，荷兰阻止儿童色情作品工作组（Werkgroep Blokkeren Kinderporno）发布报告，认为"荷兰几乎完全缺乏对网络的过滤"，司法部部长将其提交议会，再次遭到否决。

为了适应欧盟关于网络和电信的指令，保护消费者的隐私权和利益，2011 年 6 月和 2012 年 5 月，荷兰下议院和上议院分别批准了《电信法》（Communication Act）修正案，将"网络中立"（Net Neutrality）原则写入《电信法》——"用于提供互联网接入服务的公共电子通信网络的提供者以及互联网接入服务的提供者不得阻碍或减缓互联网上的服务或应用"。

荷兰成为欧洲历史上第一个法定"网络中立"的国家。"网络中立"是一种网络设计理念，由哥伦比亚大学法学院教授正式提出，意指公共网络的设计与架构必须对所有内容、网站、应用以及平台一视同仁，由此提供最为经济的国家创新平台，同时促进最为广泛的人际互动。根据该原则，除非维护网络的安全、通畅和持续，网络运营商不得以任何方式阻碍、延迟或者屏蔽网络或者电信服务。

"网络中立"原则维护了荷兰自由与宽松的网络环境，也使得荷兰网络空间危机重重。据 2021 年英国互联网观察基金会（Internet Watch Foundation，IWF）的报告，全球 62% 的在线儿童性虐待材料（child sexual abuse material）都被托管在欧盟成员国，而托管在欧盟成员国服务器上的 156300 个 URL 中，66% 来自荷兰（IWF，2021）。荷兰的法律框架使得删除网络内容较困难，因而荷兰也成了不少犯罪分子的首选之地。

6.2.2　创新技术手段重拳打击儿童色情

泛滥的儿童色情制品和频发的网络性犯罪一直是荷兰未成年人的巨大安全威胁。荷兰执法部门协同社会组织创新技术手段，重拳打击儿童色情。据欧盟儿童在线的报告，18% 的荷兰未成年人曾在网络上遭遇过性剥削与性虐待等威胁（EU Kids Online，2010）。以法国、德国、比利时和荷兰为代表的欧盟各国基于"不要伤害"原则在2007年共同签署了《欧盟委员会关于保护儿童免遭性剥削和性虐待公约》（*Council of Europe Convention on the Protection of Children against Sexual Exploitation and Sexual Abuse*），通过制定一系列政策法规来预防未成年人受到各种潜在的伤害和虐待，并对"伤害行为"做出了详尽的界定，将其概括为以下6种行为：身体虐待；性虐待；未成年人参与任何性活动以换取金钱、礼物、食物、住宿以及任何他们想要的东西；照顾疏忽；情感虐待；在工作或其他活动中，剥削未成年人谋取利益并损害其身体或精神健康。

不少犯罪分子除却实施性虐待与伤害行为，还将儿童性虐待材料在网络上进行广泛、大量的传播。荷兰警方和公诉机关联合部署特别小组，严厉打击儿童色情制品。小组由11名专家带队，成员共约150人，致力于使用技术手段追踪儿童色情图像的受害者、制作者和传播者。特别小组的主要职责是识别并释放受害者、追踪儿童色情制品创作者和分销商以及创新数字检测方法。

检测并追踪儿童色情制品通常被认为是最复杂的环节之一。如今，犯罪分子越来越多地使用屏蔽技术，将照片分开放在不同的服务器上，或者使用加密文件和电子邮件，在一个相较封闭的群体内分享儿童色情制品。对此，荷兰建立哈希数据库（Hash Database）协助追踪受害者与犯罪分子。警方使用特殊软件扫描图像，如果是已入库的图像，警方能够查出它是何时何地被制造的，并进一步防止其再次传播；如果是新出现的图像，那么表明孩子可能仍处于被虐待的状态，警方需要发动全力追踪罪魁祸首。

在数据库的建立过程中，社会组织发挥了重要作用。荷兰在线虐待儿童专家机构（Expertisebureau Online Kindermisbruik，EOKM）与警方保持密切合作，负责构建技术工具——哈希列表，来防止上传已知的未成年人性虐待材料。哈希列表收录了国际儿童性剥削数据库（International Child Sexual Exploitation，ICSE）和美国国家失踪与受虐儿童中心（National Center for Missing & Exploited Children，NCMEC）的数据库信息，并涵盖了EOKM本身的数据库。该列表包含所有已知和通过验证的未成年人性虐待材料的哈希值，据此，网络服务提供商可以检查自己平台的内容，并采取适当措施来清理和屏蔽。

此外，针对儿童色情，EOKM运营着一条热线电话和一家报告网站（www.melden. meldpunt-kinderporno. nl/），通过该网站任何访客可以匿名举报涉及儿童色情的网页链接。EOKM隶属于世界各地的国际热线网络（INHOPE），EOKM以及举报热线均遵循INHOPE的行为准则。

6.2.3　明确以学校为核心的反网络欺凌责任

网络欺凌指个人或群体利用电子设备有意地、重复地进行伤害他人的行为。由于网络欺凌深远的负面影响及形式的隐匿性，荷兰政府提供直接渠道帮助未成年人应对此类问题。在荷兰，如果遭遇网络骚扰或歧视言论的攻击，可以向互联网歧视热线（MiND Nederland）① 举报：如果该热线认为某些言论非法，它就会发出删除该言论的请求。

数据搜集对预防、处理、研究欺凌行为有着至关重要的作用，荷兰较早意识到网络欺凌问题，是欧盟中率先对网络欺凌进行数据搜集的国家。在司法部要求下，荷兰中央统计局负责每年对网络欺凌进行数据统计，荷兰内梅亨大学也对传统欺凌和网络欺凌行为开展数据搜集。2006～2007 年，荷兰接连展开了三次关于网络欺凌发生率和形式的大范围调研，不过直到 2013 年的阿曼达·陶德（Amanda Todd）案发生后，网络欺凌才引起了荷兰政府足够的重视。

Todd 案在荷兰网络欺凌司法中具有重要意义。加拿大少女阿曼达·陶德在遭受多年的网络欺凌和骚扰后，于 2012 年自杀。嫌疑人艾登·柯本（Aydin Coban）是一名荷兰公民，他于 2012 年在荷兰警方对受害者进行调查后被捕。除陶德案以外，他还面临了 72 项单独指控，这些指控包括勒索以及儿童色情制品的制作和传播。荷兰法院最终裁定，柯本将于 2017 年初在荷兰受审后被引渡到加拿大。这是一项具有里程碑意义的决定，可能为国际网络欺凌和骚扰案件开创先例。该判决意味着越来越多的国家将会寻求引渡以前受国际边界保护的网络欺凌和虐待者。

此后，一方面荷兰政府决定明确治理欺凌的责任，将其落实到地方学校。2015 年荷兰文化科学部发布文件，修订了教育法中有关学校安全义务的部分，新加入了"学校看护安全义务"的条款，提出学校安全要由主管机关负责，主管机关中至少要有一人负责协调反欺凌政策，以及在欺凌发生的情况下充当联络点。此外，荷兰大力组织面向学生、家长以及教育工作者的网络欺凌主题培训、课程和活动，并在全国范围内受到了广泛欢迎。

---

① MiND Nederland 是针对互联网上的犯罪、歧视性言论的全国热线，是在荷兰安全和司法部以及社会事务和就业部的倡议下于 2013 年建立的。

此外，荷兰政府开始推进系统的反欺凌计划，其中以基瓦计划（KiVa）最著名、成效最显著。该计划旨在动员学校、家庭、学生所有人共同创造一个保障未成年人安全与福祉的社会氛围。在实施基瓦计划的学校中，学生们以讨论、训练、角色扮演、小组任务等多种形式探讨人际交往、互相尊重、预防和解决欺凌等话题。学校每隔六个月以问卷形式调查学生群体中的欺凌现状，每隔两年联合其他学校开展交流活动，分享治理欺凌的优秀成果和有效经验（European Parliament, 2016）。

6.3 素养培育：教育信息化的起步与转向

1995 年至今，荷兰持续变革基础教育系统，在知识网（Kennisnet）基金会的支持下实施教育信息化。从将信息通信技术融入现有教学体系，到引入数字素养教育，荷兰教育信息化重心转移，显示出人才培养从工具性技能向能力导向的逻辑转向。

6.3.1 教育信息化的背景与曲折历程

在探讨荷兰教育信息化时，Kennisnet 基金会的作用不容回避。Kennisnet 基金会是由荷兰教育部资助的一个公共教育组织，它是荷兰最大的支持中小学实施 ICT 教育的组织，其活动与国家教育机构和行业组织相协调。Kennisnet 基金会的主要职责有四项：创建国家 ICT 基础设施，为确保各教育机构顺利开展信息化教学，基金会与设施供应方达成协议，实现各种数字教育服务之间的共享；提供战略咨询，基金会与行业法律顾问合作，为相关教育部门提供战略建议；传递 ICT 使用的专业技能和知识；监控 ICT 教育领域的发展。

将信息通信技术融入荷兰基础教育已经被证明是一个复杂的过程。有学者曾对 1995～2009 年荷兰教育改革历程进行回顾，总结出荷兰支持教育信息化的三个时期，并使用以下关键词概括各时期特征：技术推动、教师培训和学习者关注。荷兰将第一个时期（1995～2000 年）的重点放在了硬件设备和基础设施的改善上，计划通过计算机设备和基本数字技能的普及提高教学质量，然而事实表明，由于缺乏充足的教学材料、科学的教学方法以及 ICT 技能培训，教育信息化推动进程缓慢；第二个时期（2000～2005 年），荷兰重点变革管理策略，将关注点放在教学和教师角色上，主要措施包括研发 ICT 课程的教学方法和组织教师专业培训。在这一时期，教师被视为教育变革的潜在推动者；2005 年开始，改革重心转移到了学习者身上，受 Web2.0 和连接主义的影响，知识获取更多地通过分享、共同创造、深度体验式学习和碎片化、移动式学习而产生。然而，尽管历经三次方向上的调整，Kennisnet 基金会 2012 年的报告显示，技术发展并未给荷兰教育系统带来巨大创新，ICT 在校园内外的使用上存在巨大鸿沟（Kral M，2009）。

2010 年面向国际学生能力的评估计划（Programme for International Student Assessment，PISA）显示荷兰教育质量日益降低（OECD，2009），为建设世界前五的知识驱动经济体系，荷兰新政府自 2011 年起开始实施《数字议程》（*Digitization Agenda*）国家战略，计划"更明智地利用信息通信技术推动增长和繁荣，促进创新和经济增长"。2011 年荷兰发布《国家网络安全战略》（*The National Cyber Security Strategy*），提出了网络安全建设的七项基本原则，2013 年发布《国家网络安全战略Ⅱ》（*The National Cyber Security Strategy* Ⅱ），将协调网络人才的供需、提高信息通信教育的广度与深度纳入国家战略。

随着数字化发展已然成为全球共识，荷兰陆续展开各个领域的数字战略部署。2019 年荷兰政府发布《数字议程：初等教育和中等教育》（*Digitization Agenda：primary and secondary education*），旨在促进教育领域内外各方之间的有效合作，进一步推进教育信息化。该议程提出了五个关键点：校长、教师、行政人员通过学习提升创新能力；师生具备数字素养；为用户提供数字学习资源；基础设施安全、可靠、面向未来；持续关注数字教育化的伦理问题（Nederland Digitaal，2019）。

荷兰教育信息化的每个阶段均有着鲜明的时代特色与要求，教育信息化作为全社会数字化转型的关键一环被一再强调，培育未成年人数字素养也被纳入国家战略之中。

6.3.2　采用"四平衡模型"作为 ICT 教育整体架构

荷兰采用"四平衡模型"（Four in Balance Model）作为顶层架构来指导教育信息化的实施。"四平衡模型"是 Kennisnet 基金会科学研究的产物。该模型阐释了只有在领导层和教育者具备足够自由和调查视野时，技术知识、教学方法、内容知识这三个维度才能得到有效融合。根据该模型，在教育体系中成功引入 ICT 涉及四个基本要素之间的平衡：愿景、专业知识、学习材料、基础设施。

愿景指的是荷兰教育机构如何设想健全和高效的信息化教育以及 ICT 在实现这一设想中发挥的作用。"愿景"包括教育机构的基本目标和实现目标的必要条件。根据 2015 年荷兰 ICT 教育的实施监测报告，大部分学校管理者均认为自己机构的愿景是提高教学水平，大约 1/4 的人认为愿景是将 ICT 融入当前的教学理念，少数人计划通过应用 ICT 技术转变教学理念（Kennisnet，2015）。ICT 有效使用的前提是具备 ICT 专业知识。在技能方面，荷兰对基本 ICT 技能和 ICT 教学技能进行了显著区分。90% 的教师认为自己掌握了信息检索、文字处理等基本 ICT 技能，然而学校管理者认为教师们在将 ICT 作为教学工具上仍存在许多不足。数字教学材料的可用性是 ICT 教育的先决条件，这不仅包括了教学材料的数量，也强调其质量。75% 的中小学教师倾向于使用和教材配套的数字学习材料，30% 的教师有时自己制作数字教学材料。基础设施是开展 ICT 教育的支撑条件。根据 2012 年欧洲学校联盟和列日大学发布的报告，在荷兰将近 90% 的职业教育和几乎所有的中小学在教学中都配备电子白板，校内学生配备笔记本电脑的比率大致是五比一，无线网络和光纤已经逐渐成为中学和职业学校的标准配置，在当时欧洲国家的 ICT 基础设施水平中名列前茅（European schoolnet & Liege University，2012）。

Kennisnet 基金会每年会以"四平衡模型"为框架对 ICT 在教育领域的应用现状实施监测，通过数据收集和分析，以年度报告的形式向公众发布，并给予教育部门和学校关于教师职业发展、学校信息化程度、数字学习资源的最佳使用方式等方面的建议（肖君等，2017）。

6.3.3　为教师提供 ICT 素养框架和技能培训

有研究表明，大部分荷兰学生已具备足够技能参与数字课程，但教师经常对 ICT 课程的开发感到困惑（Aydın Aslan & Chang Zhu，2015）。教师技能培训迫在眉睫，如何在课堂上有效和有意义地使用 ICT 已然是教师授课不可或缺的能力。

荷兰法律明确规定了教师执教的必备技能，教师的职前专业学习必须最终符合荷兰教育专业法（*Education Professions Act* 2006）所规定的执教标准，这些标准涉及人际能力、教学法能力、学科专业及教学能力、组织能力、合作能力、环境创设能力、反思和自我发展能力等。此外，学校董事会要对教师能力负责，每年对教师表现进行评估。

2012 年，荷兰教师教育机构自行提出《教师 ICT 素养框架》，2013 年 Kennisnet 基金会作为 ICT 实施的监测机构，一并提出了《全国教师 ICT 技能框架》（*National ICT competency framework for student teachers*），该框架由四个部分组成，为教师 ICT 能力评估提供标准，包括态度、基础数字技能、数字媒体和信息素养、教学行为（Ton Koenraad & Aike van der Hoeff，2013）。

伴随着政策引领和行业倡导，荷兰社会组织开始重点发展教师 ICT 技能培训，为教师深造提供各种途径。2016 年，荷兰教师培训协会重新修订教师培训的知识库，强调了 ICT 内容的重要性；荷兰商业培训机构（NCOI）为中小学教师提供了媒体素养的培训课程，旨在让接受培训的教师学习如何指导学生安全地使用各种媒体，查找信息并评估其来源的可靠性，使用网站或应用程序进行交流（魏小梅，2020）。

一些网站也承担着为荷兰基础教育提供数字学习材料的任务，如在线网站维基维斯（Wikiwijs），该网站的服务对象是荷兰的所有教师，通过开放教育资源，帮助教师提高教学质量、促进教研创新。

6.3.4　因地制宜设置数字素养课程

数字素养，是欧盟于 2006 年提出更好地支持欧洲公民学习、工作和社会参与的核心素养之一，是教育各阶段都需重视发展的核心素养之一（European Commission，2018）。为系统、科学地开展数字素养教育，荷兰较早厘清数字素养概念，制定了数字素养教育的统一框架。

2013 年，荷兰国家课程发展研究中心代表荷兰教育、文化和科学部明确了数字素养的概念：数字素养是一组基本的 ICT 技能、计算思维、信息素养、媒体素养的知识、技能与态度。

2017 年，国家课程发展研究中心发布了数字素养的学习框架，涵盖"基本的 ICT 技能、计算思维、信息素养、媒体素养"四个实质性领域。根据这四个实质性领域，荷兰中小学数字素养教育勾勒出六个主题和模块：数据与信息；数字世界的安全与隐私；数字技术的运行与（创新）使用；数字交流与合作；数字公民；数字经济。

2019 年，荷兰数字素养团队发布《数字素养学习领域》，展示数字素养学习框架，阐释了各学段学生的学习目标（魏小梅，2020）。荷兰中小学数字素养教育的发展愿景是在课程中给数字素养一个坚实的位置，为学生积极参与当下和未来的数字化社会做准备。数字素养教育旨在培养学生发展成为积极的、负责任的、独立的数字社会的参与者。

尽管如此，荷兰并未设计全国统一的数字素养课程。荷兰各地（如海牙、代尔夫特）的中小学通过问卷调查教师建议或是根据自身学校发展情况，整合现有课程，定制合适的课程。荷兰的"龙之三角洲"（Delta de Dragon）课程是一套完整的小学阶段一年级至八年级的数字素养课程，涵盖基本的ICT技能（实用的计算机技能和知识）、计算思维（数字原理、结构和逻辑）、信息素养（有针对性、有效地获得可靠信息）、媒体素养（安全、社交和批判的态度），并且为教师提供关于核心内容的详细课程目标和教学指导建议。

6.4　全民参与：丰富的媒介素养活动与指南

发育完善的社会组织给荷兰未成年人的文化生活与自我发展提供了丰富手段。在社会组织的激励与倡导下，荷兰未成年人数字安全与发展事业表现出显著的"广泛参与和趣味性"特征。

6.4.1　丰富的媒体素养工具与活动

为了帮助未成年人尽可能以最佳和安全的方式使用互联网，荷兰社会机构始终关注技能与安全，为未成年人数字生活提供框架指南和经验指导。

"更安全的网络中心"（Safer Internet Centre，SIC）是欧洲"更好的儿童互联网计划"（Europese Better Internet For Kids）的一部分，该组织在荷兰由三个机构组成：信息社会平台（Platform voor de Informatie Samenleving，ECP）、网络媒体素养专家机构（Netwerk Mediawijsheid）、在线儿童虐待专家机构（EOKM）。SIC由欧盟委员会和荷兰经济事务和气候部、安全和司法部以及教育部共同资助，公私合作的形式使得该组织在荷兰的未成年人数字安全保护与发展领域发挥着举足轻重的作用。

SIC广泛地为未成年人及其社会环境（包括父母、教师和看护人员）提供自我发展的工具，促进人人成为拥有数字技能的公民。"更安全的互联网日"

(Safer Internet Day) 是欧盟委员会的一项倡议，SIC 在"更安全的互联网日"组织活动，提倡未成年人互联网使用的乐趣和安全。在 2022 年的"更安全的互联网日"，SIC 推出 LINDA 系列播客。在播客中，荷兰著名女演员弗鲁克耶·德·波尔特（Froukje de Both）和她 13 岁的女儿在专家引导下，共同探讨并分享了有关网络诈骗、合理分享与网络欺凌的观点和经历。

SIC 还联合其合作伙伴举办一系列活动或提供服务，呼吁未成年人、家长、教师和专业人士对媒体素养的关注。例如，在线网站网络英雄（De Internet Helden）以"帮助未成年人自信、安全地发现互联网世界"为目标，举办媒体素养周，为教师提供针对青少年中学教育的在线安全和数字公民教学包，教学包中附有数字课堂课程以及即用型家庭作业，协助教师开展信息教学；SIC 设计网络安全游戏黑客盾牌（HackShield），以游戏辅助提升未成年人预防网络风险的意识；媒体素养专家机构和电子商务平台发起联合倡议，颁发奖项鼓励面向未成年人的优质媒体内容，其中金孔雀鱼奖（Gouden Guppy）是荷兰专业评审团颁发的最佳幼儿和学前应用程序奖，金蜂鸟奖（Golden Hummingbird）颁发给最佳媒体项目和未成年人创作的最佳在线内容。金孔雀鱼奖和金蜂鸟奖均是媒体奖（Cinekid）的一部分，该奖项旨在引发人们重视优质媒体对未成年人成长的积极作用。针对色情短信、性勒索等新型网络风险，SIC 邀请专业人士以互动剧场的方式描绘事件发生后的处理手段，并向教师、父母和未成年人开放，提供共同讨论的机会与场合。

6.4.2　面向父母和教育者的媒体教育框架

媒体钻石（Media Diamant）是提供给荷兰父母和专业人士的媒体教育框架，它由荷兰青年研究所（Nederlands Jeugdinstituut，NJi）以及网络媒体素养专家机构共同开发。作为一本教育指南，媒体钻石为父母提供 0～18 岁未成年人在媒体使用方面的管教技巧。

媒体钻石希望家长和教育专业人士以积极自然的方式将媒体管教融入家庭教育，并重点关注数字媒体带来的发展与机会。该框架包括五个方面，它们共同构成了媒体教育最重要的部分（见图 6 - 1）：（1）乐趣：享受各种可能性；（2）安全：规避风险；（3）参与：引导孩子；（4）内容：选择合适的媒体；（5）平衡：控制屏幕时间。

在每一方面，媒体钻石都提供了实用的技巧和信息，并推荐相关的学习网站。通过这种方式，父母可以帮助孩子从小养成健康良好的媒体使用习惯，并且每位父母都可以根据自己的育儿方式和家庭情况，选择适当的媒体教育框架使用方式。

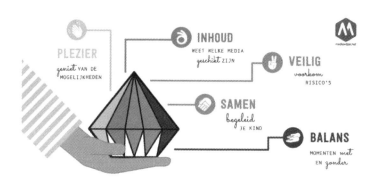

图 6 – 1 荷兰 Media Diamant 媒体教育框架

资料来源：Mediawijsheid：Media Diamant，https：//www.mediawijsheid.nl/mediadiamant/.

6.4.3 视听媒体行业制定分级标准

1990 年，基于媒体行业的强烈要求和欧盟委员会的号召，荷兰废除了对视听作品的政府审查制度，成立了独立的行业自我管制机构，即视听媒体分级协会（Nederlands Instituut voor de Classificatie van Audiovisuele Media，NICAM）。该协会以保护未成年人不受有害的视听媒体侵害为宗旨，依照年龄标准，制定了一套视听作品的分级规范 "Kijkwijzer"。此后，该标准不断调整完善，目前荷兰适用的分级标准版本是 "Kijkwijzer 1.2"（程雪阳，2013）。

"Kijkwijzer" 最初是一种工具，用于评估观看电影、电视节目或电脑游戏是否对未成年人存在潜在危害。"Kijkwijzer" 分级标准适用于荷兰提供的所有视听产品，从电视节目和电影到 DVD 和视频电影，这些图标出现在电视节目/电影开头的屏幕、广播指南和包装袋上。"Kijkwijzer" 不评判电视节目或电影的内容或质量，只警告电视节目或电影中可能存在有害的图像。

"Kijkwijzer" 通过年龄指示告知父母和教育工作者视听作品的潜在风险（见图 6 – 2），具体年龄指示包括：所有年龄、6 岁、9 岁、12 岁、14 岁、16 岁和 18 岁。此外，"Kijkwijzer" 根据六个实质性特征评估视听作品（见图 6 – 3），它们分别是：暴力、恐惧、性、歧视、药物/酒精滥用和粗话，并通过使用象形图标对观众进行内容警告。

图 6 – 2 荷兰 Kijkwijzer 的视听作品年龄指示

资料来源：kijkwijzer：over-kijkwijzer, https：//www.kijkwijzer.nl/over-kijkwijzer/.

图 6 – 3 荷兰 Kijkwijzer 的视听作品内容警告

资料来源：kijkwijzer：over-kijkwijzer, https：//www.kijkwijzer.nl/over-kijkwijzer/.

"Kijkwijzer"的象形图标仍在持续丰富中。2021 年，NICAM 举办设计比赛，征集"警告社交媒体广告"的主题作品，优胜者的作品拟被收录为新的警告图标。"Kijkwijzer"当前已被欧盟委员会视为保护未成年人免受有害内容侵害的最佳分级实践，并陆续获得了土耳其、冰岛和斯洛文尼亚的认可与应用。

2022 年 5 月，NICAM 宣布，自 7 月 1 日起，在 Yotube、Instagram 和 TikTok 等平台上拥有超过 500000 名订阅者的视频上传者必须遵守更严格的规定——在媒体管理局（Commissariaat voor de Media, CvdM）注册并加入 NICAM，受其监督。视频上传者必须使用 NICAM 最新发布的针对在线视频的"Kijkwijzer"系统，以筛除其中侵害未成年人权益的内容，并使用"Kijkwijzer"图标对自己的视频进行分类，来告知观看者关于特定年龄以下未成年人可能遭遇的风险。

6.5 小 结

荷兰未成年人数字安全保护的前提是尊重公民基本权利，荷兰宪法明确规定公民有出版自由、思想自由和表达自由，以及政府应促进社会、文化和娱乐活动的发展。因此，荷兰不设置网络过滤制度，由政府联合社会组织承担打击网络犯罪、防范网络风险的重任。尽管如此，由于缺乏网络监管，仅有事后惩治，泛滥的儿童色情图像已逐渐成为荷兰社会不容忽视的问题。

荷兰在数据保护方面遵循 GDPR，并在此基础上制定了适用于本国的实施法案，再次强调未成年人的知情同意权利。随着各式各样的网络服务日益威胁未成年人数字安全，荷兰政府委托专业机构制定了《儿童权利守则》，发布面向数字产品与服务开发者的十项指导原则，综合展示了荷兰对未成年人数据隐私权、在线参与权等数字权利的尊重。荷兰的教育信息化依赖于第三方机构发挥的巨大作用，例如 Kennisnet 基金会、教师培训协会等，公私合作的形式能高效实施对荷兰教育信息化的资助与监测，并逐步实现 ICT 与荷兰基础教育的全面融合。

保护未成年人的最佳手段是教育和发展，这是荷兰数字安全实践的核心理念，也是荷兰众多媒介素养组织、未成年人保护机构诞生并发展的原因之一。社会组织为未成年人、家长及学校提供丰富的媒介素养工具、举办有趣有益的媒介素养活动，帮助未成年人健康地开展网络社交，使用网络建立友谊，维持家庭联系。在适当的指引下，媒介化身成为未成年人的自我发展工具，未成年人通过社交媒体、视频、博客来表达自己。一方面，数字生活实践激发了未成年人的创造力和想象力；另一方面，对数字空间的深入探索也帮助他们建立自信并找到了自己的身份。

不难发现，荷兰文化与社会的特殊性影响其在数字安全政策上呈现出某些突出特征。在欧盟，荷兰通常被划分为"支持冒险与自由探索"的国家集群，其地理和文化方面与斯堪的纳维亚地区接近——鼓励冒险，强调机会与风险并存。这正呼应了荷兰在处理未成年人网络风险时的态度：较宽松的数字安全监管手段（这也意味着较高的风险），配合较充分的数字素养发展手段。总而言之，尊重、自由与发展既是荷兰历史积淀下来的文化底色，也是其在实施数字空间中未成年人保护的出发点和落脚点。

索　引

6. 荷兰数据保护集体法　Dutch Data Protection Collective Act

7. 荷兰数据保护机构　Autoriteit Persoonsgegevens，AP

8. 荷兰集体诉讼法　Dutch Collective Settlement Act

9. 儿童权利监察署　Office of ombudsman for children

10. 荷兰儿童权利守则　Code voor Kinderrechten

11. 适龄设计准则　Age Appropriate Design Code

12. 电信法　Communication Act

13. 欧盟委员会关于保护儿童免遭性剥削和性虐待公约　Council of Europe Convention on the Protection of Children against Sexual Exploitation and Sexual Abuse

14. 国际儿童性剥削数据库　International Child Sexual Exploitation，ICSE

15. Kennisnet 基金会

16. 国家网络安全战略　The National Cyber Security Strategy

17. 国家网络安全战略Ⅱ　The National Cyber Security StrategyⅡ

18. 数字议程：初等教育和中等教育　Digitization agenda：primary and secondary education 2019

19. 荷兰教育专业法　Education Professions Act

20. 全国教师 ICT 技能框架　National ICT competency framework for student teachers

21. 信息社会平台　Platform voor de Informatie Samenleving，ECP

22. 网络媒体素养专家机构　Netwerk Mediawijsheid

23. 在线虐待儿童专家机构　Expertisebureau Online Kindermisbruik，EOKM

24. 更安全的网络中心　Safer Internet Centre

25. 视听媒体分级协会　Nederlands Instituut voor de Classificatie van Audiovisuele Media

26. 媒体法　Mediawet

27. 媒体管理局　Commissariaat voor de Media

28. 荷兰青年研究所　Nederlands Jeugdinstituut，NJi

29. 媒体素养专家机构：媒体教育指南　Media Diamant

30. 荷兰视听作品分级规范　Kijkwijzer

31. 欧洲议会：年轻人群体中的网络欺凌　European parliament：Cyberbullying among young people

32. 联合国儿童基金会：富裕国家如何塑造儿童福祉　UNICEF：Worlds of

influence-understanding what shapes child well-being in rich countries

33. 欧盟儿童在线：荷兰国家报告　EU-kids online：EUKO Country Fact-sheet_Nederlands

34. 欧洲教育网、列日大学：荷兰 ICT 教育报告 2012　European schoolnet, Liege University：Survey of schools 2012：ICT in education country profile：Netherland

第 7 章

日　　本

日本尊重网络中立原则和监护人权力，积极完善未成年人数字安全相关法律法规体系，就保护未成年人数字安全开展了屏蔽及清理有害信息、打击网络性犯罪等多项专项行动；与此同时，为迎接数字社会，日本加强网络素养基础教育，将编程课纳入中小学必修课程，强制学校配备 ICT 资源，并大力发展线上教育和家庭教育，利用多方资源推动未成年人网络素养发展。在政府主导的双向推动中，企业与社会团体也加入了治理与发展的实践中，其中行业协会在多方发挥沟通协调作用，以保证评级机构客观公平地独立运行。

7.1　尊重网络中立和监护人权力，治理和发展双向推动

日本法律对未成年人的界定为未满 18 岁的人群。《日本国宪法》（1946 年）（以下简称《宪法》）制定以来，日本未成年人获得了拥有基本人权的主体地位。在《宪法》精神指导下，日本未成年人数字安全与发展呈现出尊重网络中立和监护人权力、社会多方共同参与的特点。

7.1.1　尊重网络中立

日本保障未成年人数字安全与发展的前提是尊重网络中立。在 2008 年正

式通过的《青少年安全安心上网环境建设法》（以下简称《青少年网络环境整治法》）中，第三条"基本原则"第三点指出，在推进未成年人数字安全的同时，国家和地方公共团体应充分考虑互联网世界主体的多样性和活动的自由性，尊重民间主体在其中发挥的重大自主作用。

在此原则指导下，电脑娱乐评级机构（Computer Entertainment Rating Organization，CERO）在评级伦理第一条中指出，游戏评级要最大限度地尊重创作自由；电影伦理机构也认为，创作自由是电影制作和放映中最重要的权利（映画倫理機構，2017）。在电信运营商协会也呼吁，地方政府应谨慎扩大法律法规的相关解释、制定过多条例，以免干扰言论自由和通信效率（電気通信事業者協会，2013）。

7.1.2　监护人权责重大

在日本的未成年人数字安全保护中，监护人扮演着重要角色。《青少年网络环境整治法》第六条专门指出，监护人应对互联网有害信息有清晰认识，并结合未成年人发展阶段，掌握未成年人上网情况。同时，该法律第十五条明确指出，除未成年人的监护人提出不使用过滤服务的申请以外，手机网络供应商在用户为未成年人时，必须提供有害信息过滤服务。

电信服务协会在《智能手机安全手册》中提到，维护未成年人数字安全的关键在于监护人能否有效把握未成年人的上网状态，在未成年人使用的手机、电脑、平板上确认用户未成年，并开启过滤服务。电脑娱乐供应商协会在其发布的《未成年人保护指南》中强调，未成年人在开始游戏时必须征得监护人同意，并与监护人取得游玩时间的共识等。电信运营商协会也在《青少年网络环境整治法》正式实施后，考虑到监护人有要求不过滤的权利，设置了提交取消过滤申请的入口（電気通信事業者協会，2013）。

7.1.3　政府主导双向推动治理和发展

日本未成年人数字安全与发展主要由政府主导，网络治理和网络素养发展培养双向驱动。早在2014年2月，日本总务省成立了由通信基础设施综合局消费者管理科室负责的ICT服务安心安全研究会，下设改善青少年互联网使用环境专责小组。该专组自2016年4月至2022年4月已组织开展了17次专项会议，参加会议的政府部门有内阁府、事务局、文部科学省、总务省等，行业组织包括电信运营商协会、电信服务协会、社交媒体使用环境改善组织、电脑娱乐供应商协会等，另有来自东京工业大学、国际大学全球传播中心、兵库大学等的学者参与其中。主要议题从网络治理和网络素养发展培养两方面展开，包括政府部门汇报改善青少年互联网环境的最新报告、业界组织汇报青少年有害信息过滤服务使用情况、学界发布青少年互联网素养指标调查结果，以及各方共同提议为未成年人打造安全放心互联网环境新课题和新措施等。

此外，日本警察厅也在 2017 年牵头成立了青少年互联网使用环境改善委员会，旨在扩大和加强运营社区网站和应用程序运营商对未成年人数字安全的研究和落实。其成员组织有 Facebook、Instagram、LINE、TikTok、Twitter 等知名社交媒体；主要活动同样围绕网络治理和网络素养发展培养两方面，如利用信息共享和审查防止网络社区中的未成年人伤害，研究有助于防止未成年人受害和改善互联网使用环境的措施，对儿童、家长和学校使用互联网和智能手机进行教育宣传等。

7.2　政府治理：完善法律法规，开展专项行动

在未成年人数字安全与发展上，日本政府积极完善法律法规，出台未成年人数字安全与发展专门法，并通过开展专项行动，加大对有害信息和网络性犯罪的打击。

7.2.1　完善法律法规体系

如前所述，《日本国宪法》（1946 年）（以下简称《宪法》）颁布以来，日本未成年人获得了拥有基本人权的主体地位，这意味着《宪法》中所有保护人权的内容对未成年人同样适用；此外，由《宪法》精神延伸出的各基本法中，也有未成年人权利相关的特别说明。如日本《民法》强调儿童在家庭中拥有独立人格，《儿童福利法》以保障儿童基本人权之生存权作为前提，《教育基本法》和《学校教育法》保障了作为基本权利的受教育权，《少年法》和《少年院法》在刑事程序中对未成年人进行特殊保护等（孙云晓等，2015）。

在《宪法》及各基本法保障和界定未成年人权利的背景下，日本未成年

人数字安全与发展相关专项法律也应运而生。日本内阁政府于1991年2月出台了《青少年网络环境整治法》，该法律于2008年通过、2009年正式实施。该法律首先明确了让未成年人安全安心使用互联网的目的，并界定了未成年人、监护人、有害信息和相关责任方，随后从开展正确使用互联网教育活动、防止青少年浏览有害信息的措施、支持提升青少年网络素养的民间组织开展活动三方面展开。2003年日本国会出台的《规制利用网上介绍异性的业务引诱儿童的法律》，明确禁止互联网异性介绍业务将儿童即18岁以下未成年人作为对象，以避免儿童卖淫和其他犯罪，呵护未成年人健康成长。

除上述两部针对未成年人网络安全的专门法律外，《关于促进内容创作、保护和利用的法律》《独立行政法人国家青少年教育振兴机构法》《电信业务执法条例》等法律法规也涉及未成年人数字安全与发展。《关于促进内容创作、保护和利用的法律》在第六条中规定，内容制作者在制作内容时应尽可能考虑到对青少年的影响《独立行政法人国家青少年教育振兴机构法》第十一条规定，应开发面向未成年人的网络或其他信息通信相关教材。《电信业务执法条例》第二十二条规定，手机互联网服务提供方需根据《青少年网络环境整治法》提供青少年有害信息过滤服务。

7.2.2 有害信息的屏蔽与清理

日本政府在积极完善法律法规体系的同时开展专项行动，推进互联网有害信息的屏蔽与清理。在《青少年网络环境整治法》中，有害信息包含犯罪、色情、血腥三大类。犯罪信息包括直接明示、诱导犯罪行为或自杀行为的信息；色情信息包括对人类性活动或生殖器淫秽描述信息或其他显著刺激性欲的信息；暴力信息包括谋杀、处决、虐待等令人毛骨悚然的内容信息和含有其他残忍内容的信息。防止青少年浏览有害信息是保护未成年人数字安全的主要手段之一。法律规定手机互联网服务提供方有义务确认合同方是否为青少年，如果是，手机互联网服务提供方应对青少年有害信息进行过滤。除手机互联网服务提供方外，其他互联网服务提供方必须在接入方请求使用青少年有害信息过滤软件或服务时提供服务。同时，法律还详细规定了联网设备制造商、联网程序开发人员、青少年有害信息过滤软件开发人员、与青少年有害信息发送相关的特殊服务器管理人员的相关义务。最后，法律规定应建立青少年有害信息举报受理制度及青少年有害信息浏览拦截记录。

除《青少年网络环境整治法》有相关规定外，《电信业务执法条例》第二十二条规定，手机互联网服务提供方需根据《青少年网络环境整治法》提供青少年有害信息过滤服务；《关于促进内容创作、保护和利用的法律》在第六条中规定，内容制作者在制作内容时应尽可能考虑到对青少年的影响进行制作。

在网络恶意言论方面，总务省于 2020 年 9 月公布了一揽子政策，提出要加强平台责任、提高透明度、建立问责制，对网络恶意言论发布者的信息进行公示，并完善咨询制度。在加强平台责任、提高透明度、建立问责制方面，积极推动平台自主处理司法部人权倡导组织对网络恶意言论的删除请求；鼓励各平台与行业协会交换意见，完善网络恶意言论的有效处理机制；推进平台透明度和问责制建设，开展建设进度会议并做出评价；密切关注国际制度框架和各国应对状况，深化国际对话。在公示网络恶意言论发布者信息方面，除公示电话号码外，明确了在律师咨询下也可披露相关人员姓名和住址；在公开登录信息方面，将根据需要考虑修改部令和法律；推进判断事件法律适用性的社会组织的建设。在完善咨询制度方面，增加网络有害信息咨询中心人员数量，对咨询数量和内容开展相关研究；根据咨询内容介绍对口咨询机构，加强咨询机构间的合作；完善咨询窗口介绍，便于用户使用（总务省，2021）。

在防治网络盗版上，日本总务省在改善青少年互联网使用环境专责小组会议上就网络盗版问题做了探讨，将从使用软件屏蔽盗版访问、公示网络盗版发布者信息、促进反盗版国际合作等方面打击网络盗版。在使用软件屏蔽盗版访问上，总务省已对屏蔽盗版功能做了用户意向调研，推进开发屏蔽盗版访问的数字安全软件。在公示网络盗版发布者信息上，完善网络盗版发布者信息披露相关法律制度，明确披露的具体信息，识别上传盗版内容的匿名发布者。在促进反盗版国际合作上，在互联网名称与数字地址分配机构（ICANN）年会等会议上就加强盗版站点域名管理措施和盗版发布者信息公开制度的建设交换意见（总务省，2021）。

7.2.3 网络性犯罪成为打击重点

打击网络性犯罪是日本政府在保护未成年人数字安全中的重点。2003 年，日本国会出台《规制利用网上介绍异性的业务引诱儿童的法律》，明确禁止互联网异性介绍业务将 18 岁以下未成年人作为对象，以避免儿童卖淫和其他犯罪、呵护未成年人健康成长为目标。该法律首先界定了互联网异性介绍公司、监护人、国家和地方政府的权责；其次对禁止的五种儿童相关诱导行为做了明确规定，具体包括：诱导儿童发生性行为或猥亵行为、诱导成人与儿童发生性行为或猥亵行为、以给予金钱的方式诱导儿童异性交际、诱导成人以给予金钱的方式与儿童异性交际、其他诱导儿童进行异性交际及诱导成人与儿童异性交际的行为。此外，在互联网异性介绍业务监管一章，详细罗列了注册办法、注册资格、确认用户已成年、采取保护未成年人健康成长的措施等。同时，该法律还列出了违反法条规定的具体处罚措施，包括有期徒刑和经济处罚等。

2017 年，日本警察厅在发布《儿童性剥削相关措施基本计划（儿童性伤害预防计划)》，该计划是政府根据现行法律为消除儿童卖淫和制作儿童色情制品等儿童性伤害应采取措施的汇编，其中与未成年人数字安全相关的内容主要在第三章"基本计划具体措施"第二节"支持儿童及其家庭，使他们健康成长不受性剥削伤害"及第三节"以对儿童进行性剥削等的工具为中心，推进损害预防和传播预防措施"。在支持儿童及其家庭方面，日本内阁办公室、总务省、警察厅、教育部、文部科学省等职能部门联合开展了"春季安心网/新学期一齐行动""e-net 宣讲团"数字安全课程、建设青少年友好网络论坛、教职工信息伦理教育研讨会和论坛等活动，发布了正确使用互联网避免儿童性剥削的手册和教材和"STOP！网络犯罪"宣传单等材料，设置网络巡逻观察员和网络扫盲员，制定和发布青少年安全安心使用互联网的扫盲指数（Internet Literacy Assessment indicator for Students，ILAS）等。在推进损害预防和传播预防措施方面，日本总务省、警察厅、经济产业省等职能部门支持民间团体、手机运营商、第三方组织、行业协会推广用户年龄验证及过滤服务的使用，建立网络巡逻队、互联网热线中心、匿名举报等制度，预防利用互联网对未成年人进行性剥削。

7.3　教育发展：面向数字社会，加强基础教育

在未成年人数字发展方面，日本政府选择面向数字社会，加强基础教育，具体举措有将编程课纳入中小学必修课、强制学校配备 ICT 资源、强调灵活利用多方资源并推动线上教育的发展。

7.3.1　编程课纳入中小学必修课

早在 2016 年的《日本振兴战略 2016——迈向第四次工业革命》战略中，日本政府就看到了利用数据创造附加价值的新型人力资源，该战略认为在第四次工业革命后，未来人类的工作模式和商业结构将发生巨大变化，必须重视数据型人才的培养。新型人才的培养不能一蹴而就，必须重视初中、高中的基础教育，将教育作为对国家未来的战略投资，推动建设世界一流的人力资源开发体系（首相官邸，2016）。同年，日本内阁发布《日本一亿总活跃计划》，提出打造"一亿总活跃社会"。该计划指出，应培养适应技术革命的挑战创新型人才，以培养支持第四次工业革命的人才为目标，推动全国范围内扩大中小学义务编程教育在内的信息技术教育。

2019 年，日本文部科学省发布了《信息化教育指南》，该指南指出新课程首次将"信息利用能力"定位为基础素质能力，促进信息化教育的跨学科发展。该指南声明信息利用能力已是基础能力，学校应展开培养信息利用能力的课程管理，加强信息道德教育；强调编程教育的重要性，特别是小学阶段的编程教育，并就各学科中数字化教育的应用做了展开。

7.3.2　学校 ICT 资源强制配备

日本要求中小学配备 ICT 设备与资源，为向数据驱动社会转型打下基础。2016 年日本文部科学省发布《教育信息化加速计划》，该计划提出，在 2016 ~ 2020 年，要在课堂学习和学校教务管理中使用 ICT 技术，推动公私合作开发信息化教育教材，制定学校 ICT 设备标准规格，提高教师网络素养和教学能力，政校联合推动 ICT 技术在学生课外学习中的应用（文部科学省，2016）。

2018 年，日本政府发布了《未来投资战略 2018——向"社会 5.0"和"数据驱动社会"转型》战略，该战略将"AI 时代的人力资源开发与优化利用"作为奠定新经济结构的重点之一。在涉及未成年人数字发展方面，战略指出，为从 2020 年开始在小学实施有效编程教育，日本将提高教材开发和教师培训质量，同时政府将支持各地在 2020 年前为学校提供必要的 ICT 设备，如学习用计算机和无线局域网等（首相官邸，2018）。同年，日本发布了《第三期教育振兴基本计划》，该计划提到随着技术革命朝着"超级智能社会（社会 5.0）"方向发展，为在"100 年的寿命"中过上富足生活，作为"人力资源开发革命"和"生产力革命"的一部分，需要年轻化教育和终身学习能力的建设。为达成教育目标，应完善学校 ICT 基础设施，达到至多三个班共用一个计算机教室的标准（文部科学省，2018）。

7.3.3 利用多方资源谋发展

除了将编程课纳入中小学必修课程，并要求学校配备相关 ICT 资源外，日本的未成年人数字发展还强调要灵活利用多方资源谋求发展。2009 年实施的《青少年网络环境整治法》在支持提升青少年网络素养的民间组织开展活动方面，规定了提高过滤技术和推广过滤服务的机构注册原则，并对八种开展提升网络素养活动的民间组织提供支持。2017 年日本内阁发布《建设世界一流 IT 强国宣言——官民数据活用推进基本计划》，该计划提出应根据中小学的编程教育需要，灵活雇用业界专业人士，切实开发数字教育相关教材（首相官邸，2017）；2019 年，日本文部科学省发布的《信息化教育指南》，也强调利用多方资源加快学校数字化教育的推进。《独立行政法人国家青少年教育振兴机构法》第十一条规定，独立行政法人国家青少年教育振兴机构应开发面向未成年人的网络或其他信息通信相关教材。

7.3.4 推动线上教育和家庭教育

日本政府从立法和行政两方面推动线上教育和家庭教育，以期提升未成年人网络素养。从立法看，在《青少年网络环境整治法》中，开展正确使用互联网教育活动、增加社会支持是促进未成年人数字安全与发展的重要组成部分。法律规定国家及地方政府应在学校教育、社会教育、家庭教育中普及正确使用互联网的相关知识，推动以家庭为单位的青少年互联网有害信息过滤软件的使用，并普及互联网有害信息相关知识；除政府外，互联网相关从业人员也有普及正确使用互联网、过滤互联网有害信息相关知识的义务。

2017 年日本内阁发布《建设世界一流 IT 强国宣言——官民数据活用推进基本计划》，提出推动线上数字教育，完善编程教育实施体系，扩大教育试点；除学校数字教育外，还应加强数字社区建设，使未成年人可在家庭、社区环境中进行渐进且持续的数字化教育（首相官邸，2017）。为加强未成年人数字安全的家庭教育，提高全民网络素养，日本总务省于 2020 年发布了《网络问题案例集（2020 年版）补充版》，其中"e-net 宣讲团"数字安全课程中增加了网络恶意言论、著作权法修正案相关的内容，并完善"#NoHeartNoSNS 特设网站"以提高全民网络素养，与出版商和移动运营商合作进行面向未成年人的反对网络盗版宣传（总务省，2021）。

7.4 企业社会：寻求合作，双向提升

在政府主导下，企业与社会各界于独立中积极寻求合作，共同促进未成年人数字安全与发展的双向提升。其中，行业协会承担沟通协调的角色，评级机构保证公平独立运行，其他社会团体、企业个体也以自己的方式参与未成年人数字安全与发展。

7.4.1 行业协会沟通协调

《青少年网络环境整治法》中规定，对青少年安全网络环境负有责任的第三方包括手机互联网运营商、普通互联网运营商、联网终端制造商、软件开发商、服务器管理商等，类别复杂、数量众多的企业个体往往通过行业协会进行内部协调和外部沟通。

如日本电信运营商协会成立于 1987 年，旨在通过解决电信运营商共同问题，为电信业务健康发展和人民生活便利做贡献，由包括东京有线网络公司、日本电报电话公司、日本网络工程株式会社、索尼网络通信有限公司等电视、电话、网络领域的电信运营公司组成，截至 2022 年 4 月有正式会员 47 家、赞助会员 15 家。在 2009 年《青少年网络环境整治法》正式实施后，该协会根据法律第十八条规定，积极推进网络过滤服务，说明上网注意事项和过滤必要，指导各移动应用程序商店提高过滤水平。协会负责与地方政府就法律执行落实的具体细节进行沟通，如协会认为应谨慎扩大法律法规的相关解释，避免制定过多条例、干扰言论自由和通信效率；各地政府应统一协商实施细则，消除过滤服务实施中的地区差异，提高过滤普及效率；呼吁《青少年网络环境整治法》中提到的各界人士一齐配合地方政府工作，提高全民网络素养，尊重行业自主权利，而非单方面强调企业的过滤义务，将未成年人网络安全的责任推

卸至业界（電気通信事業者協会，2013）。

电信服务协会是众多 ICT 相关企业联合的组织，旨在促进竞争市场的良性发展和信息通信行业的整体业务增长，截至 2022 年 4 月共有会员 294 家，包括朝日网络公司、软银公司、日本通信公司、日本国际电联协会等。该协会强调在购买新的电子设备或更换设备使用者时，确认实际使用者的年龄，并提示不同设备类型有不同的过滤设置，还以 YouTube 为例演示了不同视屏网站青少年模式的开启方式。

电脑娱乐供应商协会正式会员有 Disney、Sony、Pokémon、Microsoft、LINE 等 131 家，主要活动有产业调查研究，举办宣传展览、研讨会、学习小组，以及与国内外相关机构交流合作等，旨在通过对电脑娱乐产业进行调查、研究、传播和启发，促进计算机娱乐产业的发展，为日本数字产业健康发展和人们生活改善做贡献。在未成年人数字安全方面，电脑娱乐供应商协会发布了《未成年人保护指南》，该指南针对 18 岁以下用户和供应商提供的手机网络游戏，强调未成年人在开始游戏时必须征得监护人同意，并与监护人取得游玩时间的共识；同时，该指南表示，针对游戏中的未成年人用户，每款游戏应设置收费上限，并发出计费声明（电脑娱乐供应商协会，2012）。

社交媒体使用环境改善组织依托警察厅主办的"青少年互联网使用环境改善委员会"于 2020 年成立，旨在改善 SNS 欺凌、有害信息传播、网络恐怖主义等社交媒体问题，成员组织有 Facebook、Instagram、LINE、TikTok、Twitter 等知名社交媒体企业。该组织下设未成年人保护工作组、直播工作组、孤立对策工作组三大组，多次参加总务省青少年互联网使用环境专责小组研讨会，就未成年人数字安全发表意见。

7.4.2 评级机构独立运行

为确保未成年人数字安全，日本在电脑游戏、电影和软件方面有专门的评级机构，为确保按年龄分级筛选的公平性，这些机构往往独立运作，不依赖特定公司或组织。

如电脑娱乐评级机构成立于 2002 年，为特定非营利活动法人，截至 2022 年 4 月，该机构有 220 名组织成员，包括华纳兄弟、索尼、任天堂、微软、小学馆等企业。审查对象包括独立主机游戏、电脑游戏、手机游戏和云游戏等，审查的场面主要包含色情、暴力、反社会行为、语言思想四方面（见表 7 - 1）。根据以上四方面在作品中的表现程度，作品被分为五个等级，分别是"A——全年龄可观看""B——12 岁以上可观看""C——15 岁以上可观看""D——17 岁以上可观看""Z——18 岁以上可观看"（见图 7 - 1）；同时，游戏包装封面还有作品所包含的元素提醒图标（见图 7 - 2）。

表 7 - 1　　　　　　　　　　日本电脑娱乐评级机构审查游戏的主要方面

〔色情〕			〔暴力〕			
• 接吻	• 拥抱	• 内衣露出	• 流血	• 肢体断裂	• 尸体	• 杀伤
• 性行为	• 裸体	• 引起性联想的场面	• 恐怖	• 对战格斗/打架斗殴		
• 乱伦	• 排泄	• 卖淫				
• 泳衣/戏服						
〔反社会行为〕			〔语言思想〕			
• 犯罪	• 麻药等药物		• 不当言论	• 不当思想		
• 虐待	• 非法饮酒及吸烟					
• 非法赌博	• 近亲性犯罪					
• 卖淫嫖娼	• 自杀自残					
• 器官买卖						

图 7 - 1　日本电脑娱乐评级机构将游戏分为五个年龄等级

恋爱	性表现	暴力	恐怖	吸烟/喝酒	赌博	犯罪	毒品	秽语/其他

图 7 - 2　日本电脑娱乐评级机构规定须在游戏包装上提示的游戏所包含元素图标

资料来源："レーティング制度"，コンピュータエンターテインメントレーティング機構 ［2022 -04 -23］，https：//www. cero. gr. jp/publics/index/17/.

　　日本的电影分级最初由电影业界内部自行组织，在一段时间的运行后受到大众质疑，作为独立组织运营的电影伦理管理委员会就此诞生，并在 2009 年改名为电影伦理机构。该机构有正式会员 25 家、赞助会员 14 家，包括 Disney、NBC Universal Entertainment、KADOKAWA、Shogakukan、Sony、Toei Tokyo、Warner Bros 等企业。该机构在《电影伦理纲领》中声明，应尊重各年龄段观众的权利，为未成年人成长保驾护航；并提出应尊重人权与宗教、维护法治与和平，着重留意对于性、暴力、犯罪和药品的创作表达会给予未成年人的影响（映画倫理機構，2017）。在纲领指导下，电影伦理机构将影片分为四个等级：G——全年龄可观看；PG12——未满 12 岁的儿童在监护人指导下观看；R15 + ——15 岁以上可观看；R18 + ——18 岁以上可观看。

7.4.3　社会多方共同参与

　　除了行业协会和评级机构，许多民间社团、企业也以自己的方式参与日本未成年人数字安全与发展的实践。如促进安心网络委员会旨在整合用户、行业、教育者的优势资源与信息，促进互联网使用环境的改善，主要推进三大类活动，一是推进网络综合素养的提升，开展网络素养教育活动，提升未成年人 ICT 技术，培养成年人维护未成年人网络环境意识；二是促进私营企业独立制定章程，维护互联网使用安全；三是优化互联网使用各方信息互通手段，促进沟通交流。又如多媒体推广中心基金会旨在推进社会数字化转型，推出了在线安全教育课程"e-net 宣讲团"等在线内容，并提出今后将为小学低年级提供更多课程，通过与其他公司及社团合作，努力提升未成年人信息素养。

　　截至 2022 年 4 月，日本共有未成年人数字安全与发展相关社会组织 50 余个，包括北海道信息安全研究小组、儿童网络风险教育研究小组、稻川町青少年健康发展推进协议会、冈山县网络安全对策协议会等；特定非营利法人，如群马县儿童安全网络活动委员会、非营利组织信息安全论坛等；一般社团法人，如安全网络研究所、安全可靠网络学校等。这些社会组织一方面开展未成年人数字安全和发展的宣传工作，如举办高中生 ICT 会议、互联网安心安全大作战活动、智能手机安全教室等；另一方面也进行未成年人数字安全与发展的研究推进工作，如儿童网络风险教育研究小组曾就儿童长期接触网络造成的健康损害做调查、青年媒体研究会曾做中小学生手机使用情况及生活状况调查。此外，一些社会组织对提升学校数字教育质量做了努力，如安全网络研究所就曾举办网络安全相关的教师培训讲座，儿童网络风险教育研究小组也曾进行网络顾问培训课程开发。

多个社交媒体移动应用程序也发布有针对未成年人数字安全的相应政策。如日本即时通信软件 LINE 就建议 12 岁以上儿童使用，并限制了 18 岁以下用户的部分功能。针对陌生人骚扰信息，LINE 设置了"锁定"和"举报"通道，"锁定"功能可以拒绝对方的所有来信，"举报"成功则会限制被举报者的使用权限。TikTok 要求用户年龄必须达到 13 岁，并推出了内容限制模式、账号关联模式、时间限制等方法保护未成年人数字安全。其中内容限制模式将屏蔽不适合青少年观看的内容；账号关联模式可以使监护人账号与未成年用户账号进行关联，使监护人设定未成年用户账号的公开情况、发信权限等；为了防止未成年人过度使用，可将使用时间限制在 40 ~ 120 分钟，达到设定时间后，继续使用需输入密码等。

各大游戏供应商也就未成年人数字安全与发展实施了相应政策。如索尼就推出了过滤服务、家长控制功能和正确使用宣传。其中家长控制功能通过导入可以管理和设定家庭账户的"家庭"，监护人成为"家庭管理者"，根据未成年人年龄成长，可以对"家庭成员"中孩子进行控制设定和变更。针对未成年用户的限制主要有不符合年龄段的游戏和视频播放限制、游玩时间限制、网络浏览器限制、玩家间互动交流限制、购买金额限制等。任天堂针对未成年人数字安全，推出了三大保护策略，一是限制游戏中的陌生人交流，二是设定线上购买金额上限，三是限制游玩时间。另外，任天堂游戏机中没有内置网页浏览器，就算从第三方浏览器上网，也只能浏览指定的安全网站。

7.5 小 结

日本未成年人数字安全保护的前提是尊重网络中立、尊重互联网获取与发布信息的自由。日本《宪法》明确规定公民有思想自由、言论自由和出版自由，同时未成年人获得了拥有基本人权的主体地位。根据《民法》《儿童福利法》《教育基本法》等未成年人相关法律精神，日本充分考虑到互联网世界主体的多样性和活动的自由性，且给予未成年人特殊保护。

《青少年网络环境整治法》《规制利用网上介绍异性的业务引诱儿童的法律》两部专项法构成了日本未成年人数字安全保护的法律基石。《青少年网络环境整治法》规定手机网络供应商应提供针对未成年网络用户的有害信息过滤服务，但在其监护人申请不使用时可不使用该服务，使监护人在未成年人数字保护上拥有极大的自主权。《规制利用网上介绍异性的业务引诱儿童的法律》以避免儿童卖淫为目标，网络性犯罪成为打击重点。同时日本政府还在处理网络恶意言论和防止网络盗版方面做出了积极探索。在法律指引、政府主导下，日本手机网络运营商等企业成立行业协会进行沟通协调，积极推进网络过滤服务；独立运行的电脑娱乐评级机构 CERO 对未成年人实行分类、分年龄评级保护；多个社交媒体也发布有针对未成年人数字安全的相应政策，如限制18 岁以下用户的部分功能。

除了治理和保护，日本政府还十分重视数据型人才培养，面向数字社会，加强基础教育。编程课被纳入中小学必修课，各学科中数字化教育的应用相继开展；强制学校配备 ICT 资源，提高教师网络素养和教学能力；灵活利用多方资源，推动家庭教育和线上教育的发展。许多民间社团、企业都以自己的方式参与日本未成年人数字发展实践，开展网络素养教育活动，促进各方信息沟通交流。

总体而言，在未成年人数字安全保护方面，日本努力平衡互联网主体活动的自由性、未成年人所拥有的基本权利以及未成年人成长阶段面临的特殊问题，并基于国情对网络性犯罪、网络恶意言论及网络盗版等问题出台专门法律、开展专项行动。在未成年人数字素养教育上，日本以惯有的危机意识在学校教育中力争抢占信息技术革命的高地，而将数字保护的教育和职责交给了家庭和监护人。

索　引

1. 《青少年安全安心上网环境建设法》 《青少年が安全に安心してインターネットを利用できる環境の整備等に関する法律》

2. 《规制利用网上介绍异性的业务引诱儿童的法律》 《インターネット異性紹介事業を利用して児童を誘引する行為の規制等に関する法律》

3. 关于促进内容创作、保护和利用的法律 《コンテンツの創造、保護及び活用の促進に関する法律》

4. 独立行政法人国家青少年教育振兴机构法 《独立行政法人国立青少年教育振興機構法》

5. 电信业务执法条例 《電気通信事業法施行規則》

6. 日本振兴战略 2016——迈向第四次工业革命 《日本再興戦略 2016 —第 4 次産業革命に向けて—》

7. 日本 1 亿总活跃计划 《ニッポン一億総活躍プラン》

8. 教育信息化加速计划 《教育の情報化加速化プラン》

9. 建设世界一流 IT 强国宣言——官民数据活用推进基本计划 《世界最先端 IT 国家創造宣言・官民データ活用推進基本計画》

10. 未来投资战略 2018——向"社会 5.0"和"数据驱动社会"转型 《未来投資戦略 2018 —「Society 5.0」「データ駆動型社会」への変革—》

11. 第三期教育振兴基本计划 《第 3 期教育振興基本計画》

12. 信息化教育指南 《教育の情報化に関する手引》

13. 青少年互联网使用环境专责小组 青少年の安心・安全なインターネット利用環境整備に関するタスクフォース

14. 儿童性剥削相关措施基本计划（儿童性伤害预防计划） 《児童の性的搾取等に係る対策の基本計画（子供の性被害防止プラン)》

15. 日本总务省针对网络恶意言论发布"一揽子政策" 政策パッケージ

16. 日本总务省发布《网络问题案例集（2020 年版）补充版》 《インターネットトラブル事例集（2020 年版）追補版》

第 8 章

韩　国

　　根据韩国统计厅的统计，截至 2021 年，韩国互联网的使用率已达 93%，3 ~ 9 岁的儿童互联网使用率达 92%，10 ~ 20 岁的青少年互联网使用率高达 99.4%。互联网是把双刃剑，韩国是数字技术应用大国，面临的数字隐患与风险也比较多，对未成年人的数字安全进行保护逐渐成为社会共识。韩国未成年人数字安全与发展的管理制度延续了互联网治理的特征。韩国互联网治理以政府监管为主，突出公共利益，注重行政效率。网络成瘾、网络性侵以及网络暴力是韩国网络治理的三个重点问题。

8.1　广泛参与的未成年人数字保护体系

　　韩国《未成年人保护法》所定义的"未成年人"是指未满 19 周岁的人，但在当年 1 月 1 日之后年满 19 周岁的人不在此列。韩国对于未成年人的数字安全保护主要集中在《未成年人保护法》《信息通信网络促进法》《电信业务法》《电子通信基本法》等法律当中。韩国是世界上最早建立政府专门机构对互联网进行监管的国家之一。1991 年，韩国国会审议通过了世界上第一部互联网审查法律——《电信业务法》（*Telecommunications Business Act*，TBA），规定使用互联网、通信设备的韩国国民"不得接收以及传播危害公共秩序、社会道德风俗的信息"。表 8 – 1 为韩国未成年人数字保护体系涉及的责任主体及责任内容，从社会、家庭、政府以及内容提供者出发，详细分析各责任主体在未成年人数字安全中扮演的角色。

表 8 - 1　　　　　　　　韩国未成年人数字保护责任及依据

相关主体	责任	来源
政府	积极履行相应职责，积极制定实施政策清理未成年人有害环境	《未成年人保护法》
	政府可以向媒体产品的生产商、出版商和发行商或与媒体产品相关的组织提供有关审查对青少年有害的媒体产品的标准的教育、信息和数据，以鼓励自律	《信息通信网络促进法》
	政府应该积极鼓励相关社会组织自愿监测有害未成年人的有害环境并提起刑事诉讼	
内容提供者	媒体产品的制作者、出版者、发行者或与媒体产品有关的组织可以直接确定媒体产品是否对未成年人有害，并可以要求委员会青年保护组织或审查机构确认其决定	《未成年人保护法》
	（1）信息通信服务提供者组织可以制定和实施适用于信息通信服务提供者的行为准则，以保护用户和提供更安全可靠的信息通信服务。（2）信息和通信服务提供者的组织可以制定和执行用于监控等的自律指南，防止有害信息在网络中传播	《信息通信网络促进法》
社会	从两个层面进行规定，一是限制未成年人使用有害的媒体产品，如遇见应引导该未成年人进行改正；二是当遇见散布危害未成年人的媒体产品时应向有关机关报案或提起诉讼	《未成年人保护法》
家庭	在必要时努力防止未成年人接触或进入对未成年人有害的环境，如无法解决可咨询未成年人保护服务机构	《未成年人保护法》
	当遇见危害未成年人数字安全的行为时，家庭也应向相关机构咨询求助	

资料来源：笔者根据韩国法律信息中心（https：//www. law. go. kr/eng/engMain. do）整理。

韩国政府涉及对未成年人数字安全监管的机构主要有三个，分别是韩国互联网安全委员会（Korean Internet Safety Commission，KISCOM）、韩国通信标准委员会（Korea Construction Standards Center，KCSC）以及信息和通信道德委员会（Korea Information Communications Ethics Committee，ICEC）。《未成年人保

护法》第 3 - 5 条规定在国家和地方政府方面，应积极履行相应职责，积极制定实施政策清理有害环境。《信息通信网络促进法》第 44 - 4 条第四款规定政府可以向媒体产品的生产商、出版商和发行商或与媒体产品相关的组织提供有关审查对青少年有害的媒体产品的标准的教育、信息和数据，以鼓励自律。

《未成年人保护法》第三条规定家庭应在必要时努力防止未成年人接触或进入对未成年人有害的环境，如无法解决可咨询未成年人保护咨询的服务机构。在一些专门法中也对家庭进行要求，比如"游戏时间选择熔断制度"，要求父母参与制定未成年人的游戏时间规范，即游戏运营企业必须限制未成年的游戏时间，有未成年玩家加入游戏时，需要得到父母等法定监护人的同意。

对于内容提供方，《未成年人保护法》第 11 条第 1 款规定媒体产品的制作者、出版者、发行者或与媒体产品有关的组织可以直接确定媒体产品是否对未成年人有害，并可以要求委员会青年保护组织或审查机构确认其决定。《信息通信网络促进法》第 44 - 4 条规定：（1）信息通信服务提供者组织可以制定和实施适用于信息通信服务提供者的行为准则，以保护用户和提供更安全可靠的信息通信服务；（2）信息和通信服务提供者的组织可以制定和执行用于监控等的自律指南，以防止有害信息在信息和通信网络中传播。

在社会责任方面，《未成年人保护法》从两个层面进行规定，一是限制未成年人使用有害的媒体产品，如遇见应引导该未成年人进行改正；二是当遇见散布危害未成年人的媒体产品时应向有关机关报案或提起刑事诉讼。韩国的互联网治理大部分依靠政府的规制，对未成年人数字安全进行保护监管的主体是政府，以政府机构组织为主，通过政策及活动的出台倡导社会性组织团体以及广大互联网普通用户的监督。

不仅是法律的约束，韩国还有很多形式不同但共同为保护未成年人数字安全而努力的组织，比如韩国通信标准委员会下属网站"互联网分级中心"。韩国针对未成年人的数字使用指南较为成熟，不仅拥有专门面向未成年人的数字内容，还有针对家长教育的指南手册等。互联网分级中心网站专门开设一个板块对未成年人使用互联网的情况进行在线指导，这些使用指南主要面向家长，通过对一些共识性问题的解答，提高家长对未成年人数字安全的重视（见图 8 - 1）。比如未成年人上网守则、如何保护个人信息、如何识别色情信息以及色情信息的副作用、如何下载内容分级软件等。

图 8 - 1 韩国互联网分级中心网站主页面

资料来源: Korea Communications Standards Commision, [2022 - 07 - 25], http: //www. safenet. ne. kr/.

除了针对家长开发的"保姆级"指南，还有很多针对未成年人开发的数字内容，比如民间组织创建的"iTeenNet"青少年推荐网站。它的目的是为未成年人提供网站、应用程序、提示和信息。网站主要由三个功能构成：(1) 推荐网站和菜单使用；(2) 介绍和使用高效的应用程序；(3) 有用的信息、提示和手册（见图 8 - 2）。可以说在保护未成年人数字安全方面，国家充分调动社会组织的积极性，给予相关组织部分权利以共同维护一个健康良好的适合未成年人的数字环境。

韩国的互联网监督还采取了举报制度，普通的互联网用户可以向非法和有害信息报告中心举报各种危害数字环境的事件。韩国举报制度充分挖掘了网民在网络环境监督方面的潜力，受众既可以是政府机构成员中的公民，也可以是互联网内容提供商的企业法人，同时可以是接受传播信息的单个互联网公民。该措施激励了公民提升自己的媒介素养，积极成为互联网的共同把关人，全民把关的结果是自觉地维护和创造一个良好的数字环境。

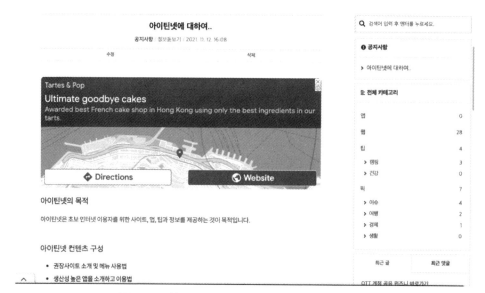

图 8 - 2　韩国"iTeenNet"青少年推荐网站页面

资料来源：iTeenNet，［2022 - 07 - 25］，https：//iteennet.or.kr/.

韩国对未成年人数字安全的保护是一个全方位、多角度的法律体系。不仅规定各方主体应尽的主体义务，还强调各个主体间的协同合作关系。《未成年人保护法》第 5 条规定，随着技术发展，国家和地方政府要重视新形式的媒体产品对未成年人身心健康的侵害，并努力为保护未成年人免受此类产品侵害的必要技术及研究项目提供有力的支持。一些线下的威胁也随着网络媒介的出现逐渐转移至线上，对未成年人安全造成影响的也不仅仅是校园欺凌、性侵、网络诽谤、裸聊、隔空威胁、网络游戏成瘾导致的暴力倾向等不同形式的数字新型犯罪手段悄然出现。数字安全是一个包罗万象的概念，这种与时俱进、关注新形式媒体产品的法律条例正是对未成年人数字安全的补充。

8.2　网络成瘾：立法监管、游戏分级与成瘾戒治学校

韩国文化体育观光部发布的《2020 韩国游戏白皮书》显示，2019 年韩国游戏产业规模达 15.575 万亿韩元（约合人民币 924 亿元），以 6.2% 的市场份额排名全球第 5 位。游戏已经成为韩国的支柱产业，对国家经济有较大的影

响。2019 年世界卫生组织（WHO）在第 72 届世界卫生大会上通过了《国际疾病分类》第十一次修订本，"游戏障碍"（gaming disorder，又称"游戏成瘾"）被正式列为"精神疾病"，凸显全球对游戏成瘾问题的关注。但是韩国文化体育观光部对此表示反对，并计划向世界卫生组织提出异议。文化体育观光部预计，如果将游戏成瘾视为病，可能导致未来三年损失 90 亿美元收入，减少 8700 个工作岗位。

与此同时，作为网游大国，韩国网络游戏成瘾现象以及由此产生的犯罪现象，已成为韩国的一个严重社会问题，引起社会的广泛关注。2005年，来自韩国大邱的一名青年在网吧打了 50 个小时游戏后心脏骤停，在当地医院抢救无效去世，他几个月前才因为沉迷游戏旷班太多而丢掉了锅炉修理的工作。2009 年，一对韩国夫妇因为玩游戏，12 个小时置自己的孩子不顾，导致其死于营养不良，最终他们被地方法院以过失杀人罪为由判处两年徒刑。

如何保证游戏产业健康发展的同时还能保护未成年人的数字安全，给未成年人营造一个良好的网络数字环境，是横梗在韩国政府面前的一道难题。

从游戏诞生之初至今，韩国通过多种措施对预防未成年人网络游戏成瘾问题进行了尝试。总体来讲，韩国主要从网络游戏源头进行监管，通过游戏分级制度进行事前预防，直接掐断未成年人过度接触网络游戏的可能。除此之外，韩国还进行了一系列立法探索，试图通过直接监管杜绝未成年人网络成瘾现象，比如引入技术措施限制在线时间、强化登录身份认证等，但这一系列的强制措施适得其反，"关机法"并没有有效遏制未成年人网络成瘾问题。"实名认证制"在实行的第六年被宣布违宪。这些措施的效果都在说明，将未成年人隔绝在象牙塔内的过度保护会引起反弹，在"关机法"实施期间，甚至有家长游行，他们认为"应该给孩子玩游戏的自由，对于孩子的游戏时间需要由家长和孩子协商，而不是靠冷冰冰的强制措施"。

本部分将从三方面展开，首先介绍韩国立法体系在预防未成年人网络游戏成瘾问题上做出的努力，其次探析韩国游戏的分级制度，最后从社会层面入手主要讨论在韩国盛行的戒网瘾学校的利弊。

8.2.1　立法从严到宽，未成年人的保护与发展并重

20 世纪，韩国被称作"网络游戏宗主国"，网络游戏产业的快速发展也为

韩国未成年人成长带来了不少隐患。韩国政府的一项调查研究发现，韩国 18 岁以下人口中有 30%，即约 240 万人有罹患网瘾的风险，韩国政府由此开始重视未成年人网络游戏防沉迷问题（王大可，2018）。从 2007 年至今，韩国在网络游戏的时间控制、消费限制、危害提醒方面都有相关法律政策的出台，并且随着法律政策的有效性进行修订与更新。

首先，韩国对未成年人游戏时间进行了实名控制与责任控制，实名控制主要针对未成年用户的游戏时段，责任控制主要针对社会监管的权利与义务。韩国面向未成年人用户时首先规定了游戏时段，2011 年通过的《未成年人保护法》修正案的第 26 条（深夜网络游戏时间限制）明确禁止 16 岁以下的青少年及未成年人在夜里 12 点至清晨 6 点玩游戏，试图达到保证其作息和学习、降低青少年游戏成瘾的目的。因从深夜 12 点起强制下线，此法也被称为"灰姑娘法"，韩国成为全球首个实行游戏"宵禁"的国家。韩国为了强化对游戏时间限制的管控，通过用户实名验证身份证的方法，以区分用户是否为未成年人。但是这条"史上最严游戏法令"并未取得应有的效果，虽然数据显示青少年玩游戏的时间减少了 16～20 分钟，但此数值在统计学上被视为没有多少意义。它不仅没有减少未成年人玩游戏的时间，还促使未成年人通过欺骗等形式使用父母的身份证进行游戏。2012 年，民主党议员全炳宪指出，为了避开"游戏宵禁"制度的影响，40% 的青少年通过盗用身份证号码的方式继续玩游戏，这使得"灰姑娘法"实施以后深夜游戏时间的减少率停止在 4.5%（薛澜等，2010）。该法令也对韩国的游戏产业造成了不利的影响。根据韩国文化产业振兴院的数据，2011 年达到 18.5% 的游戏产业增长率，在 2013 年急剧下滑至 -0.3%。在"灰姑娘法"出台期间，一直有不少质疑的声音，除了对条例本身的质疑外，不少公众认为父母应当享有控制未成年人玩游戏时间的决定权。在各方影响下，2016 年 7 月该条例被废除，取而代之的是由韩国文化观光体育部出台的"选择熔断制度"，该制度强调的是社会各方的参与与监管。此外，《未成年人保护法》也对游戏提供商、家长以及国家和地方政府提出要求，未成年人需要在家长的同意下才能玩游戏，游戏提供者应对允许使用网络游戏的时间以及使用网络游戏的付费信息尽到应尽的提醒通知义务，国家及地方政府也要提供因为滥用或滥用媒体产品，包括沉迷于网络游戏而导致对咨询、医疗、康复等需求的服务。

其次，韩国在未成年人的游戏消费方面进行限制。2007 年，韩国政府对用户（包括成人）的游戏消费规定了上限。不过随后为了刺激行业增长，支出上限从 30 万韩元逐步提高至不同端口的游戏拥有不一样的上限（见表 8 – 2）。
2019 年韩国文化体育观光部长官朴良宇会见游戏业界相关人士时，曾承诺将
进一步放宽对游戏消费的限制，从当年 6 月 27 日开始，成人 PC 网络游戏的月
结算限度将被废除，而青少年的月结算限度将维持在 7 万韩元。韩国在游戏产
业对未成年人进行消费限制体现出由严到松的过程，并且对法律的有效性进行
了修正。2020 年 4 月，韩国文化体育和旅游部宣布《游戏法实施法令》修正
案通过，废除了现行的游戏法规中"用户当天在网站棋牌游戏（Web-board
game）中花费满 10 万韩元即 24 小时内禁止访问游戏"的条例，废除原因是该
条例与"每月网页棋牌游戏支付限额为 50 万韩元"重叠，限制了玩家的消费
及正常游戏时间。

表 8 – 2 韩国法律对游戏上消费上限的价格

游戏	成年人	未成年人
端游	50 万韩元/月	7 万韩元/月
网页游戏	30 万韩元/月	5 万韩元/月
手机游戏	无限制	无限制

资料来源：韩国这样管理网游：半夜不让玩 花钱设上限，人民网（2018 – 09 – 05），https：//baiji-ahao. baidu. com/s？ id = 1610721670871654673&wfr = spider&for = pc。

最后，韩国对未成年人游戏采取危险警告措施。《游戏产业促进法》
第 8 – 3 条（对游戏过于沉迷和沉迷的预防措施等）规定各游戏产品相关经营
单位应依据《游戏规则》第 12 – 3 条第（1）项第 5 款的规定，在游戏过程中
每小时在游戏画面上张贴"过度游戏可能干扰正常日常生活"的警告语至少
3 秒。

韩国游戏产业经历了相当长时间的探索。从严苛强制到保护各方主体
自主权；从限制明确游戏时间到多方协调，因时制宜；从通过单一手法管
控游戏消费到成年人的上限被取消。在对游戏产业的监管中，韩国主要采
取了时间控制、消费限制以及危险警告等措施。对于未成年人上网游戏，
一方面要进行积极的引导和适当的限制，保护他们免受游戏中负面信息的
侵扰，另一方面需注重未成年人自身发展。成长期的未成年人有着极强的
可塑性，对他们"数字韧性"的培养远比直接出台严格的管控措施进行行

为限制更重要。

除了对未成年人玩游戏进行事前预防，如征求家长同意、对游戏种类进行分级等，还需加强风险规避，对可能会发生的纠纷进行规范和约束。在 2020 年第三届 GSOK 论坛中，各方对游戏使用中的青少年保护政策进行了讨论，认为应该建立取消支付信息共享制度，规范退款标准和退款程序，建立应用市场运营商和游戏开发商之间的信息共享制度。2022 年，国民大学教授朴钟铉认为，"游戏成为文化，需要承认玩游戏的权利，理解和探索用户玩游戏的权利是一项宪法权利，这很有意义。"此外，朴钟铉教授还表示，从"游戏"为"文化"的角度来看，"享受文化的权利"和"获得文化的权利"可以成为玩游戏的权利的基础。

8.2.2 建立体系完善的游戏分级制度

韩国的游戏分级制度采取的是独立分级制度。韩国《游戏产业促进法》（*Game Industry Promotion Act*）规定，所有商业化或公众玩的游戏都需要分级。该法案第 11 条规定了游戏评级和管理委员会的选择标准，第 14 - 2 条规定评级分级机构由至少七名在文化艺术、文化产业、少年、法律、教育、传媒、信息通信等领域具有丰富专业知识和经验的人组成的委员会组成，应由从事各个领域的人员平均组成以保证游戏评级的专业性和合理性。第 21 - 3 条（独立评级分类事业单位等应遵守的事项）应根据第 21 条第 7 款规定的评级分类标准或与委员会达成协议的单独标准（包括表示评级的方法）独立进行评级分类。根据第 21 条第 7 款规定的等级分级标准适用于第 21 条第 2 款第 4 项规定的游戏产品。

年龄分级：全年龄向（ALL）、12 岁以下不可使用（12 +）、15 岁以下不可使用（15 +）、成人向（18 +）。为进一步统一游戏等级及内容描述的符号，达成社会性共识，游戏分级管理委员会（Game Rating and Administration Committee，GRAC）对标识进行了规范（见图 8 - 3）。

为进一步落实游戏评级的专业性，韩国根据不同类型和不同评级对游戏进行细分，主要由三个组织负责设定、审核韩国游戏的分级，分别是：游戏分级管理委员会（Game Rating and Administration Committee，GRAC），2013 年成立，旨在培养健康、繁荣的游戏文化环境；游戏内容分级董事会（Game Content Rating Board，GCRB），2014 年成立，对游戏内容进行分级；独立分级分类业务实体（Independent Rating Classification Business Entity，IRCB），如 Google Play、App Store、OneStore，由韩国文化体育观光部指定的实体，可根据分级标准或与游戏分级管理委员会达成协议的标准对游戏进行分级。

内容描述符

性欲　　　暴力　　恐惧、恐怖、　语言　　酒精、烟草、犯罪、反社会　赌博
　　　　　　　　　　威胁　　　　　　　　　药物

年龄等级符号
在每个街机游戏的正面清晰显示年龄分级符号和内容描述符

全部　　　　12+　　　　15+　　　　18+　　　　测试　　　非营利组织

图 8 - 3　韩国游戏等级及内容描述的符号描述规范

资料来源：根据 GRAC 官网（https：//www. grac. or. kr/）整理。

根据"游戏产业促进法"，任何人如果打算制作或分发游戏以出售或提供给公众使用，则应获得其评级。在制作和分发之前由董事会（GRAC 或 GCRB、IRCB）提供评级标识。每款游戏（PC、移动、街机、主机等）、每个平台版本都需要依法获得 GRAC、IRCB 或 GCRB 分级。如果一款游戏有 PC 版本和主机版本，需要单独为各平台版本申请分级。对于手游、PC 在线游戏、主机游戏，18 + 的游戏需要由 GRAC 来评级，其他（All、12 + 、15 +）可以由 IRCB 评级，如 Google、Apple、Samsung 等（也可以由 GRAC 来审核），但是所有街机游戏都需要由 GRAC 来认证分级，如表 8 - 3 所示。

除了对游戏的分级等级有约束规范，GRAC 还对分级标识的显示时间和位置有要求，在每台街机游戏机、电脑和视频游戏盒的正面，在线游戏屏幕（每 1 小时）的右上方，手机游戏的起始屏幕上清晰显示年龄分级符号和内容描述符（超过 3 秒）。

表 8 – 3　　　　　　　　　　　韩国不同游戏的审核机构分类

等级分类	街机游戏 Arcade	线上 PC 端游戏 PC & Online	主机游戏 Video & Console	移动端游戏 Mobile
（A 全年龄）	游戏分级管理委员会（GRAC）	游戏内容分级董事会（GCRB）		公开市场操作（open market operators）（Google、App Store 等）
（12）（15）	街机游戏没有"12 + 和 15 +"的级别划分（arcade game is not rated "12&15"）			
（18）	游戏分级管理委员会（GRAC）			

资料来源：根据 GRAC 官网（https：//www. grac. or. kr/）整理。

8.2.3　遍及全国的成瘾戒治学校

成瘾戒治学校（Jump up Internet Rescue School）提供为期 12 天的治疗服务，没收未成年人的电子设备，迫使其参与更多的户外活动，比如骑马、徒步等，同时辅助以情绪控制的相关心理训练。2012 年韩国女性家族部宣布，将扩大旗下成瘾戒治学校的规模，分 24 次治疗 600 多名初高中学生。以"离开网络，发现全新自我"为口号的该学校，将在 12 天的时间内准备多种课程，以达到缓解学生网瘾症状为目的。成瘾戒治学校开始于 2007 年，并于 2015 年扩展到智能手机成瘾治疗。2019 年，韩国性别平等与家庭委员会为 400 多万名初中生和高中生在全国开设了 16 个治疗中心。然而，也有韩国专家对网瘾戒治学校的效果存疑，仅凭借短期内不让未成年玩游戏的方式很难根治网瘾。不仅如此，网瘾戒治学校的封闭性和教师暴力对待学员的事件也频频发生。

8.3　网络暴力：从严治理，监察与预防并重

网络暴力是困扰韩国社会的长期社会性问题。韩联社 2021 年 4 月 20 日报道，一家专门预防青少年暴力机构发布研究报告称，新冠肺炎疫情期间，韩国学生遭受的校园暴力与去年相比有所减少，但遭受的网络暴力增加 3 倍。韩国放送通信委员会（Korea Communications Commission，KCC）调查显示，2021年约 29.2% 的青少年和 15.7% 的成年人遭受过网络暴力。新型社交媒介的出现催生了新的暴力形式，近几年借助网络实施暴力与欺凌的案件时有发生。然而，韩国在网暴治理中鲜少有针对性法案出台，提及网络暴力相关条款的法律仅存在于《刑法》和《电子通信基本法》中。

8.3.1　写入刑法的网络暴力处罚执行力度堪忧

网络暴力属于网络诽谤最严重的一个分级，韩国对于网络诽谤行为给予较严厉的刑事制裁（朱松岭，2020）。自 2005 年一系列网络诽谤案件发生后，韩国政府发布并修改了《促进信息化基本法》《信息通信基本保护法》等法规，确立了网络实名制。

此外，韩国还以刑事惩罚制裁网络造谣者。韩国刑法规定，在网上用暴力恶意恐吓或者毁损个人名誉，最高可判处 7 年有期徒刑。在网上发表恶意评论者可能会因诽谤罪被判最高 3 年监禁或最高 3000 万韩元罚款；若恶评涉及侮辱当事人，则可能面临最高 7 年监禁或 5000 万韩元罚款。

然而，韩国刑法的执行力度不佳，不能有效遏制网络暴力事件的相继发生。网络实名制政策也在实施的八年后，即 2012 年 8 月 23 日因为违宪被宣布废除。但是在 2019 年韩国女星雪莉因为网暴去世的事件发生后，9 名韩国议员发起提案表示应该引入禁止恶意留言的法律——"雪莉法"，紧接着 10 月韩国自由韩国党议员提出了以网络准实名制度为核心的《信息通信网法》修订案。但是，目前该修订案仍处于立法滞留阶段 。

对于韩国，实名制并非是解决网暴的最好办法：2008 年 10 月，韩国女星崔真实因饱受网络谣言及恶评自杀后，韩国国会迅速通过了俗称"崔真实法"的《信息通信网法施行令修正案》，规定访问量超过 10 万人次的网站

必须推行实名制，同时要求网站快速处理举报恶评的个案。但韩国政府在实施实名制两个月后进行的调查发现，恶意网帖仅仅减少了 2.2%。2010 年 4月，首尔大学的一项研究称，实施实名制后，诽谤跟帖数量仅从 13.9% 减少到了 12.2%。

8.3.2 加大政府干预，监察和预防并重

韩国政府对网络暴力的干预主要从监察和预防入手，一方面完善网络警察制度，加强对网络暴力等事件的监察力度，另一方面成立暴力预防教育中心网点对未成年人进行教育普及。

1. 加强监管力度——韩国网络警察制度

针对频频发生网络暴力事件，韩国警方建立专门的"网络警察"制度，监管网络空间，监控网络"危言"，随时预防暴力事件的发生。韩国国家警察厅网络安全管理局下设三个部门，分别是网络安全部、网络犯罪应对部、数字取证中心，用于应对各种类型的网络犯罪，如网络暴力、网络诈骗等情况的检察、管理与取证。除此之外，国家警察厅网络安全管理局在 2000 年举办了第一次国际网络犯罪应对研讨会（The International Symposium on Cybercrime Response，ISCR），分享最新的网络犯罪信息，并和执法机构、政府官员、学术界、来自私营部门的各种信息技术安全专家一起寻求对策。ISCR 现已发展成为世界各国网络领域调查机构和全球 IT 企业精诚合作的平台，旨在通过国际协作共同打击网络犯罪。截至 2015 年，ISCR 已经有来自 57 个国家 752 名参与者（朱健齐等，2017）。在 2021 年召开的 ISCR 会议中，以网络犯罪展望与应对战略、网络诈骗与网络性暴力为主题举行多场演讲。

2. 教育预防——暴力预防教育中心网点

暴力预防教育中心网点是一个综合性系统，其主要目的是为青少年提供咨询和福利。中心网点从韩国青少年咨询福利发展院（www. kyci. or. kr）出发，连接校外社区 CYS-Net 少年咨询福利支持系统以及校内由教育部牵头的"wee"工程，构建校内外未成年人全方位多场景的网络文明与暴力预防教育体系。

CYS-Net 少年咨询福利支持系统建立于 2005 年，2006 年在 5 个市/省的青少年咨询福利中心试点运行，并在随后的三年中逐步确立该系统的组织运行条

例和在当地社区运行综合青年支援系统的法律基础。CYS-Net 少年咨询福利支持系统的目的是扩大以社区为基础的青年社会安全网，发现、保护和支持处于危机中的青少年并加强与青年相关组织和地区组织的合作。

"wee" 工程是韩国政府采取措施建立系统化的应对学生心理危机的学校安全管理体系，为学校开展学生心理咨询和辅导治疗提供援助。2008 年。"建立学校安全管理体系"作为总统项目开始启动，该项目通过学校、教育主管部门和地方社区的合作，建立针对学生危机的多层次安全网络。

除此之外，韩国不少社会组织还通过设立预防网络暴力教育网站、开展研讨会和举办线上线下活动等多种方式开展预防网络暴力宣传。韩国有的城市还开设了网络伦理体验馆，以游戏和趣味体验的方式引导用户建立数字安全意识，安全使用网络。

8.4　网络性侵：社会事件推动立法完善

2020 年的"N 号房"事件使网络性侵未成年人犯罪成为国际社会的关注焦点。借助网络技术，犯罪分子实现匿名或逃避数据追踪，使得犯罪更具有隐蔽性（董晓梦等，2021）。除了技术的发展给予网络性犯罪者"可乘之机"，人类生活环境、生活方式的改变也使网络性犯罪成为新型社会问题。2020 年 9 月国际刑警组织发布的《COVID19——未成年人性剥削和性虐待的威胁和趋势》报告指出，疫情导致的生活环境、社会和经济变化已影响到全球未成年人性剥削和性虐待的发展趋势，未成年人遭受在线性剥削和性虐待的现象正在不断增多。

8.4.1　确立未成年人性侵专门法

韩国政府经过多年打击未成年人性犯罪的实践，已经基本形成了集犯罪控制、再犯预防和被害人救助于一体的独具特色的性侵未成年人犯罪防治体系（王贞会等，2021）。

韩国确立未成年人性侵的专门法，无论是罪名的设立，还是具体的犯罪处罚、再犯预防和对被害人的救助措施，都独立于成年人之外。这种模式充分考虑了未成年人的身心的成长特点进行专门保护，而不是成为法律的相关补充内容。以强奸罪为例，韩国除了在《刑法》单独规定强奸罪外，还在《未成年人性保护法》和《性暴力特别法》中规定了特殊的强奸行为，从而形成一张巨大的法律保护网。

但是有学者指出，韩国有关未成年人性犯罪的法律不仅内容相似，而且重复率高、实用性有限，《刑法》已经几乎不再适用，主要适用的是《性暴力特别法》和《未成年人性保护法》（见表8-4）。另外，性暴力犯罪的有关内容分散在众多法律当中，在法律的具体执行上面临很多困难①。

表8-4　　　　　　韩国各法律中有关未成年人性保护相关条目

项目	《刑法》	《儿童青少年性保护法》	《性暴力特别法》
罪名	第297条"强奸罪" 第298条"强制猥亵罪" 第302条"强奸未成年人罪" 第305条"与未成年人性交或有不雅行为罪"	第5条"强奸残疾儿童、青少年罪" 第8-2条第1款"强奸已满13周岁不满16周岁未成年人罪" 第7-2条"强奸罪犯预备与共犯"	第5条"亲属强奸罪" 第7条第1款"强奸不满13周岁未成年人罪" 第15-2条"强奸罪预备犯与共犯"
刑事责任	第10条"身心障碍者责任" 第11条"聋哑人责任"	第19条"关于《刑法》减轻责任的特别规定"	第20条"关于《刑法》减轻责任的特别规定"

资料来源：김태명：성폭력범죄의 실태와 대책에 대한 비판적 고찰，형사정책연구，2011（9），pp. 5 - 44. 김태명. 성폭력범죄의 실태와 대책에 대한 비판적 고찰，형사정책연구，2011（87）.

韩国拥有一套完善的防未成年人遭性侵的防御监察救助体系，包括性犯罪举报制度、就业限制制度、被害人救助制度、性犯罪者公开制度、电子监管制度、化学阉割制度等在内的一系列措施。

在事前预防与检查方面，韩国法律确立了性侵未成年人犯罪举报制度，任何人都可以向调查机关举报性侵未成年人的犯罪事实。《未成年人性保护法》第34条第2款对承担举报义务的主体做了详细的列举，主要包括幼儿园、学校、未成年人福利机构、辅导机构、青少年活动机构等。为了鼓励对性犯罪的举报，韩国政府向举报者提供可高达100万韩元的奖金。2021年1月8日韩国国会表决通过一项法律修正案，对虐待未成年人的行为加大处罚力度。这项被

---

① 김태명：성폭력범죄의 실태와 대책에 대한 비판적 고찰，형사정책연구，2011（87），pp. 5 - 44.

韩国媒体称为"郑仁法"的修正案规定地方政府部门或调查机构在接到关于虐待未成年人的举报后，应立即着手调查。韩国《中央日报》报道，修正案规定，进行调查时应将涉嫌虐待未成年人的行为人和受害未成年人隔离。嫌疑人如果拒绝履行提供证词、提交资料等义务，将被处以最高 1000 万韩元罚款；如果妨碍执行公务，将被处以最高 5000 万韩元罚款或 5 年监禁。这项修正案产生的缘由是一名仅 16 个月大的女童郑仁（音译）在被领养 217 天后，疑遭养父母虐待而死。根据媒体报道表示，警方曾多次接到报案，但是因为轻信父母的解释并没有展开深入调查。

在事后救助方面，韩国分别从未成年人与犯罪者出发，建立未成年人救助制度以及对犯罪者的系列监察制度。

由于未成年人尚未发育完全，身心更加脆弱，因此事后治疗非常重要。在韩国法律的支持下，大量的未成年人康复机构设立，包括青少年庇护所、青少年咨询和福利中心、青少年保护和康复中心、网络性犯罪被害人支持中心等。这些机构主要提供以下五方面的服务。一是咨询服务，即为被害人及其亲属提供紧急和持续的咨询服务；二是医疗支持，联系医疗机构对有需要的未成年人提供治疗，还有部分机构帮助受害未成年人采集和保留犯罪行为遗留的证据；三是法律援助，即为被害人及其亲属提供有关案件侦查和诉讼程序的相关信息；四是心理康复治疗，即为被害人及其家属提供心理咨询和康复治疗，以帮助其克服犯罪遗留的心理后遗症；五是删除服务，即帮助被害人删除未经同意而在网络上散布的性虐待和性剥削材料（王贞会等，2021）。

而对于犯罪者的监察，从轻到重可以分为信息公开制度、就业限制制度、电子监察制度以及"化学阉割"制度。根据韩国 2009 年修订的未成年人保护法，自 2010 年 1 月起，20 岁以上成年人均可在政府指定网站查阅性侵未成年人者的姓名、年龄、住址、照片、犯罪内容等个人信息。此后又追加一系列规定，禁止性侵者接近受害未成年人住所、学校等。此外，根据《未成年人青少年性保护法》的规定，个人信息公开的时间根据刑罚的不同而有所区别：被判处 3 年以上有期徒刑的，公开时间为 10 年；被判处 3 年以下有期徒刑的，公开时间为 5 年；被处以罚金的，公开时间为 2 年。

就业限制制度见于《未成年人性保护法》第 56 条、第 57 条。对以未成年人、青少年为对象的性犯罪者，在一定时间内限制其经营与未成年人、青少年有关的机构，或者限制其在这些机构就业，从而避免其与未成年人、青少年接

触；在保护未成年人、青少年免于性犯罪的同时，提高相关机构的伦理性、可靠性以及未成年人监护人对其的信任程度（여경수，2018）。

电子监管制度由《电子脚环法》规定，主要指为某些犯罪分子佩戴电子脚环，以监控其活动轨迹。韩国自 2008 年起实行电子脚铐制度，性犯罪惯犯、对未满 13 岁未成年人实施性犯罪者等出狱后要戴上电子脚铐，以便于警方追踪动向。电子脚环的佩戴者会被禁止在特殊时段（如未成年人上学时间）外出、进入特定区域（如幼儿园、学校等）、接触特殊对象（如被害人），并需按要求完成特定的犯罪处理方案。佩戴者如果擅自干扰、拆卸或破坏脚环，将被处以 7 年以下有期徒刑或 2000 万韩元以下的罚款，该处罚可能比原犯罪还要严重（王贞会等，2021）。除了以上三种制度，韩国还对特殊新犯罪者采取"化学阉割"，是亚洲首个实施该制度的国家。

此外，韩国还于 2011 年出台了《性冲动药物治疗法》，旨在通过药物抑制某些性犯罪者（例如性变态者和习惯性犯罪者）性功能来预防性犯罪。不过"化学阉割"被视作一种较为严厉的措施，因此《性冲动药物治疗法》对其适用条件从多个方面加以限制。

8.4.2 社会事件推动法律的完善

以"N 号房"为代表的社会事件极大地推动了韩国性剥削物品传播方面的法律完善。在"N 号房"事件后，韩国立法机关出台了《"N 号房"事件防治法》，该法是《未成年人性保护法》《性暴力特别法》《刑法》《信息通信网法》等一系列法律修正案的统称，重点加强了对未成年人性剥削物品的打击（정경오，2020）。首先扩大了对性侵未成年人犯罪的打击范围。例如《刑法修正案》将性同意年龄从 13 周岁提高到 16 周岁；《未成年人性保护法修正案》将实施强奸、猥亵未成年人等犯罪的预备行为列为犯罪，将 19 岁以上成年人以性剥削为目的，通过网络聊天引诱、诱导未成年人发生性行为（如 online grooming）均列入犯罪；《性暴力特别法》中将购买、存储、观看偷拍影像的行为，合成、加工、编辑、传播引起性欲望和羞耻心的虚假影像的惯犯行为，以及利用可能引起性欲望和羞耻心的影像或复制品威胁他人的行为全部归为犯罪行为。

其次，修正案加强了对未成年人性剥削物品犯罪的惩罚力度。在《未成年人青少年性保护法修正案》中，原先的"未成年人色情物品"被修改为

"未成年人性剥削物品"，从而避免了对未成年人造成的污名化。同时，修正案还将出于商业目的制作广告介绍未成年人性剥削物品的行为也列为处罚对象，严厉打击传播性剥削物品的中介、介绍行为，杜绝性剥削物品的一切传播。最后，明确了通信企业对治理性剥削物品的义务。韩国在《信息通信网法》中规定通信企业必须承担删除未成年人、青少年性剥削物品等非法影像、切断传播途径的义务。

在未成年人性犯罪方面，有两件社会事件推动了韩国法律的修订，这两个案例也分别以电影的形式在全球范围内广泛传播。电影《素媛》根据 2008 年12 月 11 日发生在韩国安山市的一起针对小学生的性暴力事件改编而成，素媛案的"从轻判决"在韩国社会掀起了巨大舆论。在此推动下，2010 年，韩国国会将有期徒刑的上限 15 年（加重刑 25 年）改至 30 年（加重刑 50 年）；修改了针对强奸未成年人青少年犯罪的法案；佩戴电子追踪装置的时间最长延长至 30 年；因饮酒导致的心神虚弱状态下实行的性犯罪，不适用减刑规定（宋颖超，2019）。

电影《熔炉》根据韩国光州一所聋哑学校校长性侵残障未成年人的真实事件改编，电影于 2011 年 9 月上映。《熔炉》的播出让韩国民众认识到整个社会对于残障未成年人的忽视，由于对性暴力的认知能力、防御能力低下或者存在语言障碍等因素，残障未成年人往往极易成为遭受性侵害的对象。韩国国会以此为契机，迅速起草保护残障未成年人的法案，表决通过了"防止性侵害修正案"，又名"熔炉法"。"熔炉法"规定性侵残障女性及不满 13 岁幼童者，最高可判无期徒刑，并取消对此类案件的追诉时效；加害者若任职于社会福利机构或特殊教育单位，可加重处罚（宋颖超，2019）。以上两起社会事件对推动韩国未成年人性犯罪法律的完善具有里程碑式的意义。

8.5　有害信息：制定数字内容的分级标准

上述从未年成人面临的三类网络问题出发，分别从立法、政府政策及社会相关组织的努力对韩国未成年人数字安全的保护进行了详细分析。这些问题归根到底是对互联网内容的管控，新兴传播媒介的出现导致互联网的服务和互联用户角色都发生了深刻的变化，越来越多的用户都参与到网络信息的建设当中，从信息的接受者转变为信息生产和传播者，这使大众传播的形态发生了重大改变。网络中的信息质量良莠不齐，从另一方面来讲这对规范和管理互联网的生态提出了更高的要求。韩国对互联网内容的监管通过建立数字内容分级制度实现。由相关组织机构制定分级的具体要求，通过监管以及自律等方法对内容进行筛选，并依托过滤软件净化未成年人的网络环境。

8.5.1 完善各数字安全方面的内容分级体系

韩国实行以限制未成年人接触不良信息为目的的"表现物内容等级制度"，以保护其数字安全。韩国各媒体几乎都具备审议功能，但根据《青少年保护法》的规定，青少年保护委员会有权力管理各媒体的审议制度。因此，不同于一些西方国家，韩国的互联网内容分级不依赖于民间自律，而完全依靠政府的规制（陈昌凤，2015）。

韩国的互联网内容分级制度由两个大块组成，分别是数字内容分级标识以及过滤软件 i-NET（也被称作 S/W）。过滤软件在前文已提及，它是根据韩国相关分级规范应用数字技术制作相应的软件，帮助未成年人获得更好的数字环境。

韩国通信标准委员会（KCSC）下属互联网分级中心负责根据《未成年人保护法》中明确的有害信息内容对互联网内容进行评级，作为一个参考标准（见表 1-2）。该表以 RSACi 评级标准为基础，参照日本 ENC 评级标准编制，并反映了 YMCA 调查的结果和咨询会议的意见。

除了对内容等级进行划分，考虑到实际管理内容选择的家长和老师的信息素养不高，互联网分级中心将电影和电视等其他媒体按年龄分类（见表 1-3）。用这种分类方式可以使监护人更加高效地选择适合的信息进行限制。

韩国通信标准委员会还负责改正网络服务提供者自行分级过程中出现的使用分级标准不恰当或者技术性标识错误等问题，并定期对被标识内容的有效性进行检查，优化删除一些已经关闭或者变更的网站，为过滤软件的使用者提供实时更新（徐金毅，2013）。2020 年 3 月爆出韩国"N 号房"事件后，韩国通信标准委员会在 2020 年违法/有害信息审议情况分析中提及，针对滥用随机聊天应用程序对青少年进行性剥削，韩国通信标准委员会在 2019 年 3 次对 56 个主要服务进行了密集监控。韩国通信标准委员会的存在为自律分级体系提供了很好的监察环境。

除了对未成年人浏览的信息进行自律分级的规定，《信息通信网络促进法》第 44 - 8 条（互动信息和通信服务中的未成年人保护）规定，当信息和通信服务提供者为 14 岁以下的未成年人提供基于通过与人类进行对话来处理信息的系统的信息和通信服务时，应尽量不向此类未成年人提供包含不当内容的信息。

8.5.2　推广过滤软件达成对有害信息的筛选

从 1995 年国会通过《电气通信事业法》起，韩国就将"危险通信信息"作为管制对象。此后，韩国还颁布了《不当站点鉴定标准》和《互联网内容过滤法令》，在法律层面确定了信息内容过滤的合法性，对网络上不当的内容进行鉴别、隔离。《未成年人保护法》第 17 条（分离、隔离等）明确提出对未成年人有害的媒体产品，不得在与可能向未成年人发行的媒体产品中未分离或隔离的情况下进行展示或供销售或出租。韩国信息通信道德委员会（ICEC）根据《年轻人发展法令》（*Youth Developed the Ordinance*），在重要信息传播场所安装过滤、屏蔽软件。政府公布了 12 万个有害网站列表，要求通过防火墙来限制色情或"令人反感"网站站点的接入（申玹丞，2007）。同时，还要求在年轻人经常使用互联网的地点包括学校、公共图书馆、网吧和其他公用计算机中心安装过滤软件（艾云，2007）。

为了更有效地使未成年人拥有一个健康的数字环境，不受有害信息的侵害，韩国通信标准委员会和教育科学技术部签订了《有关创造安全网络环境的业务合作协议书》，表示将共同促进有害信息过滤软件的开发和普及，并通过青少年网络安全网（http：//www. greeninet. or. kr/）向有软件使用需求的家庭免费提供多种互联网内容过滤软件 i-NET（徐金毅，2013）。过滤软件可以使家庭个人信息用户在 PC 端上安装个人内容筛选 S/W 并选择合适的使用级别来接受服务，学校、组织等信息用户可以通过内容选择软件获得相应等级的服务。根据不同的需求，i-NET 共由 7 款软件组成，拥有控制游戏及电脑使用时间、屏蔽青少年非法有害网站以及屏蔽广告等功能（见表 8 - 5）。为了更好地推广这一软件，韩国通信标准委员会组织了一个名为"GREEN I CAMPAING"的活动增加软件的知名度，活动仅在 6 个月内就使软件的下载次数突破了 100 万。

表 8－5　　　　　　　　韩国 i-NET 体系不同软件间功能比较

功能	i안심	맘아이(momi)	아이는	아이보호나라	X Keeper
有害网站屏蔽					
内容分级反映	√	√	√	√	√
允许/屏蔽的例外适用	√	√	√	√	√
电脑使用（开机）时间控制	√	√	√	√	√
玩游戏时间控制	√	√			
上网时间控制			√	√	
其他屏蔽功能					
有害视频屏蔽	√	√	√	√	√
P2P（文件共享程序屏蔽）	√	√	√	√	√
即时消息软件屏蔽			√	√	
特定程序直接屏蔽	√		√	√	√
管理功能					
电脑使用时间查询	√	√	√	√	√
玩游戏时间查询		√			
上网日志查询		√	√	√	
因特网/手机远程管理				√	√
把使用时间统计表电邮发送给用户的服务	√				
其他功能					
使用日志 SNS 传送	√				

资料来源："Harmful info. filtering support system"，i-NET［2022－07－26］，http：//www. greeninet. or. kr/.

　　通过制定相关法律规定对网络内容进行过滤，并向全社会推广适用于大部分未成年人的免费过滤软件 i-NET，韩国从社会规范和信息技术应用两方面同时着力，为青少年的数字信息安全筑起了一道牢固的防火墙，使他们免受有害信息的荼毒。

8.6　通过教育培养未成年人数字素养

媒介交流改变了人们之前相识相知、传递信息、构建关系网的方式。对有害信息的过滤是从内容源头出发，保护未成年人的数字安全，但是作为数码原住民，培养他们的数字运用能力，即数字素养才是能够让他们主动规避数字风险的有效办法。

8.6.1　将数字化素养培养纳入中小学课程体系

20 世纪 80 年代，韩国经济高速发展，劳动力成本优势逐渐丧失，韩国政府开始将信息技术看作可以代替劳动力提高产品质量的手段。基于这种经济发展趋势，韩国政府在基础教育中开始了计算机教育战略，并将数字素养的培养纳入基础教育的课程体系。

1970 年 7 月，文教部（指教育部）制订了"计算机教育计划"。1971 年 8 月，文教部第 286 号令文件明确指出应在商业高中开设计算机必修课，还增设了 COBOL、程序设计等四门与计算机相关的选修课。至此，韩国开始了有关基础教育信息化的战略布局。20 世纪 80 年代后，为了应对快速到来的信息化社会，韩国文教部在基础课程中增设有关计算机的内容并提出"加强学校计算机教育"的方案（崔英玉，2013）。2001 年韩国政府颁发《ICT 应用于教育指南》，指出"为提升 ICT 教育，韩国政府要求 1~10 年级要有 10% 以上课堂时间使用 ICT，到 2005 年，1~10 年级要有 20% 以上课堂时间使用 ICT"（교육부，2011）。2015 年 9 月，韩国开始推行软件编码和人工智能教育，韩国教育部公布的教育课程修订文件规定所有小学从 2019 年开始阶段性提供 17 个小时的软件编码教育，所有初中从 2018 年开始阶段性提供 34 个小时的软件编码教育，强化智能信息技术人才培养的基础。2020 年 5 月，韩国教育部在《信息教育综合规划》中发布了以人工智能教育为中心的人才培养政策，并在当年 9 月的高中入学考试可选科目中增加了"人工智能基础""人工智能数学"等科目。2015~2020 年，韩国教育部和韩国科学技术信息通信部共进行 2011 所软件编码教育试点学校的运营，受益学生达到 59.5 万人，并从 2021 年起进行人工智能教育试点学校的运营。

8.6.2 培养学生的自主发展能力

在信息社会中，需要能够与他人联合，全面地搜集、分析、统合信息，并且能够提出新方案的新型人才（周平艳等，2016）。韩国为适应21世纪的信息化，重视培养学生的自主发展能力，超越传统意义上单纯的培养"技术人""知识人"的目标，使学生成为具有多种潜质的人，能够创造出符合时代需要的具有独创性的、有用的知识价值（韩国教育科学技术部，2007）。STEAM教育成为韩国教育体系中的重要选题。STEAM教育理念最早是美国政府提出的教育倡议，目的是加强美国K12阶段关于科学、技术、工程、艺术以及数学的教育。韩国与科学、技术的相关国家组织与专业委员会，如韩国科学进步与创造基金会创意财团（The Korea Foundation for the Advancement of Science and Creativity，KOFAC）与韩国教育科技部（Ministry of Education，MOE）等都认为STEAM是重构学校教育的一个关键要素。在2009年修订的国家科学课程中开始呈现通过跨学科整合开展STEAM教育的意图，并提出在韩国实行STEAM教育有可能会对原有的科学、技术、工程、艺术和数学教育起到推动和加强的作用（Georgette Yakman & Hyonyong Lee，2012）。除了培养多学科融合、全方位发展的人，在开展数字科技教育的同时，韩国加强数字科技伦理教育，强化自律意识。为提出与新科技革命相应的教学目标，韩国教育部2015年修订了中小学课程标准总体目标，提出与信息技术应用能力并重，强调要培养中小学生信息伦理意识、信息保护能力，培养其在网络空间中的批判性思维和独立人格。

对于新生一代的网络原住民，互联网不仅是娱乐方式，更是生活方式。积极构建未成年人数字素养的生态系统，完善数字网络素养教育体系，需要广泛动员社会力量参与，形成政府、公民、行业组织、企业等共同关注和推动未成年人保护工作的新局面。

8.7 小 结

韩国是数字技术应用大国，其在未成年人数字保护领域拥有丰富的实践经验，在有害信息过滤制度、数字危害的治理与监管方法以及未成年人数字能力培养等方面都值得其他国家参考借鉴。

韩国未成年人数字安全保护的管理制度延续了对互联网治理的传统，以政府监管为主。韩国互联网安全委员会、韩国通信标准委员会以及信息和通信道德委员会共同制定全方位、多角度的法律体系，强调各个主体间的协同合作关系，使全社会广泛参与到未成年人的数字保护当中。

韩国政府从未成年人可能遭受的三大数字危害出发，针对不同领域予以不同的监管手段和监管力度。在未成年人网络成瘾问题的治理上，韩国政府积极放权，立法由严到宽，给予监护人和社会组织充分的自由度，并建立完善的网络游戏分级制度，实现分而治之。在未成年人遭受网络暴力问题的治理中，韩国政府强化网络暴力处罚力度，将其写入刑法，并加大政府干预，实现监察和预防并重，建立网络警察制度并设立暴力防御教育中心网点。在未成年人网络性侵害的管制中，韩国政府将性侵法独立于未成年人保护法之外，从未成年人的身心成长特点出发进行立法。除此之外，韩国政府还建立防治未成年人遭受性侵害的预防监察救助体系，根据社会发展完善现有法律体系和适用范围，充分保护未成年人的身心安全。

为了规范和管理互联网生态，韩国还建立数字内容分级制度，在法律层面确定信息内容过滤的合法性，由相关组织机构制定分级的具体要求，通过监管以及自律等方法对内容进行筛选，并依托过滤软件净化未成年人的数字环境，为未成年人的数字信息安全筑起了一道牢固的防火墙，使他们免受有害信息的荼毒。

保护之余，韩国重视未成年人数字素养培养。不仅完善中小学课程体系，将数字素养纳入基础教育的课程体系，推行软件编码和人工智能等教学课程，还组织相关教师进行研修，学习核心素养相关学业的评价标准、实施教师提升等项目。

以法律为基石，以政府为主导，以技术为依托，联合社会性组织团体，韩国明确各主体权责，并充分调动其积极性，共同维护一个健康安全的数字环境。在此数字氛围中，韩国政府还注重提升未成年人的数字素养，培养他们在数字时代的核心竞争力。

索　引

3. 《信息通信网络促进法》

4. 《电信业务法》

5. 《电子通信基本法》

6. 《电信事业法》

7. 《促进信息化基本法》

8. 《未成年人权利公约》

9. 《游戏产业促进法》

10. 《未成年人性保护法》

11. 《性暴力特别法》

12. 《游戏法实施法令》

13. 《互联网内容过滤法令》

14. 《年轻人发展法令》

15. 2010 年，韩国文化体育观光部发布了《预防和消除网络游戏沉迷政策》

16. 2011 年，韩国女性家庭"游戏宵禁制度"

17. 2016 年，韩国文化观光体育部出台"选择熔断制度"

18. 2021 年 12 月，韩国女性家庭部"游戏时间选择制"

19. 2001 年 4 月，《不当站点鉴定标准》制度

20. 1997 年，韩国网络警察制度

21. 2006 年，网络实名制度

22. 2020 年，韩国游戏产业部"游戏产业五年促进综合计划"

23. 2005 年，韩国福祉家庭部"CYS-Net 青少年统合援助体制"

24. 2008 年，教育部牵头"wee"工程建立学校安全管理体系

25. 2017 年，放送通信委员会"美丽的网络世界 2022"综合计划项目

26. 1970 年 7 月，文教部（指教育部）制订了"计算机教育计划"

27. 1996 年，五年一次的《中小学教育信息化综合计划》

28. 2020 年 5 月，韩国教育部《信息教育综合规划》

29. 2021 年 2 月，韩国教育部《绿色智能未来学校综合推进计划》

30. 韩国互联网安全委员会　KISCOM

31. 韩国通信标准委员会　KCSC

32. 信息和通信道德委员会　ICEC

33. 韩国互联网振兴院　KISA

34. 韩国广播通信委员会　KCC

35. 韩国游戏政策自治组织　GSOK

36. 分级管理委员会　GRAC

37. 游戏内容分级董事会　GCRB

38. 独立分级分类业务实体　IRCB

39. 互联网分级中心　http：//www. safenet. ne. kr

40. iTeenNet 青少年推荐网站　https：//iteennet. or. kr

41. 非法和有害信息报告中心　互联网蓝鸟应用程序

42. 韩国青少年咨询福利发展院　www. kyci. or. kr

43. Sunfull 善帖分享团（善意回帖运动）　www. sunfull. or. kr

第 9 章

新　加　坡

　　截至 2018 年 12 月，新加坡本地儿童平均在 8 岁的时候会获得第一台可以连接互联网的设备，比全球平均年龄早两年。新加坡允许手机进入中小学校园并成为课堂教学工具，教师们认为这在一定程度上有助于提高学生提取、加工信息的能力，同时提升课堂效率。然而，触网低龄化也使得未成年人更早地面对网络欺凌、隐私泄露等风险问题，尤其是新冠肺炎疫情暴发以来未成年人上网时间明显激增，进一步加大了遭遇网络风险的可能。为了保护未成年人的安全和利益，新加坡政府牵头，以严格的网络监管机制开展净网行动，从完善法律、开发技术、支持社会参与等方面逐步建设未成年人安全用网环境，同时发展重视网络素养教育，因势利导，顺应时代，不断提升新加坡未成年人的网络意识。

　　新加坡是世界上首个对网络进行立法管制的国家，同样也是亚洲法律最严格的国家，新加坡自 1996 年起对互联网实行管制，实施分类许可证制度，1996 年先后颁布实施的《新加坡广电局（分类许可证）通知》《互联网运行规则》是新加坡网络内容管理的奠基性法规，也是保护未成年人免受网络淫秽、色情信息侵害，打击网络儿童色情犯罪的法律基础。

　　不同于西方国家秉持的以"个人言论自由"为先的理念，新加坡注重以国家、社会为先的传统道德和社会秩序，认为这些远高于个人言论自由权（龚文庠等，2008）。在此价值观的影响下，新加坡形成了政府主导的管理模式，这种模式也是新加坡政府实施未成年人数字保护的主要模式。

9.1　法治体系：未成年人数字安全专项立法

新加坡的儿童保护制度源于 1927 年的《儿童保护法令》（*Children's Ordinance*），之后不断出台新的法律，健全儿童权益保护法律体系，如《儿童和青年人法》《幼儿监护法》等。在数字安全方面，有关未成年人保护的法律法规较为分散，多见于个人数据保护、网络色情治理等专门立法，强调需要对未成年群体实施特殊保护。

9.1.1　个人数据：完善未成年人保护前置条款

2017 年新加坡在全球网络安全指数的排名中名列第一，这是根据各国的法律、技术、组织机构、教育与研究能力以及在信息分享网络方面的合作等综合情况进行的排名，网络安全的界定涉及互联网时代中的"个人数据安全"，新加坡的《个人数据保护法》（*Personal Data Protection Act*，PDPA）对数据保护起到了重要作用。

PDPA 是新加坡个人数据保护的基石，它注重个人数据保护的前置措施。"数据处理同意"也成为未成年人保护的重要依据。《个人数据保护法》于 2012 年发布，2014 年全面执行，并分别于 2014 年、2016 年、2019 年、2020 年、2021 年数次修订完善。该法案共 10 章 68 条，包括定义、目标等适用性规则和个人数据的收集、使用、披露、保护等规则，以及个人数据保护委员会（Personal Data Protection Commission，PDPC）与管理机构的职责等内容（黄秋红，2022）。它在"个人数据收集、使用和披露"部分主要关注"同意"（consent）和"目的"（purpose），明确指出企业必须告知目的并获得当事人的知情同意，方可收集、利用与揭露个人信息。然而，2012 年出台的 PDPA 未指出未成年人的特殊性并专列条款保护，在未成年人保护方面显得十分模糊。

新加坡注重未成年人的权益，尽管 PDPA 在未成年人保护方面有所不足，但它赋予 PDPC 的权力使得 PDPC 发布的一些供企业参考的依据与指南具有一定的效力。2013 年，PDPC 针对 PDPA 的说明性文件《选定主题的个人数据保护法咨询指南》专门在一个章节中解释了有关未成年人的数字使用，指南指出 PDPA 对于未成年人的内容表述不清，指南针对 PDPA 进一步解读，为 PDPA 中未成年人的定义、父母或监护人权利、未成年人知情情况、企业组织数据采集的适用性、数据泄露的措施等情境提供可参考的依据。一是年龄上，《选定主题的个人数据保护法咨询指南》指出新加坡未成年人拥有"数据处理同意"权利的最大年龄取决于普通法（minors，新加坡普通法规定未成年人指年龄低于 21 岁）与其他法律，而在未成年人没有数据同意的立法情境下以普通法的年龄限制而定；在面对收集或处理未成年人个人数据时，指南参考美国的《儿童网络隐私保护法》（COPPA），以"实践经验法则"将 13 岁划为分水岭，即认为年满 13 岁的未成年人（21 岁以下的人）通常具有足够的判别、理解能力，能够同意收集、使用和/或披露他们的个人数据，除非相关组织认为该未成年人不符合这样的情况，这就应征得未成年人父母或法定监护人的同意。二是指南指出父母或监护人拥有代表未成年人数据处理同意的权利，年满 13 岁的未成年人自身也拥有此权利。三是指南也阐释在未成年人的知情情况符合：理解数据用途、理解提供数据的影响、知道提供的数据是否会对自身产生不良影响的情况下，未成年人拥有数据处理同意的权利。四是指南认为尽管 PDPA 没有在企业组织数据采集中对未成年人有明确规定，但企业组织应当将数据收集声明等表述清晰、易懂，以未成年人容易理解的方式进行，并要采取额外措施验证未成年人数据的准确性。五是在发生未成年人数据泄露并对未成年人造成伤害时，指南指出企业组织应当告知未成年人本人、其父母以及监护人，以防伤害扩大。此外，PDPC 还将未成年人的数据定义为特殊类别的敏感个人数据，如在 2017 年发布的《Aviva 公司违反保护义务》中认为某些类型的个人数据（有关未成年人的任何类型的个人数据、身份数据、保险数据等）具有敏感性质，明确指出对此类敏感个人数据需要加以保护（PDPC，2017）。因此，新加坡的企业若想收集或利用未成年人的数据，除了需要考虑其他可能适用的法规，通盘考虑未成年人的成熟度、所进行的活动本质与行使同意权的后果（周慧莲，2020）之外，也需要考虑 PDPC 官网上公布的准则。尽管 PDPA 在未成年人的保护中呈现模糊做法，但 PDPC 对未成年人保护前置举措的不断阐释、补充，使得未成年人受到一定的保护。

2021 年 PDPA 修订了第 26B 条（2）款"数据泄露"的情况，彻底明确"儿童或青少年"（child or young person）的定义，并针对未成年个人信息做出明晰的保护规定，在法律中完善未成年人的保护前置的相关法规。PDPA 在 2021 年的修订中首次定义未成年人，指出"儿童或青少年"是指 18 岁以下的人。这将早期 PDPC 中依普通法认定的 21 岁以下的人进行限缩，主要原因可能有二：一是适应时代性，面对网络的多样性，人们愈加早熟，"21"这个保护标准的分水岭对于数据保护而言过于宽广，人们在此阶段已具备网络的自我保护意识，此划分也不适用于现代数字社会；二是考虑整体性，由于各企业的数据使用告知是以合同条款的形式进行的，人们只能"同意"条款，否则并不能使用相关平台，而在新加坡签订合同的成年年龄是 18 岁，为了防止数据泄露的情况与合同法等其他法律相冲突，新加坡政府将数字保护年龄修改为"18"，统一未成年人的年龄。此外，PDPA 对"任何可以识别或可能导致识别为儿童或青少年的信息"修订了六点规定：一是现在是或曾经是根据《儿童和青少年法》（*Children and Young Persons Act*，CYPA）（第 38 章）进行的任何调查的对象；二是在 2020 年 7 月 1 日或之后因任何成文法所犯罪行而被捕或曾经被捕的对象；三是由社会福利署署长、保护人或任何以书面形式受到依 CYPA 一般或特别授权的警务人员照顾或羁押的对象；四是正在参加或曾经参加与 CYPA 第 50 条提出的申请有关家庭计划的对象；五是现在是或曾经是法院根据 CYPA 发出命令的对象；六是现在是或曾经与任何法院的任何法律程序或任何法院的上诉有关，不论该人是被该法律程序所针对的人还是该法律程序中的证人。

9.1.2　网络色情：确立执法者的"宽"权力

20 世纪 90 年代，新加坡早已对传播色情内容加以规范。1996 年，新加坡颁布的《广播（分类许可）通知》［*Broadcasting*（*Class Licence*）*Notification*］以及《互联网业务守则》（*Internet Code of Practice*）两部法规将互联网管理加入其中，成为新加坡互联网管理的基础性法规 。新加坡的刑法、《电影法》和《不良出版物法令》等均规定，以电子方式传播淫秽影片、书籍等不良内容的个人将被处以监禁和罚款；如果是向未成年人传播淫秽内容或者诱使、教唆未成年人实施上述行为的，刑罚加重。

《广播（分类许可）通知》是新加坡 1996 年以《1994 年广播法》（*Broadcasting Act* 1994）为基础提出的，新增的第 28 章第 9 节内容，分别于 2004 年、2012 年、2013 年、2016 年、2020 年做出修订。《广播（分类许可）通知》规定了互联网管理的主体范围和实行分类许可制度，管理新加坡互联网运营商分类许可，明确互联网运营商的责任与免责事由，指出他们有屏蔽特定网站的义务。《广播（分类许可）通知》对互联网运营商提出了较为清晰的管理规则，一是规定互联网类别许可，互联网服务提供商必须在管理局（IMDA）登记后才能开始运作，互联网内容提供商被视为已自动获得许可，但必须遵守其中的许可条件，即涉及讨论政治和宗教问题的网络内容提供商、在新加坡注册的政治团体所创建的网站、经营网上报纸并收取费用的网络内容提供商需要进行注册登记（李静等，2014）。二是运营责任与义务，互联网服务提供商必须根据用户的意愿提供"特定内容过滤服务"（specified content filter services）的订阅，即为相关订阅用户提供一种手段，防止用户通过互联网访问不良内容，这些内容包含色情、暴力，互联网服务提供商除却需要尽到告知订阅服务期限等义务，还需在订阅期间提供合理的技术支持和指导；互联网内容提供商及互联网服务提供商均被要求遵守《互联网业务守则》，根据《互联网业务守则》删除网站中宣扬色情、暴力等内容的言论，若运营商不能履行义务，将会被罚款或被暂时吊销营业执照。实际上，《广播（分类许可）通知》未具体明确"色情""暴力"的定义，仅采用较为宽泛的词语，但对于不良信息内容，尤其是色情内容的界定，《广播（分类许可）通知》遵循《互联网业务守则》中的具体规范。

《互联网业务守则》也是新加坡互联网管理的基础性法规之一，主要对互联网内容提供商和互联网服务提供商进行内容管制，要求他们必须确保所提供的内容符合其准则，限制一些对儿童有害内容的网站。《互联网业务守则》之所以在互联网内容管理方面起着重要作用，一是《1994年广播法》赋予IMDA的权力，使得IMDA在面对违反《互联网业务守则》的互联网运营商时拥有一定的惩处权，包括实施罚款的制裁；二是《广播（分类许可）通知》规定获得许可的互联网服务提供商和互联网内容提供商都必须遵守《互联网业务守则》的条例，也提高了《互联网业务守则》在互联网内容管理方面的地位。《互联网业务守则》通过提供"禁用材料"（prohibited material），给予互联网服务提供商、互联网内容提供商一个明确的标准。《互联网业务守则》明确指出"禁用材料"是指"因公共利益、公共道德、公共秩序、公共安全、国家和谐而令人反感的材料，或被适用的新加坡法律所禁止的材料"。1997年更新的版本中对"禁用材料"提出7项更为具体的判断标准，其中网络色情内容占了5项，包括：以使人刺激的方式描写性；宣扬性暴力或强迫性的性描写；公然描写性活动，包括描写16岁以下的人从事性活动；主张同性恋或描写、提倡乱伦等。其余2项的禁止标准涉及暴力、民族、宗教等内容，分别为"是否描述了详细或热衷于极端暴力或残忍的行为"以及"是否美化、煽动或赞同民族、种族或宗教仇恨、冲突或不包容"。《互联网业务守则》在执行这些标准的时候，也指出要将是否具有内在的医学价值、科学价值、艺术价值和教育价值的内容列入考量（严三九，2002）。 《2020 年儿童上网安全指数》（2020 *Child Online Safety Index*）报告显示，新加坡有 51% 的青少年、19% 的 8 ~12 岁儿童遭遇网络色情内容，但新加坡未成年人接触暴力和色情内容的风险远低于世界水平（DQ Institution，2020），这得益于新加坡严格的内容管制，尤其是《互联网业务守则》对网络色情的清晰要求，并对 16 岁以下的未成年人加以保护。新加坡对互联网世界色情内容的严格界定与对传统媒介色情内容的模糊态度产生了极为鲜明的对比。

在传统媒体的网络色情执法方面，新加坡的执法者拥有"宽"权力，只要执法者认定"淫秽"，则可在任何时候，在没有搜查证的情况下强行执法（龚文庠等，2008）。新加坡未成年人数字安全的网络色情相关立法延续了对传统媒体网络色情内容的强有力管制，执法者仍对于主观性的描写有较大的解释权力，这进一步限定了互联网内容的传播，同时立法要求平台及相关行业主体的所有信息都要符合全年龄，使得相关主体加强了自审内容的力度。然而，这在一定程度上也与成年人的信息自由权产生了冲突，使个人权利受限。

9.2　网络监管："轻触式管理"，强调自查自律

新加坡是世界上网络普及率较高和率先公开推行网络监管制度的国家（刘恩东，2016），"轻触式监管模式"（Light-touch Regulatory Framework）一直是新加坡互联网发展与管理的主要特色。新加坡政府认为，互联网是非常重要的战略阵地，对于国家安全、社会以及人心的影响巨大。新加坡在互联网刚开始运作之时，就以严格的管理制度规范互联网，但又不想在网络管理上形成过度监管的局面，因此，新加坡采用了"轻触式监管"的方式，即行业和公众在新加坡法律制度和纪律约束下做出正确选择和判断 。新加坡对互联网的管理也通过鼓励经营者实行自我调节和管理的方式来弥补"轻触式监管"的不足。在未成年人数字安全领域，新加坡也采用了同样的管理方式，尽管没有专门设立保护未成年人数字安全的管理机构，也没有专门为未成年人制定数字安全保护的行业规章制度，但是新加坡政府严格监管互联网内容，其基本要求是内容符合全年龄向，对未成年人进行特别关照，形成监管机构监督企业、企

业自查自律的轻触式监管模式，并赋予监管部门行政处罚权。

9.2.1 政府监管部门

新加坡政府由总统和内阁组成，政府共设有 16 个部门，并下设 65 个法定机构。负责监管媒体的部门是通信和信息部（Ministry of Communications and Information，MCI）及其下属法定机构，如信息通信媒体发展局（Infocomm Media Development Authority，IMDA）等。事实上，早在 20 世纪 90 年代，新加坡通信和信息部（MCI）的前身——信息与艺术部（Ministry of Information and the Arts，MITA）就对未成年人互联网内容监管提出了目标：保持原本的亚洲价值观，确保种族和宗教的信仰，维持社会稳定，确保未成年人免受不良信息侵害（杜智涛等，2019）。随着媒体行业的丰富，新加坡政府不断调整、合并媒体相关的管理业务，于 2012 年将负责媒体发展与管理的部门正式更名为通信及新闻部。

MCI 共管理 4 个不同职能的机构（见图 9 - 1）：新加坡网络安全局（Cyber Security Agency of Singapore，CSA）、信息通信媒体发展局（IMDA）、国家图书馆委员会（National Library Board，NLB）、个人数据保护委员会（Personal Data Protection Commission，PDPC）。

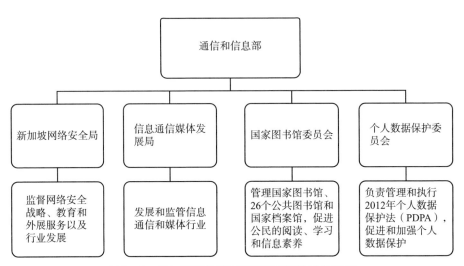

图 9 - 1　新加坡通信及新闻部管理架构及其职责

资料来源：根据新加坡通信及新闻部官网整理。

新加坡信息通信媒体发展局于 2016 年 8 月依《信息通信媒体发展授权法》（*Info-communications Media Development Authority Act*）成立，它主要负责信息通信产业与媒体产业的发展与监管，是新加坡政府为强化监理效能将两个法定机构——信息通信发展管理局（Infocomm Development Authority，IDA）与媒体发展管理局（Media Development Authority，MDA）合并后新设立的机关。IMDA 一方面对新加坡媒体等行业进行严格的内容监察，确立指导方针和指南，定期审查行业，依法规①实行互联网分类许可制度（SBA 制度）；另一方面它拥有行政处罚权，IMDA 除了《信息通信媒体发展授权法》赋予的职能与权限，《广播法》《电影法》《个人数据保护法》等法律均为它提供了惩处的权力依据。

个人数据保护委员会（Personal Data Protection Commission，PDPC）于 2013 年 1 月 2 日成立，负责管理和执行《个人数据保护法》（*Personal Data Protection Act*，PDPA），主要帮助组织理解和遵守 PDPA，如实施与个人数据保护相关的政策、制定解释 PDPA 的咨询指南等，并与行业监管机构合作监管行业数据收集与使用的合规性，审查组织的数据保护举措，在必要时发布合规决定或指令。例如，PDPA 没有明确未成年人何时能够自行做出"数据同意"，而 PDPC 在《选定主题的个人数据保护法咨询指南》（*Advisory Guidelines on the Personal Data Protection Act for Selected Topics*）中对此做出了回应，认为在未成年人没有数据同意的立法情境下，未成年人拥有数据处理同意权利的年龄将依普通法的年龄限制或根据其他法律而定。

新加坡网络安全局（Cyber Security Agency，CSA）是政府专门设立的网络安全管理机构，成立于 2015 年，它是总理办公室的一部分，由新加坡通信和信息部管理。近年来，CSA 推出了一系列提升青年人网络安全素养、网络安全意识的项目计划，如 2015 年《新加坡网络安全学生计划》、2018 年《青年人网络安全探索计划》、2020 年《新加坡网络安全学生计划》（SG Cyber Safe Students Programme）等。这些网络安全方面的项目自实施以来，受到广泛关注，极大提升了参与项目学生的网络安全素养，为他们提供未来学习工作的技能与方向，同时为新加坡网络安全提供人才储备。此外，CSA 还发布专门的上网建议，以及各种有关网络安全问题的指导手册，以提醒未成年人不要在网络上泄露个人信息、不要将社交网络账户密码告诉任何人、不要在线发

———————————————

① 如《广播（分类许可）通知》《互联网业务守则》（*Internet Code of Practice*）等。

送敏感信息，同时家长应了解未成年人正在使用的信息技术，与孩子讨论网络风险等。

在企业自查自律方面，新加坡鼓励互联网行业建立自己的内容评判标准，如《行业内容操作守则》。2001 年 2 月，在 MDA 下设的国家互联网顾问委员会（NIAC）负责之下，一套自愿性质的互联网行业自律规范——《行业内容操作守则》（Industry Content Code，以下简称《守则》）制定完成（张咏华，2004）。《守则》主要由三方面内容组成：公平竞争、自我监管和用户服务。《守则》规定：对于任何采纳《守则》的网络服务提供商或内容提供商，必须履行以下核心义务：不得故意在网上放置不恰当的、让人反感的或是法律明确禁止的内容；尽最大努力确保未成年人远离不良内容，安心上网；采用恰当的内容分级系统，将不同的信息加以区分，标明其所属的网站；不得使用错误或误导性的描述；尊重用户个人资料的隐私；未经对方同意不得发出电子邮件；遵守新加坡现行的广告管理标准；支持公共教育机构并提供过滤内容的管理工具；建立公共反馈或投诉渠道（NIAC，2001）。虽然《守则》并不具备法律的强制性，但互联网服务提供商或内容提供商一旦签署，就必须全盘接受，不得删改。《守则》已被新加坡三家最主要的互联网接入服务商星和（Starhub）、太平洋（PacificNet）和新加坡电信（SingTel）采用，并被纳入用户合同中，例如互联网服务提供商为其订户制定的可接受使用政策（AUP）条款。1998 年这三家公司联手推出家庭网络系统（Family Access Networks，FAN），通过服务器过滤如含有色情、暴力、恐怖的网站，并根据家长的反馈实时更新不良内容的数据库（刘磊等，2013）。此外，在制定准则方面发挥关键作用的新加坡信息技术联合会（the Singapore Information Technology Federation，SITF）也已同意带头将《守则》纳入它所提议的信任标志（trust mark）实务守则。

新加坡政府一方面对企业采取鼓励式建议（如鼓励遵守《守则》），另一方面对学校、公共图书馆采取半强制性技术设置要求：新加坡学校一般会被要求对自身的服务器加以限制，对网站内容进行过滤和限制访问（刘伯贤，2015）；公共图书馆等未成年人常去的公共场所也被要求设置桌面控制软件以控制未成年人的网络访问。在技术设置上，新加坡政界对未成年人数字安全提出了一个有争议性的预想，新加坡国防部部长黄永宏博士认为可以用"互联网开关"概念阻止未成年人访问不适当内容。这个技术愿望的核心在于将互联网关闭开关与众包内容分级相结合，即内容是否对未成年有益取决于网络的实时众包，"就像维基百科一样以保证其准确性"，再判断是否"开关"。然而，黄永宏也表示"互联网关闭开关"成为现实的可能性是相当小的，新加坡政府并不一定会实施。①

9.2.2 自上而下的社会组织

新加坡 IMDA 等政府机构积极构建互联网行业自律体系，通过自上而下与自下而上两种社会组织的创立方式，体现出新加坡独特的、以构建政府与社会间良性的互动关系为主的"互赖式治理"。政府自上而下创立的社会组织一方面彻底贯彻政府的方针，实现政策的良好实施，另一方面自发、灵活地组织社会活动，强化民众与政府之间的良性互动。然而，这种社会组织形成的互赖式关系存在着一定等级结构，这是由于政府相对于社会组织而言处于资源优势的支配地位，尽管社会组织保留自身的灵活性，但它也依赖于政府给予的经济支援、受制于政府任命的创办者，更多展现出对政府的服从性，也因此成为新加坡在未成年人数字安全保护方面影响较大的社会组织，如国立成瘾治疗服务机构、媒体通识理事会等。

国立成瘾治疗服务机构（National Addictions Management Service，NAMS），是新加坡心理卫生学院的下属机构，是为青少年网络成瘾提供预防、帮助的机构。它针对 13~18 岁青少年设立了专门诊所，由精神科医生、心理学家、家庭治疗师、社会工作者等组成多学科团队，为网络游戏成瘾的青少年提供咨询、矫正等综合治疗服务。此外，该服务机构还为青少年提供生活技能等培训，帮助他们重新融入家庭和社会；在社区等举办讲座，与教育部门配合，为学校辅导员提供相关培训，帮助青少年提高对网络游戏成瘾的认知，进而控制上网时间。

媒体通识理事会（Media Literacy Council，MLC）由新加坡政府于 2012 年 8 月成立，媒体发展局（MDA）作为理事会秘书处为 MLC 提供资源的支持，信息、通信和艺术部（Information，Communications and the Arts）部长雅国博士（Yaacob Ibrahim）正式任命了最初的 21 位理事会成员。它通过与政府机构、私营部门、社区团体和网络"大 V"合作，组织策划青年论坛、家

---

① 《新加坡政界提出"互联网开关"概念以阻止未成年人访问不适当内容》，Daily Clipper (2021 - 10 - 28) [2022 - 07 - 04]，https：//dailyclipper. net/news/2021/10/28/148666/。

长研讨会等活动，开展网络健康重要信息的宣传教育，帮助公众尤其是未成年人安全使用网络。它一方面极力推广互联网教育，尤其是社交网络健康使用的教育，引导公众正确认知网络媒体；另一方面协助政府推出适宜产业发展的政策。除了 21 位理事会成员，它还有 19 位来自商界、社交媒体从业者、教育界和社区组织的代表，与媒体从业人员、社交媒体意见领袖、社区等主要利益相关者保持联系，了解他们的关注点和诉求。如 2014 年 7 月，新加坡媒体通识理事会与 Facebook 合作推出面向本地青年的社交媒体手册——"分享前三思"（Think Before You Share），旨在让青少年了解如何更安全且负责地使用社交网络，避免所分享信息中的不当内容给自己或他人带来伤害；2019 年，媒介通识理事会推出两份新素材，一份是面向家长、学生、教师及公众，讲解什么是假新闻、人们发布假新闻的动机等；另一份素材则帮助教师规划校内课程，教导学生辨识网上伪造信息，提高他们的分析能力。

9.2.3 自下而上的民间组织

实际上，自上而下的组织在活动运营方面显得难以为继，如 MLC 官网的新闻公告最新更新日期仅停留在 2018 年，于 2022 年更新的内容是在相关的社会组织（多为民间组织）的组织介绍中，这与其缺乏一定的主动性与灵活性不无关系。政府任命式的"做完"工作与社会自发式的"做好"工作，使得两种组织形式形成了本质上的差别，因此尽管前者拥有更好的资源优势，但它的影响力、活跃度远不如主动发起、主动建立的自下而上的民间组织，如触爱网络健全服务（Touch Cyber Wellness，TCW）、新加坡网络青年等。

触爱网络健全服务是新加坡的一个慈善型非营利组织，专注于培养年轻人负责任地使用数字技术和健康的网络文化。TCW 主要通过教育（提供学校、社区数字教育计划）、中心（通过网络健康中心提供干预前后的计划）、咨询（提供网络健康问题咨询）三个项目运作。此外，TCW 是世界上第一个开发"青少年病态视频游戏治疗模式"（Adolescent Pathological Video Gaming Treatment Model）的机构，该模式自 2006 年投入使用，病态游戏领域的咨询服务备受推崇，TCW 专门为相关的辅导员进行病态游戏者咨询辅导的培训。TCW 还会根据数字安全的主题与市政部门共同合作以提高公民意识。例如 2018 年，TCW 推出特别主题地铁车厢的反网络霸凌信息，在本地推出为期一年的"零网络霸凌运动"（Power of Zero Campaign），以提高公众对网络霸凌的意识。

新加坡网络青年（Cyber Youth Singapore，CYS），是一个由（几乎完全是）青年领导的非营利组织，专注于网络安全，力求让青少年发现他们对技术的热情，同时为他们提供创新机会回馈社区。CYS 通过经验指导、教育等多种形式发起各种计划，为新加坡未成年人打造数字可持续发展的能力。2022年，CYS 与网络保护公司 Acronis 合作，发起了"冲浪安全运动"计划，该计划拟运行三年，并在头两年内吸引约 50000 名学生，它旨在就网络欺凌、安全上网的重要性和拥有强密码等问题对学生进行教育。"冲浪安全运动"计划将由新加坡网络青年在学校实施，并将针对每所学校量身定制，以满足其需求和学习目标。

社会参与对营造有效的网络管理联动机制发挥了重要作用，通过组织青年论坛、家长研讨会等活动，策划适合不同人群（如未成年人、家长、教师等）的教育素材，提供专项专业的咨询服务等，来宣传相关信息，发挥教师与家长的教育作用，强化朋辈影响的友好氛围，一方面弥补了政府监管的不足，另一方面淡化了互联网监管治理中的矛盾冲突。

9.3 宣传教育：独特的数字人才培育体系

新加坡是全球公民信息素养教育的后起之秀，新加坡国民的数字竞争力在国际上受到较高认可。新加坡政府在 2014 年提出了"智慧国家 2025"发展战略（沈霄等，2018），对公民信息素养能力提出了更高的要求。

新加坡在数字人才培育方面有独特的运行机制，其主要特征是"政府协调、公益资助、商业运作"。政府主要作为协调者，在宏观层面予以指导，提供政策支持（杜智涛等，2019）。如表 9-1 所示，1997 年新加坡教育部出台的三个文件为新加坡中小学信息素养教育提供了框架指导和实践示范。随着信息素养教育实践的不断深入，新加坡为信息素养教育提供的政策支持逐渐覆盖全体公民，更加全面有力（陈珑绮，2021）。IMDA 发布的《2019年家庭和个人信息通信使用年度调查》显示，2019 年新加坡凡有学龄儿童的家庭均可以访问互联网，80% 的 7 岁以下儿童已经使用了互联网，新加坡国民整体的基础网络环境较为完备。新加坡信息及通信部在 2019 年推出了首个全国性的信息素养框架"数字媒介与信息素养框架"（见表 9 - 2），改变了新加坡现有信息素养框架仅适用于教育领域的局限性，使得新加坡在信息素养标准建设上又进一步。2021 年 10 月新加坡政府发布《网络安全战略 2021》（*the Singapore Cybersecurity Strategy* 2021），根据《网络安全战略 2016》人才培养的初步成果，《网络安全战略 2021》再次强调了人才要素在网络安全战略中的地位，对培养对象进行划分——重在培养年轻人的网络安全兴趣，并且为女性和转型期的专业人员提供相应的机会。

表 9 - 1 新加坡公民信息素养相关文件

年份	发布机构	文件名称	相关内容
1997	新加坡教育部	《信息素养指南》《信息素养补充材料》《广泛阅读与信息素养课程》	教学设计：针对中小学生，提供信息素养课程建议、评估标准、范例教案等
2008	新加坡教育部	《中小学英文语言教学大纲》	针对中小学生，包含了听、说、读、写、表达等方面的媒介与信息素养技能
2009	新加坡国立教育学院	《21 世纪师范教育模型》	技能掌握：21 世纪学生需要掌握知识、信息、媒介与技术素养能力
2010	新加坡教育部	《21 世纪能力框架》	将包含信息素养技能在内的"信息和沟通技能"列为 21 世纪学生必备的三大核心技能之一
2018	智慧国家和数字政府办公室	《智慧国家：前进之路 行政摘要》	新加坡政府将提高包括信息素养在内的公民数字素养，帮助公民拥抱数字国家带来的机遇和便利
2018	智慧国家和数字政府办公室	《数字政府蓝图》	到 2023 年，公职人员必须具备基本的数字素养
2018	新加坡信息及通信部	《数码能力蓝图》	加强媒介与信息素养以应对网络虚假新闻

资料来源：根据新加坡政府官网文件整理。

表 9 - 2　　　　　　　　　　　新加坡数字媒介与信息素养框架

3 个展望	基本了解技术可以带来的好处、风险和可能性，以及在线平台和数字技术如何运作；基本了解使用信息的责任；了解如何安全和负责地使用技术				
5 个学习目标	了解技术带来的好处、风险和可能性	了解在线平台和数字技术的运作	了解如何负责地使用信息	了解如何在互联网上自我保护	了解如何安全且负责地使用技术
建议关注的领域	脸部识别地理位置电子支付	电子足迹搜索引擎和社会化媒体的算法数字广告人为因素	信息资源虚假信息的种类虚假信息传播的动机虚假信息的结果	网络健康社会化媒体的风险如何对抗这些风险如何检查网络信息的正确性	保护个人数据和网络安全对抗网络诈骗和网络风险

资料来源："Digital Media and Information Literacy Framework", Ministry of Communications and Information〔2022 - 07 - 05〕, https：//www. mci. gov. sg/literacy/Library/Individual.

9.3.1　开设网络健康特色教育

网络健康在新加坡网络素养教育中占据重要地位，2018 年《新加坡人工智能战略》和 PDPA 的附加条文①等均指出网络健康的重要性，并以政府规制为主要特点。网络健康相关课程开设的最初目的是保护未成年人免遭网络危害和危险。新加坡议会通信和信息部（Parliamentary Secretary for Communications and Information）部长拉哈尤·玛赞（Rahayu Mahzam）认为，鉴于互联网的渗透性，新加坡不能阻止每个包含不良内容的网站，因此，教育未成年人如何安全地浏览互联网十分重要②。2021 年起，新加坡中小学的品格和公民教育课程将投入比以往多出 50% 的时间用于引导学生发现、分析、规避虚假新闻或不健康网页等问题。

网络健康课程（cyber wellness）是新加坡数字公民教育实践中最具特色的部分。新加坡为公立学校系统内所有 7~18 岁的学生开设了网络健康课程，并

---

①　学校课程中加入了数码通识（digital literacy）项目。

②　Hariz Baharudin. Teaching young to navigate Internet safely key in tackling prohibited content online：Rahayu. the Straits Times（2021 - 08 - 03）〔2022 - 07 - 05〕, https：//www. straitstimes. com/singapore/politics/teaching-young-to-navigate-internet-safely-key-in-tackling-prohibited-content.

将其确认为新加坡品格与公民教育的一部分。新加坡的网络健康课程明确而具体，涵盖"网络身份：健康的自我认同""网络使用：生活与应用的平衡""网络关系：安全而有意义""网络公民：积极参与"四大主题，以及"在线身份和表达""ICT 的平衡使用""网络礼仪""网络欺凌""在线关系""关于网络世界""在线内容和行为的处理""网络联系"八大专题。新加坡的网络健康教育贯穿小学、初中至大学预科的品格、公民教育（周小李等，2019）。

网络健康课程并非仅受到教育部支持，更是涵盖了多层级的跨部门合作。一方面教育部推出网络健康教育活动，设置相关课程，教育学生利用信息技术实现积极目的，成为安全和负责任的网络用户。另一方面，网络健康指导委员会也是主要的教育支持机构。网络健康指导委员会于 2009 年成立，由新加坡教育部和通信及新闻部联合发起成立，此外，这个跨部门机构还包括社会与家庭发展部、国防部、家庭事务部、新加坡信息通信发展管理局、媒体发展局、健康促进委员会、国家图书馆委员会等政府部门和机构，以加强青少年网络健康教育。该委员会 2009～2013 年总计投入 1000 余万新币用于网络健康公共教育（刘恩东，2016），例如"网上健身运动 ITE 学生""网络安全虚拟公园""网络健康咨询""年轻网络健康成就者（YCA）计划""网络健康公共教育计划"（张建军等，2018）。

除了政府部门指导公立学校提供网络健康课程外，新加坡还调动社会力量，鼓动多方参与未成年人网络健康教育。新加坡 IMDA 与美国通识教育机构合作开发面向 13～18 岁青少年的新闻和媒体素养工具包，该工具包从评估新闻可靠性、进行照片数字处理、分辨事实与观点三个主题引导青少年对媒介进行批判性思考，提高信息素养。2014 年 IMDA 与教育部合作，联合开发了一门时长为 1 小时的名叫"Code for Fun"的编程课程，公开面向新加坡中小学，通过让学生接触可视化编程，培养学生对编程的兴趣和基础技能。感兴趣的学生可以向 IMDA 申请自主参与该项目，IMDA 将提供 70% 的资助。

9.3.2 建立课程效果检测体系

在数字素养教育方面，新加坡十分重视相关课程的效果检测，一是建设评估模型，二是联合其他组织针对评估效果开展研究或项目。

在标准建设和评估体系建设上，新加坡设计了专门适用于新加坡学校的信息素养模型标准，以指导学校信息素养教育改革。伊坦·阿祖拉·莫赫塔（Mokhtar I A）等提出了适用于新加坡学生的"i－能力"（i-competency）新模型，该模型包含定义信息任务/分析信息差异、选择信息来源、从资源中寻找和评估信息、评估信息流程和产品、整合和使用信息五个方面，为学校的信息素养教育评估提出了重要的参考标准（Mokhtar I A, Chang Y K, Majid S, et al., 2013）。

在开展评估效果研究或项目中，新加坡政府和教育主管部门关注网络健康课程的实施效果，将网络健康研究纳入网络健康委员会的研究项目，发起了针对学生在线行为和移动技术使用的相关研究，并基于研究结果开发评估标准，帮助学校评估网络健康项目的有效性，收集值得推广的经验或开展有针对性的课程改革（周小李等，2019）；新加坡民间组织和企业组建了媒介素养委员会，开展媒介素养和网络健康教育，并监督政府牵头实施网络健康教育项目，提出适当的政策建议。

9.3.3　发挥图书馆宣教职能

新加坡政府充分利用图书馆在数字素养宣教方面的作用。新加坡国家图书馆管理局（NLB）由国家图书馆和 26 家公共图书馆构成，面向新加坡全国公众提供可信赖的、可访问的、覆盖全球的知识信息服务。作为新加坡法定机构，NLB 承担着新加坡公共图书馆体系的行政管理工作，同时将"发展商业化信息服务，促进经济持续增长"作为目标，通过培养全民阅读习惯，提高公众信息素养，开展知识共享，提升国家的知识创新力和国际竞争力（陈珑绮，2021）。

NLB 主要通过开展不同的数字素养教育计划来提高国民意识，如"S. U. R. E."系列计划。2014 年的"S. U. R. E.——提升新加坡人的信息素养意识计划"是 NLB 主导开展的一场战略层面的营销活动，也是图书馆作为公共文化服务机构助力国家发展的一次大力尝试。在项目执行环节，该活动通过与新加坡媒体发展局、教育部以及多所大学合作，制订并实施了针对学生和社会公众的教育培训计划，在 23 个学校中建立 SURE 俱乐部。截至 2016 年，共举行了 135 场会议、专题讲座和信息素养研习班，覆盖 27000 名学生（王峥等，2020）。此外，S. U. R. E. 计划的子项目"S. U. R. E. for School"针对新加坡中小学生展开。在课堂内，S. U. R. E. 团队与新加坡教育部合作开发了与国家学校教育课程紧密联系的信息素养课程材料；在课堂外，S. U. R. E. 组织开展了技能竞赛、观影写作、国际交流等信息素养实践活动（陈珑绮，2021）。

此外，图书馆会根据未成年人的具体年龄设置适宜的信息素养教育课程。NLB 组织各地区公共图书馆为 6 岁以下的儿童及其父母提供免费的阅读资源和教育课程，帮助父母完成儿童信息素养的启蒙教育；对青少年则更注重批判性思维的培养，如巴西立公共图书馆（Pasir Ris Public Library）在馆内为青少年开辟了专区，设置数字互动屏幕，帮助青少年获取感兴趣的主题信息，并创造分享他们的智慧（王春迎，2021）。

同时，新加坡的图书馆也有"无冕导师"的称号，它们对教师的信息素养培育起到卓越的贡献。一是"师资培训"，国家图书馆为学校、社会培训机构教员提供了线上网络素养培训活动，大大提高了学校和社会教育机构的网络素养教育水平，如 2003～2005 年，NLB 在南洋理工大学举办多场教师网络素养教育培训，帮助 2000 多名教师学会换位思考以预防和化解网络风险。二是"编撰教材"，图书馆组织编写了多个专业网络素养教育教材，向社会免费提供，提高了网络素养教育的普及范围，如《父母网络安全知识教材》《新加坡网络信息安全教育手册》等（罗皓，2014）。

9.3.4　调动社会力量参与

新加坡除了政府外，主动参加网络素养教育的还有很多社会力量，如企业、社区、志愿者乃至社会慈善部门等。新加坡赛马博彩基金便是典型例子，它定期给网络素养教育提供教育经费，只要学校设置相应课程，该基金就会提供一定的资金，且审核手续极为简便（杜智涛，2019）。此外，MLC 在官网提供"网络欺凌""假新闻""网络诈骗""数字足迹"等专题内容，给未成年人、家长等做参考资源；新加坡电信提供支持，与 TOUCH 社区服务合作提供网络健康和数字育儿平台"Help123"，除却将"网络欺凌""网络隐私""社交媒体"等专题指导内容放在网站上供人们公开获取，还建立了新加坡一站式网络健康热线"1800 - 6123 - 123"，方便未成年人、家长、教育工作者和学校通过热线与该社会组织联系，了解有关网络健康、相关计划或获得有关网络健康问题的帮助。

9.4 小 结

新加坡对互联网采取的轻触式监管是一大特色，通过较为完善的新加坡法律触及各个社会面，大力鼓励行业自律，如发展 IMDA、互联网分类制度、《行业内容操作守则》以及基本以政府为主导的社会组织（触爱网络健全服务等）。这些举措构成了对互联网的无形威慑，使新加坡网络监管机制能够自动、有效地运作，形成对未成年人较为友好的数字环境。

新加坡未成年人的数字保护采取了法律管制、技术管制、社会教育等多元管理方式，突出特点即政府主导型的法律管制。值得一提的是，新加坡十分注重未成年人保护，比如专门为未成年人颁布《儿童和青少年法》，但在数字化浪潮席卷的当下，并没有在其中更新、完善儿童的数字权利，而是将相关立法补充在诸如《个人数据保护法》《广播法》等法律中。在数字权利保护方面，新加坡更趋于"事前"面向整体公民的立法保护，而非将未成年人作为特殊群体单独立法，仅在个别情况中指出明确禁止的事项。庆幸的是，新加坡还没有发生过与侵犯儿童数字隐私或在线伤害有关的引人注目的事件。由此可见新加坡立法的前瞻性。

在有法可依之外，将网络素养上升为国家战略也是新加坡政府弥补"轻触式监管"的方法之一。为了加强公众网络健康公共教育，引导互联网社会的伦理导向，提高公众特别是未成年人的网络安全意识和判断能力，新加坡把网络道德与伦理建设、营造正能量的网络环境和网络文化作为一项长期的战略任务，打造以政府为主导的合作运行机制。此外，新加坡重视网络健康教育的发展，注重课程效果评估并建立相应检测体系。同时，发挥图书馆的宣教职能，将未成年人网络素养的培养视为重中之重。

然而，这种基本以政府为主导的治理方式，也导致了学校、企业、家长等社会各界对政府的过度依赖，认为政府的主导作用理所应当，过多地将未成年人保护的重任压在政府身上，忽略了自身的责任。长远而言，业界、社会和家长的参与是未成年人数字保护的重要组成部分。平衡责任，减少直接管制，形成政府与民间的合作，才是长远的发展之道。

索　引

第 10 章

澳 大 利 亚

澳大利亚互联网发展起步早、覆盖广，发展水平始终处于全球前列。澳大利亚长期以来都是世界上互联网普及率最高的国家之一，时至今日几乎达到民用互联网全覆盖。皮尤研究中心数据显示，2016 年澳大利亚互联网普及率为93%，而中国同期在同口径下的数据为 71%。根据澳大利亚通信与媒体管理局统计，2021 年 6 月，澳大利亚的互联网普及率达 99.05%。与此同时，澳大利亚网络安全专员办公室研究发现，早在 2015 年，即有 82% 的澳大利亚青少年接触互联网。随着澳大利亚互联网规模持续发展，其未成年人参与到数字生活的范围和程度不断加深。

与此同时，澳大利亚较早地意识到互联网治理的必要性并采取行动。早在1993 年实施的《1992 广播服务法》（*Broadcasting Services Act* 1992）中，就有专项条款就互联网在传媒领域发展的目标和原则进行了规定。1994 年出现了由行政部门、产业力量和学术界共同组成的国家信息服务委员会对互联网等领域进行管理。在此过程中，未成年人数字保护逐渐进入其监管视野。《1992 广播服务法》历经多次修订，互联网内容审查实施逐渐细化，法治管理强度提升（李斌，2015）。21 世纪以来，澳大利亚"互联网安全计划"的强制信息过滤系统和《2015 加强儿童在线安全法》（*Enhancing Online Safety for Children Act* 2015）等工具和法案有针对性地从互联网服务提供商和接收端对未成年人的网络安全开展保护。覆盖社会、学校、家庭各层次的一系列未成年人数字保护与发展项目也相继开展。在种种法规政策的出台和立法、行政力量的合作下，澳大利亚未成年人数字保护治理体系逐步形成。

总领性法律的出台为该治理体系的完善带来新变。2022 年初，被澳大利亚各界寄予厚望的《2021 在线安全法》（*Online Safety Act* 2021）正式生效，串联起多项法律法规和各个互联网治理相关行政部门，并将互联网企业、学校、社区和民众纳入互联网治理体系中。该法案更将关于未成年人数字安全保护、发展的内容专门列出。这一系列变动补充了澳大利亚未成年人数字保护治理体系，同时使《2021 在线安全法》在相关治理思路中起到总领作用。

澳大利亚未成年人数字保护治理体系、治理思路得到完善的同时，治理体系的各个枝节也获得了更新，展现出其鲜明特征和若干探索性的治理试验。在总领性法律的统筹下，作为行政力量的网络安全专员在相关治理中承担了主要责任，作为行业自律模式创新的"基本网络安全预期"（Basic Online Safety Expectations，BOSE）同与社会面合作形成的若干行政框架开始作为澳大利亚未成年人数字保护治理体系中值得关注的部分和关键环节发挥作用。

10.1 多路并举的综合治理体系

澳大利亚在政体上形成独有的三权分立"华盛敏斯特变体"，国家权力由立法、司法、行政三方面分别掌握。在考察国家对互联网的治理时，应完整关注这三方面的行动举措，并通过对比寻找其间联系，以期形成完整框架。

多方面的政治权力带来了丰富的治理资源。在三权分立体制下，澳大利亚的立法、司法和行政部门总体上达成了比较良性的合作，从不同的权力来源出发，面向治理对象打通了多条治理通路。多路并举之下，各种法规政策形成了较为完善的综合治理体系。该综合治理体系可以大体分为两方面，既关注未成年人数字安全保护，针对互联网企业从各个方面实施治理，并与业界合作制定规程；又有对未成年人本身发展的观照，创设适当环境，从家庭、学校、社会等多个层次实现了数字安全与发展方面的治理通路（见图 10 - 1 和图 10 - 2）。

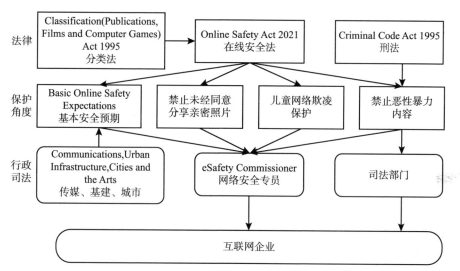

图 10 - 1 澳大利亚针对未成年人数字安全保护的互联网企业治理通路

资料来源：笔者根据澳大利亚政府官网联邦法律登记处综合整理。

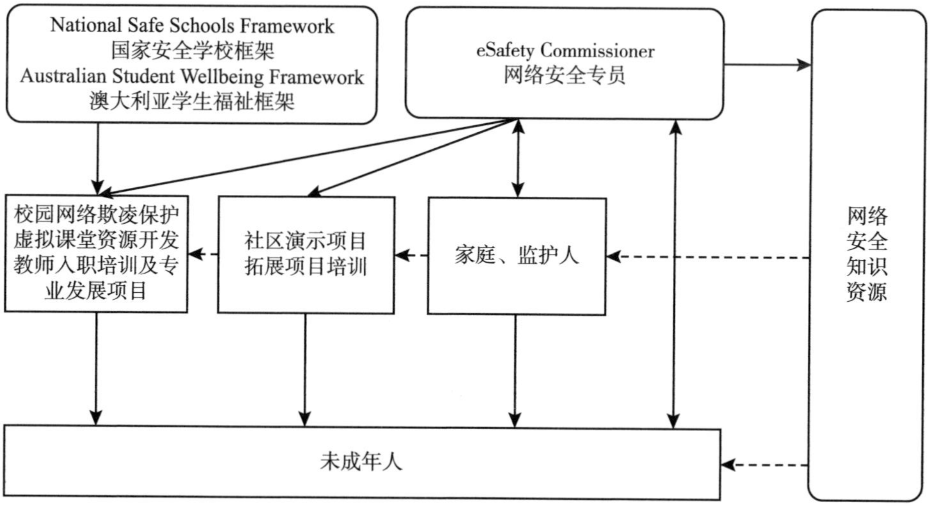

图 10 - 2 澳大利亚针对未成年人数字发展的治理通路

资料来源：笔者根据澳大利亚《2021 在线安全法》（https：//www. legislation. gov. au/Details/ C2021A00076）整理。

10.1.1 监管互联网企业：打通未成年人数字安全保护通路

立法权力与行政权力、司法权力紧密衔接，从上到下的每一条通路都展示了一个相关法律治理的实施途径。这些通路层次鲜明，由法律总领赋权出发，最终指向互联网企业这一大治理对象。

法律规定下生成的若干保护角度形成了通路的第一个层次。在未成年人数字安全保护体系中，《2021 在线安全法》居于统领地位，其综合了既往的多项法案和计划，从基本安全预期、禁止未经同意分享亲密图片、儿童网络欺凌保护和禁止恶性暴力内容等方面①直接保障了未成年人的数字安全。

各个角度的保护最终要落于行政和执法、司法部门贯彻执行，构成了通路的第二个层次。从赋权的集中程度来看，行政层面最重要的角色是网络安全专员②，由其集成大量职能，将诸多保护角度收束于一体。同时，传媒、基建、城市和艺术部长则在法定框架下对基本网络安全预期制度加以补充。在禁止恶性暴力内容领域，刑法及执法、司法部门作为《2021 在线安全法》和网络安全专员治理职能的补充，在该协同过程中发挥兜底作用。

最后，这些治理通路均经由网络安全专员或执法、司法部门落实于各个互联网企业，构成了治理通路的第三个层次。前者需要向后者提出各种标准、要求并监督后者的执行。后者在及时与前者汇报沟通的同时，还有赖于前者提供稳定、合规且标准明确的发展环境。

10.1.2　发展数字素养：构建未成年人数字发展通路

图 10 - 2 展示了综合治理体系的另一个方面，该治理体系在进一步面向未成年人自身加强数字安全保护的同时，从多个层次上共同发力改善未成年人所处的数字安全和发展环境，标本兼治，以期从根本上改善未成年人的网络使用现状。这一系列未成年人数字发展通路可以被分成三类。

第一类是图中向"下"的通路。在《2021 在线安全法》的专门赋权之下，除需直接面对互联网企业开展监管治理外，网络安全专员还有通过直接或间接方式面向未成年人开展工作的必要。一方面，网络安全专员将直接面对未成年人开展网络安全、发展方面的教育，并倾听未成年人在数字空间中的成长困惑。另一方面，专员将充分发挥未成年人的家庭、监护人，所处社区和所在学校的作用。这些场景都对未成年人成长和学习有重要意义，经由它们可以很

---

① 分别由《2021 在线安全法》第四章至第六章及第八章规定。
② 由《2021 在线安全法》第二章规定。

好地优化面向未成年人的触达效果，对未成年人就互联网使用实现直接、亲切的教育和引导。与这一职能发挥协同作用的是一些行政部门颁布的框架性政策。其中与未成年人网络使用最为密切的两个分别是《国家安全学校框架》（*National Safe Schools Framework*）和《澳大利亚学生福祉框架》（*Australian Student Wellbeing Framework*）。这些框架也进一步发挥了学校的作用，从学校层次上加强对未成年人的网络教育和管护。

第二类是图中向"上"的通路。各个方面也可能向网络安全专员予以反馈。图 10-2 中向上的"反向箭头"标明了这一通路。这种反馈主要是由专员接受来自未成年人及其监护人的举报，并予以核实和依法处置。

第三类是图中"横向"的通路。网络安全专员也肩负着扩充网络安全知识资源的责任。而这种资源会进一步增强未成年人自身在数字安全、发展方面的素养，以及家庭、社区、学习各层次的教育引导水平，最终在总体上形成较好的未成年人数字成长氛围。

10.1.3　国家治理基础下综合治理体系的局限性

需要指出的是，尽管形成了较为良性的综合治理体系，在三权分立体制和联邦制的制约下，澳大利亚未成年人数字安全治理仍存在一些难以摆脱的局限性。

一是法规政策种类过繁，关系混乱。在澳大利亚政治体制下，各种法案和修正案层出不穷，判例时时更新，施政思路随党派轮转不断变换。这可能导致未成年人互联网治理政策存在不稳定性，且给研究者和业内人士准确把握相关法规政策、合规有序开展工作带来一定难度。

二是法规政策的滞后性。由于各项法案、修正案常需经历长时间的议会辩论和博弈，出台速度不能充分适配互联网技术发展的日新月异，其间的空档期可能为针对未成年人的数字侵害留下时机。这也对法律条文的灵活性与行政、司法水平提出了更高要求。

三是一些涉及未成年人数字安全法规政策难以发挥全局性作用。受联邦制限制，澳大利亚各州和领地分别实施各自的宪法、法律，因此，联邦制定的法规、政策在地方推行过程中可能遭遇阻力。然而与多中心化的联邦体制不同，澳大利亚国内互联网依然具备去中心化特点，网络不可能根据行政区划产生边界。而互联网高度的连通性导致相关治理"一处不实施"就相当于"处处不

他山之石：未成年人数字安全保护与素养发展的国际实践

实施"，好的法规政策因此不能得到有效贯彻。

10.2 法律依据：《2021 在线安全法》总领治理核心

澳大利亚是联邦制国家。全国共划分成六个州和两个领地。各州和北领地也有自己的宪法、法律和法院系统。在各个系统的法律中，联邦法律适用范围最广，在一定程度上能代表国家权力的意志，由议会在首都特区设立联邦法院和家庭纠纷法院，处理联邦法律中的特殊方面。重点关注联邦法律及其相应举措，以期对其治理形成总体把握。

在专门法律出现前，澳大利亚主要通过《1992 广播服务法》关于互联网媒体的有关要求和《1995 刑法》（*Criminal Code Act* 1995）中对有关侵害行为的处置对未成年人数字安全进行法律治理。在这一时期，澳大利亚通信与媒体管理局（Australian Communications and Media Authority）和行业自治组织互联网行业协会（Internet Industry Association）、通信联盟（Communications Alliance）也会以《1992 广播服务法》为主要依据对在线内容提供商和互联网服务商进行管理，为澳大利亚国内的互联网内容治理提供制度保障（黄先蓉等，2019）。这些管理措施并不特别针对未成年人。但其中关于《1995 分级法（出版物、电影和电脑游戏）》[*Classification*（*Publications*，*Films and Computer Games*）*Act* 1995]的引用和诸如举报制度、针对互联网企业的指导监管等行政措施的思路在其后的《2021 在线安全法》中也有明显体现。

澳大利亚首部专门针对未成年人数字保护的法律起源于 2016 年起生效的《2015 加强儿童在线安全法》，其中就未成年人在互联网上的安全保护给出了初版治理框架，并设立儿童网络安全专员办公室等专门行政机构。2017 年，在引入一系列修正案后，该法律更名为《2015 加强在线安全法》（*Enhanced Online Safety Act* 2015），将治理对象从单一的未成年人数字安全拓展至更大范围，儿童网络安全专员也就此更名网络安全专员，成为相关治理中的主要力量。2017～2021 年，该法案还相继引入了《针对儿童网络欺凌的修正案》《关于未经同意分享私密照片的修正案》《关于司法问题的修正案》等内容。法律治理内容不断丰富，体系也逐渐完善。

《2021 在线安全法》总领性质显著。法案整合了此前《2015 加强在线安全法》《1992 广播服务法》及其系列修正案中关于儿童互联网保护的内容，废

214

止《2015 加强在线安全法》，遵从了《1995 分级法》中关于互联网内容的分
级方案，并与《1995 刑法》关于恶性暴力内容的法条密切衔接。在对既有法
案和未成年人互联网相关计划的一系列整合下，《2021 在线安全法》创造了一
个更综合、更协调的互联网建设和使用的监管框架。

综观法案内容，可以总结出《2021 在线安全法》的立法思路为"灵活、
严格、关注未成年人"。这种思路也构成了该法案的突出特点，为我们理解其
具体内容提供了参照。一是法案的治理范畴以不变应万变。法案尝试保持设备
和平台中立，在落实未成年人数字安全责任方面，不指定具体的互联网设备品
牌和网络平台，以便灵活应对未来互联网技术、行业和未成年人用户习惯的快
速变化。二是法案具备严格的权责界定。法案明确了对威胁未成年人数字安全
行为的处置方式，甚至具体到整改时限。例如，网络运营商从接到下架通知到
履行责任之间的时限从 48 小时缩短至 24 小时。平台和个人不及时删除有害内
容将面临巨额罚款。三是对未成年人事务的关注贯彻始终。2022 年 1 月开始
实行的澳大利亚《2021 在线安全法》及其配套系列措施被形容为"世界上第
一个关于网络虐待的成年人保护计划和加强关于网络霸凌的儿童保护计划"，
立法雄心可见一斑。法案涉及的治理对象包含了澳大利亚互联网产业链条的各
个环节。同时去除了以往法案中对社交媒体服务商的分级管理制度，拓展并明
确定义了所有管理对象涵盖的范围。①

10.3　关键主体：网络安全专员承担多重行政角色

在《2021 在线安全法》的总领赋权下，网络安全专员（eSafety Commis-
sioner）这一专门行政职务日益重要，成为确保法案实施准确、完整、彻底，
切实保证未成年人数字安全治理落地的主要角色。2022 年，首任网络安全专
员的朱莉·英曼·格兰特（Julie Inman Grant）出身于互联网技术界，曾在 Mi-

---

① 具体而言，涵盖八个方面。(1) 社交媒体服务提供者，包括社交网络、媒体共享平台、论坛、
消费者评论平台；(2) 相关电子服务提供者，包括电子邮件、即时通信、短信、彩信、聊天、网游、
网络约会；(3) 其他指定的互联网服务提供者；(4) 搜索引擎供应商；(5) 应用分发服务提供商，包
括软件站、App 商城；(6) 数据存储商；(7) 网络接入服务、服务器管理；(8) 制造、供应、维护、
安装网络设备的服务商、零售网点，包括智能手机、笔记本电脑、平板电脑、智能电视和游戏机等其
他联网设备、沉浸式技术设备（VR 眼镜）、互联网连接设备（路由器、交换机）。

crosoft、Twitter、Adobe 等大型国际性互联网公司担任公共事务与安全方面的高级职务。作为政府官员，朱莉的专业技术色彩浓厚，这可能也与网络安全专员要承担的责任多种多样有关。

10.3.1　互联网企业监管

网络安全专员办公室的前身是设立于 2015 年的"儿童网络安全专员办公室"（肖婉等，2015），新修订的《2021 在线安全法》则赋予了网络安全专员更大的权力，以有效落实法案关于禁止未经同意分享亲密照片、儿童网络欺凌保护、禁止恶性暴力内容等方面的要求。为确保这些关于未成年人数字安全保护的要求被完整实施，网络安全专员被赋予非常具体的治理手段。

一是删除。出于保护未成年人数字安全的需要，网络安全专员可以要求互联网企业删除网络内容。网民先直接向网站举报不良内容，若网站没有按网民要求删除，网民可再向网络安全专员举报，由专员审核后向网站发出通知，互联网服务商在接到通知后需 24 小时内删除有关内容并限制访问。如要删除未经同意分享的私密图片，网民可以直接向安全专员举报，无须先与网站所有者联系。此外，在处理一类材料①（Class 1 material）和二类材料②（Class 2 material）时，专员可以直接发出删除通知，特别是专员有权命令平台删除任何位置服务器上的儿童色情内容、恐怖主义内容。需要注意的是，一些豁免服务③（exempt services）则不受此规则限制。

---

①　根据 2005 年的澳大利亚的《国家分类标准》（*National Classification Code*），一类材料指禁止销售、租赁、宣传和引进的电影、电子游戏及其他出版物，通常包括以下内容：以一种冒犯成年人普遍接受的标准来描绘、表达或以其他方式处理性、药物滥用或成瘾、犯罪、残忍、暴力、令人反感或可憎的现象；以一种可能冒犯成年人的方式来描绘 18 岁以下的未成年人（无论其是否涉及性行为）；促进、煽动或指导犯罪和暴力事件。

②　根据《国家分类标准》，二类材料指被澳大利亚分级委员会（Australian Classification Board）归为 X18＋[仅限成年人观看的电影，包括实际的性交或经同意的成年人之间的其他性活动，即通常所说的色情（pornography）]，以及 R18＋(仅限成年人的电影与电子游戏等，包含对观看者有强烈影响的描绘，如模拟性行为、裸露、暴力、毒品等，通常被认为不适宜未成年人观看）级别的内容。

③　根据《2021 在线安全法》第 5 节的定义，豁免服务包括：豁免议会内容（parliament content）服务、豁免法院/法庭内容（court/tribunal content）服务、豁免官方咨询内容（official inquiry content）服务。

二是屏蔽。当网络安全专员确信网络内容属于恶性暴力内容，可能对社会秩序造成重大危害，可以发出通知要求服务商屏蔽有关内容和资料。该制度源于2019年新西兰恐怖袭击后大量不良信息在网络传播所引发的恶果。此外，由于网上恶性暴力内容的特殊性质，立法中还通过相应修正案补充了刑事权力。如果在接到网络安全专员的通知后不能迅速按要求完成屏蔽，网络服务商可能面临巨额罚款和起诉。该职能通过与刑法条款的协同，同时针对未成年人和成年网民开展保护。

三是信息收集和调查。网络安全专员相比一般行政官员在互联网方面享有更大的信息收集和调查权力，以揭露包括未成年人网络欺凌在内的数字侵害行为匿名网络主体真实身份，并获取相应联系方式。网络安全专员有权传召某人，要求其诚信宣誓，并回答问题、提供证据或出示文件。

四是处罚。除执行《2021在线安全法》规定的经济处罚外，网络安全专员还可以对未能切实履行未成年人数字安全保护与发展责任的互联网企业实行正式警告或发布侵权通知及许可/禁令。

不同治理手段的目标对象有所不同。不同治理手段可以适用的管理对象有所不同。表10－1展示了这种区别。社交媒体服务商、电子服务商、服务器供应商等与未成年人直接面对的网络内容相关的企业需要承担主要的内容删除责任，是最常接到安全专员通知的管理对象。网络用户私人存储的一类和二类材料不在受管理之列，但也需要承担删除针对未成年人的网络欺凌、删除未经同意分享的未成年人照片的义务。互联网接入服务商和应用程序分发商这两类互联网企业还需要从各自业务出发，担负删除应用程序和链接的责任，从源头上避免未成年人触达一类和二类材料。同时，接入服务商还可以从数据层实现对恶性暴力内容的屏蔽，因此获得了额外的重视。

表10－1　　　　　　　　　　不同治理手段的适用管理对象

治理手段	社交媒体服务商	相关电子服务商	指定互联网服务商	服务器供应商	终端用户	互联网接入服务商	应用程序分发商
删除：网络欺凌、虐待；未经同意分享亲密照片	适用	适用	适用	适用	适用		
删除：一类和二类材料	适用	适用	适用	适用			

续表

治理手段	社交媒体服务商	相关电子服务商	指定互联网服务商	服务器供应商	终端用户	互联网接入服务商	应用程序分发商
屏蔽：恶性暴力内容						适用	
删除应用程序：一类和二类材料							适用
删除链接：一类和二类材料						适用	

资料来源："Online Safety Bill-The Enhanced Regime"，GILBERT + TOBIN（2021 - 9 - 6）［2022 - 4 - 7］，https：//www. gtlaw. com. au/knowledge/online-safety-bill-enhanced-regime.

10.3.2　举报投诉处理

网络安全专员附带的举报投诉机制强调了民众在网络监督中的关键性作用，在未成年人数字安全保护方面起到较好效果。在该机制下，网络安全专员的网站上设有举报专区。出于儿童友好的考虑，为匹配未成年人认知能力，专区内又非常细致具体地给出了举报的各种情况，如"有人在网上对我刻薄""我在网上看到了不好的东西""有人在网上联系我，但我不想""我不知道网上的东西是真是假"等，每个类型下又给出了具体的识别标准和举报的操作指南。未成年人及其家庭、监护人可以直接向网络安全专员办公室举报网络内容，等待专员给予反馈并依法进行处置。

举报投诉机制能够良性运行的另一个重要原因是网络安全专员对受举报信息进行充分核实，平衡了公众权力，防止举报投诉机制被滥用。此外，在对举报人的回复中，网络安全专员办公室重视兼顾时效性和有效性，既对所举报问题进行回应，又根据具体情况给予实用建议或相关的支持服务信息。

举报投诉机制可以在澳大利亚比较成功地良性实施，可能是因为该机制与英美法系陪审团的传统思路相匹配，因而更易于澳大利亚社会理解接受。与陪审团类似，网民监督的核心在于让普通人从常识出发判断网络内容是否对未成年人有害，以帮助安全专员对这些不良内容做出适当的处理和处罚。

10.3.3　未成年人数字素养发展政策执行

除运用专员权力对未成年人的数字安全加以严格保护外，网络安全专员还借助家庭一线作用、校园基地作用和社区驱动作用，从多个层次助推澳大利亚未成年人在数字空间中的安全素养与能力发展。

直面未成年人，网络安全专员在网站上开辟多个栏目，在解决游戏成瘾、辨别虚假信息、网友交往、网上消费、平衡网上分享和个人隐私、安全保护等方面向未成年人提供相关知识、合理观念和若干指导建议，并鼓励未成年人向网络安全专员、家长、社区和学校寻求帮助；开展有利于吸引未成年人参与的网络安全教育活动，例如"网络职能挑战"系列活动包括《智能侦探》《智能英雄》等一系列互动动画，帮助未成年人深入了解网络欺凌、网络风险并知晓应对方式。

此外，网络安全专员办公室在全国范围内推广实施了网络安全推广计划（the Outreach Program）、"发现网络安全"计划（Find an Online Safety Program）和电子家长项目（iParent），经由各式各样的项目开展面向未成年人及相关人员的演示、拓展训练、网上课堂和职业培训发展，多管齐下帮助未成年人实现数字安全和素养的发展。

专员办公室在网站儿童板块专设"做个网络安全娃"（Be an eSafe kid）栏目（见图 10 - 3），直接提供庞大的网络安全知识、技能的资源库，面向儿童开展网络安全素养教育。这些资源同时也会给家庭、学校和社区开展相关教育提供借鉴和素材。同时，网络安全专员还采取大量措施直接帮助学校、社区和家庭开展面向未成年人的互联网安全使用教育和引导。设立教育资源板块，向学校提供网络安全教育框架、多媒体教学资源等，同时开展"数字公民"活动、"重写你的故事"教育项目，充实未成年人在校内的网络安全教育；发布《家长在线安全指南》（Parent's guide to online safety），向家长提供对儿童进行网络安全教育的指导和素材，设置"网络辅导空间"辅助家长对遭遇网络欺凌的中小学生开展免费心理辅导；指派网络安全和数字素养方面的专家走进社区，开展网络安全知识、技能讲座，现场解答未成年人相关问题。在多层次、全方位的知识、技能和素养资源的供给下，一个有利于未成年人网络安全发展的环境构建起来。

此外，网络安全专员办公室本身就具备智库性质，负有探究澳大利亚互联网发展、使用情况并公布相关报告的职能。这一属性可以帮助专员办公室有力推动法规制定的科学化进程，并为相关治理政策的制定和实施提供合理性支撑。

图 10 - 3　网络安全专员网站的儿童板块网络安全知识、技能、素养环境建构

资料来源："eSafetykids"，eSafety Commissioner［2022 - 4 - 20］，https：//www. esafety. gov. au/kids.

10.3.4　网络安全专员的局限性

网络安全专员在通过高度集中的行政职能有效统筹澳大利亚联邦网络安全事务的同时，也为治理体系的稳定性带来一定隐患。

一是网络安全专员权力过于集中且缺少第三方监督。由于相关权力高度集中，可能使网络安全专员权力过大。例如前文提到，在保护未成年人数字安全的过程中，网络安全专员有相当大的权力可以收集信息、开展调查，揭露匿名账户真实身份。然而这种非制度性的，由管理者个人操控的身份调查可能引致权力滥用、管理对象认可度低等不良后果。网络安全专员办公室本身也承认这一问题，并运用新技术尝试解决。例如，现任安全专员曾在采访中表示：在关于数字匿名信息的治理事务中，由区块链技术支持的数字 ID 可以通过隐藏用户的详细信息来帮助实现平衡。此外，过于集中的行政部门权力也不利于政策实施的稳健性，政策及其执行标准有可能随着党派选举而发生剧烈变化，使行业和网民无所适从。

二是针对非境内服务器的治理措施难以落实。尽管澳大利亚近年来在互联网应用端的发展迅猛，但由于缺乏自有的大型网络平台和互联网公司，在网络主权的竞争中仍处于劣势。大规模的互联网应用催生了治理需求，而网络主权方面的劣势又限制了治理能力，两方面的显著落差使得澳大利亚网络治理部门在一定程度上产生"焦虑",并尤其反映在未成年人数字政策的制定与执行环节当中。例如,为确保《2021 在线安全法》的有效实施,网络安全专员被赋予删除和屏蔽网络信息、高额罚款等非常具体的行政强制权力,但这些强制权力在面对跨国公司及其境外服务器时,效果难免有所折损,网络安全专员缺乏更进一步的权限对其进行后置处置。

三是与其他部门的协同不够制度化。关于未成年人数字安全保护和发展的职能集于网络安全专员,但同时对澳大利亚互联网管理负有责任的行政部门还有通信与媒体管理局、信息专员办公室、通信与艺术部、网络安全中心等监管机构。但这些机构、部门在实际运作中以自身业务为主,在如此需要密切协作的治理领域内却缺乏长效协同机制,将阻碍澳大利亚互联网治理的进一步深化。

10.4 模式创新:行业自律,官方定标

作为《2021 在线安全法》中创设的行业准则和重要组成部分,基本网络安全预期主要针对互联网企业开展未成年人数字安全治理,同样在治理体系中扮演重要角色。

基本网络安全预期的目标是:"确保用户以安全方式使用网络、降低特定类型材料的提供程度、防止儿童接触到二类内容、方便用户报告和投诉不良内容。确保各种网络服务采取合理的措施,确保澳大利亚人的安全。"其具体条款则由澳大利亚联邦通信、基础设施、城市和艺术部长制定,通过《2022 关于在线安全(基本在线安全期望)的决定》[Online Safety(Basic Online Safety Expectations)Determination 2022,以下简称《决定》]向公众发布,同时由网络安全专员补充解释需要执行到何种程度,并要求企业报告自己执行安全预期的情况,直接监督企业实施。这种"行业自律,官方定标"的模式是澳大利亚在数字安全治理方面的一项有益创新性尝试。

相比其他国家的类似行业政策,由联邦政府部长制定的行业准则可能存在对行业内部意见顾及不足的问题。但从澳大利亚互联网政策发展的历程上看,其互联网行业协会也先后颁布过多部行业规则。如澳大利亚互联网行业协会发布的《内容服务规则》(Content Services Code)、《互联网产业实践规则:网络和移动内容》(The Internet Industry Codes of Practice-Internet and Mobile Content)

为行业提供清晰、有效的自我监管评估制度（黄先蓉等，2019）。但在这样的尝试下，依然通过《2021 在线安全法》推出了基本网络安全预期，表明后者确有不可替代的实践优越性。

基本网络安全预期的突出特点是，比较成功地实现了在治理中兼顾行业自律和行政治理。在行政方面作为面向互联网企业提出的行业准则，其主要内容由部长制定，且其实施由网络安全专员负责监管。《2021 在线安全法》规定，有权要求网络服务商公开并向监管机构报告其遵守网络安全预期的行为。

作为行业准则，基本网络安全预期充分关注了互联网企业的需求。为了确保企业较好地执行基本网络安全预期，《决定》中还给出了为满足期望可以采取的合理步骤的案例，为企业具体执行安全预期主旨精神提供参考。其中针对未成年人数字安全保护的内容占据相当篇幅，例如确保针对儿童或儿童使用的服务中的默认隐私设置和网络安全设置足够完善，且为最严格的级别；设立验证身份或账户所有权的机制；实施年龄保障机制等。此外，安全预期还要求企业与网络安全专员办公室建立定点联络机制，鼓励其向网络安全专员办公室寻求更进一步的指导。

在这样的引导和执行压力下，互联网企业将非常重视自身对安全期望的落实，也就实现了高度的企业自律。同时作为《2021 在线安全法》的重要补充，基本网络安全期望本身即体现了立法意志和法律精神。由于刚刚颁布实施，基本网络安全预期的治理效果尚未充分显露。但作为一种有效统合了行业准则和行政监管权力的制度性创新，基本网络安全预期的后续执行效果值得持续关注。

10.5　行政框架：立足校园保障儿童网络安全

在澳大利亚未成年人数字安全发展中，若干由联邦或州、领地政府提出并负责执行的行政框架同样致力于发展未成年人网络安全素养和技能，并各自根据具体条件广泛开展了与社区、学校、家庭的合作，在社会面的未成年人数字安全治理中开展广泛协同，在相关领域的国家治理中起到协同作用。

本书择取两个相对核心的、聚焦于对未成年人网络安全问题的行政框架重点关注。这两个行政框架都基于校园主阵地，广泛联动社会面，重点防护未成年人遭遇网络欺凌的问题。

10.5.1　《国家安全学校框架》（*National Safe Schools Framework*）

作为国家级的反校园欺凌政策，颁布于 2003 年的《国家安全学校框架》旨在通过国家指导、专家测评等途径，促使全国中小学根据自身情况制定治理措施与方案。在 2011 年的修订中，该框架进一步增加了网络传播等问题对心理安全影响的关注，且对未成年人网络霸凌的治理受到相当重视（冯帮等，2017）。《框架》指出，网络安全和网络欺凌方面的问题为学校提出了紧迫的新挑战，并要求学校开设校本课程，教授学生应对网络安全威胁的技能；与司法系统密切合作，在实践和法律层面上预防包括网络安全问题在内的一系列针对儿童的安全威胁。为实施该框架，澳大利亚联邦政府每年投资 400 万美元用于治理网络欺凌和暴力问题。

10.5.2　《澳大利亚学生福祉框架》（*Australian Student Wellbeing Framework*）

该框架的重心则落在未成年人的学校生活和学业，期望为所有在校生提供坚实的基础，实现它们在学习生活中的愿望，并指出安全、快乐与学业水平之间的正相关关系。为实现其宗旨，框架直接要求学校与学生合作，制定战略以提高其福祉，确保安全，反对一切线下和线上的暴力、欺凌和虐待行为，并将其作为"有益实践"中的重要一环。

10.6　小　　结

澳大利亚是互联网接入和使用大国，较早意识到互联网治理的必要性并采取行动。21 世纪以来，在种种法规政策的出台和立法、行政力量的合作下，澳大利亚未成年人数字保护治理体系逐步形成。

澳大利亚政体为三权分立的"华盛敏斯特变体"，多个权力来源带来了丰富的治理资源，为未成年人数字保护治理打通了多条治理通路，在政策层面形成了较为完善的综合治理体系。但同时，该政体制约下治理体系的局限性也需要关注。

这一治理体系大体可分为两部分。其一是针对未成年人数字安全保护的互联网企业治理通路，主要针对互联网企业开展监管治理。其中，立法权力与行政权力、司法权力紧密衔接。这些通路层次鲜明，由法律总领赋权出发，最终指向互联网企业这一治理对象。其二是针对未成年人数字发展的未成年人治理通路，主要作用在于发展和提升未成年人的数字安全素养。其中，通过"向下""向上"和"横向"的三类路径，从多个层次共同发力改善未成年人所处的数字安全和发展环境，标本兼治，以期从根本上改善未成年人的网络使用现状。

在法律治理方面，2022年生效的澳大利亚《2021在线安全法》总领相关治理工作。该法案既关注未成年人的立法思路，也为实现未成年人网络安全方面全链条、全方位的法律治理提供了法律基础。

作为行政力量的网络安全专员在相关治理中承担了主要责任。实践中，网络安全专员及其办公室承担了企业监管人、举报投诉处理者、未成年人数字素养发展政策执行者和网络安全知识、技能、素养环境建构者等多种角色。但是，由于权力过于集中，治理难以落实等问题也逐渐成为网络安全专员制度的隐患。

此外，澳大利亚《基本网络安全预期》是一项"行业自律，官方定标"的治理模式创新，有效统合了行业准则和行政监管权力，与社会面合作形成的若干行政框架也在学校、社区和民众等多个层面提供了补充性的治理资源。

总体而言，澳大利亚的未成年人数字安全治理体系既关注未成年人数字安全保护，针对互联网企业实施治理，与业界合作制定规程；又有对未成年人本身发展的关照，创设适当环境，实现数字安全与发展方面的体系化保障，以期达成标本兼治的效果。

索　引

6. 1995 刑法 Criminal Code Act 1995

7. 1995 分级法（出版物、电影和电脑游戏） Classification（Publications,
Films and Computer Games）Act 1995

8. 新南威尔士州政府 2011 年《预防和应对校园欺凌政策》 Prevention
and Response Policy

9. 昆士兰州政府 2018 年《反网络欺凌任务组报告：调整我们的环境—解
决昆士兰州儿童和青少年网络欺凌的社区方法》 Anti-Cyberbullying Taskforce
Report：ADJUST our SETTINGS：A community approach to address cyberbullying
among children and young people in Queensland

10. 南澳大利亚州政府 2019 年《防止欺凌策略》 Bullying Prevention Strategy

11. 家长在线安全指南 Parent's guide to online

12. 网络安全战略 eSafety strategy

13. 内容服务规则 Content Services Code

14. 澳大利亚学生福祉框架 Australian Student Wellbeing Framework

15. 首都特区政府 2018 年《安全上网》（Being Safe Online）

16. 斯马尼亚州政府《和谐校园，尊重行为》 Respectful Schools Respect-
ful Behaviour

17. 维多利亚州政府 2020 年《网络安全和数字技术的合理使用》 Cyber-
safety and Responsible Use of Digital Technologies

18. 西澳大利亚州政府 2019 年《公立学校针对学生在线行为政策》 Students
Online in Public Schools Policy

19. 互联网行业协会 Internet Industry Association

20. 通信联盟 Communications Alliance

21. 互联网热线国际协会 International Association of Internet Hotlines,
INHOPE

22. 儿童帮助热线 Kids Helpline

23. 全国青少年心理健康基地网络咨询服务空间 eheadspace

第11章

欧　盟

　　根据欧盟统计局发布的报告《欧洲青年：信息通信技术》（*Being young in Europe today：Information and communication technologies*，ICT）中提供的数据，2021 年，欧盟 27 国中，约 95% 的年轻人每天使用互联网，而全世界范围内的比例为 80%。报告指出，欧洲地区的儿童在学会读写之前就普遍能够使用手机和平板电脑，欧洲地区的学校和教育机构不仅在课程中培养学生的信息通信技能，还普遍通过信息通信技术来支持语言、数学等传统科目的教学。2017 年秋季至 2019 年夏季期间，伦敦政治经济学院研究团队对 19 个欧洲国家的 25101 名儿童进行了大规模调查，发布《欧盟 2020 儿童在线：关于 19 个欧洲国家儿童与互联网的新欧洲研究》（*EU Kids Online* 2020 *New European study on children and the internet in* 19 *countries*）报告，结果显示，在 11 个国家（克罗地亚、捷克共和国、德国、爱沙尼亚、意大利、立陶宛、挪威、波兰、葡萄牙、罗马尼亚和塞尔维亚）中，有 80% 的 9~16 岁以上的未成年人使用智能手机且每天至少进入一次互联网。每天上网的时间在大约两个小时（瑞士）和三个半小时（挪威）之间变化（EU Kids Online，2020）。

　　与此同时，触网年龄的低龄化趋势也带来了一系列未成年人数字安全问题。未成年人自我保护能力与意识的不足，使其在面对隐私泄露、不良信息、数据安全等问题时更容易受到伤害。因此，更需要给予特殊的保护及发展。对于作为互联网原住民成长的年轻一代，互联网已全面嵌入其生活、学习与个人发展的方方面面。如何依托信息技术和网络平台，提供完善的教育和高质量的在线内容，编织起数字"安全网"，保障未成年人更加自由、安全地探索网络世界，促进个人发展，是全世界需要共同面对的新问题。

欧盟是世界范围内较早关注未成年人数字保护与发展议题的主体。早在1995 年，欧盟就制定并通过了《个人数据保护指令》，用于应对互联网中个人数据安全隐私所面临的挑战。经过数十年的投入与发展，欧盟在数字安全保护领域形成了相对完善的法律体系，集大成者是 2016 年通过的《通用数据保护条例》（*General Data Protection Regulation*），即通常所称的 GDPR。相较于此前的《个人数据保护指令》，在 GDPR 制定出台的年份，欧洲社会面临着更加严峻的数字安全考验，大数据和算法技术的普及应用，使得个人隐私更加无所遁形，因此在 GDPR 中新增了许多针对大数据技术以及儿童保护的相关规定。GDPR 的规定十分详细、严格，被普遍认为是"史上最严格"的数据保护法案。除 GDPR 外，欧盟还针对未成年人网络色情问题、未成年人在接受在线视听服务时遇到的问题、儿童用户相关的互联网内容审查等方面开展专项立法，共同构筑了欧盟未成年人数字安全保护的法律体系。此外，自 1999 年开始，欧盟就制定并实施了"更安全的互联网行动计划"，在 1999～2002 年四年计划期间共投入了 2500 万欧元资金，并在到期后将行动计划延长至 2004 年，追加投入了 1330 万欧元的预算用以支持该项行动计划。该项计划的内容中明确提及要提高用户，特别是家长、教师和儿童对于互联网的认识，以便未成年人能够更好地理解和运用互联网。而在内容监管中，也明确提出了要处理互联网中的儿童色情等内容，足见欧盟对于未成年人数字安全的关注之早，规划之长远。

作为世界范围内政治、经济一体化程度最高的区域性国际组织，欧盟的政策和法律具有鲜明的超国家属性，在立法与法律的适用上，遵循了效力优先原则与直接适用原则，形成了独具特色的治理体系。超国家属性指的是除各成员国既有的法律体系之外，还存在具有广泛约束力的、超越国家疆域界限而普遍适用的欧盟法律，以促进欧盟地区的融合与合作。效力优先原则，是指欧盟法律在效力等级上优先于成员国内部的法律，强化了欧盟法律的权威。直接适用原则，指的是欧盟法律可以直接适用于欧洲公民个人，即使是在国内进行诉讼时，也可以直接援引欧盟法律条文作为法律依据，以确保欧盟法律能够得到真正落实和普遍实践，避免沦为"一纸空文"。

在此基础上，欧盟地区未成年人数字安全与发展的政策、法规在欧洲地区得以广泛适用，并在长期实践中不断改进与完善。因此，梳理并探索欧盟对于未成年人数字安全与发展的法律法规和治理体系，对于我国未成年人数字领域的立法与实践具有重要参考意义。

11.1 法律体系：主题式分散立法，强调保护前置

通常而言，法律的制定可以分为集中立法和分散立法两种模式。集中立法是指就某一问题、某一事项制定专门的法律予以规定和保护。在未成年人数字安全领域，以美国为代表的国家采取的是集中立法的模式，专门制定了系统保护儿童的相关法律，将围绕儿童的立法集中于特定法律法规之中。美国出台的《儿童网络隐私保护法》《儿童互联网保护法》等，都是对于未成年人数字安全问题集中立法的重要代表。集中立法模式的优点在于能够就特定事项和问题维持较为整体的立场和价值，较好地维护了立法的内在统一性和法律适用标准的一致性。集中立法模式的缺点则在于法律制定的速度往往难以追赶现实不断变化的速度，因此可能造成僵化等问题。

欧盟、澳大利亚和新加坡等国家及地区采取的是分散式立法。分散式立法，指的是不通过制定专门的法律来穷尽对于特定问题的规定，而是散见于各个单行的法律法规之中。欧盟并未制定专门的儿童数字安全法来整合儿童数字安全领域的各项法律法规，而是散见于民法、数据保护法、侵权责任法等中，以具体的条款或专门章节的形式出现。这种立法模式的优点在于足够灵活，能够及时地推陈出新以回应现实发展变化的需求。但这种分散也带来了重复、冗余的问题，例如对于儿童的数据透明权、被遗忘权等方面的规定，既出现在数据保护法律 GDPR 之中，又体现于在线视听服务等相关法律法规之中。这种情况极有可能造成法律适用的混乱甚至冲突，为司法和法律救济造成一定的困境。

除了分散式立法之外，欧盟未成年人数字领域立法还呈现出主题式立法的特征。也就是说，相关立法不仅出现在民法、商法等传统的部门法中，还会根据亟须特定保护的主题进行立法，围绕着数据安全、网络视听、网络色情等主题开展专项立法。这是由于未成年人的数字安全问题具有很强的综合性与交叉性，传统的民法、商法等体系难以彻底涵盖。

在各个主题和内容中，未成年人的隐私保护与数据安全，以及针对儿童的

在线性犯罪，是欧盟相关立法的重点。欧盟格外注重未成年人的隐私保护和数据安全，通过禁止针对儿童的数字画像，采取严格的父母同意制度等方式确保儿童的在线隐私。但严格的手段也在一定程度上带来了执行层面的困难，导致许多措施并未得到真正落实。同时，欧盟立法层面严厉打击针对儿童的在线性犯罪行为，对于互联网服务提供商的注意义务加以详细规定，并对下载、传播儿童色情内容的用户实施刑事强制措施。

在立法技术层面，欧盟采用许多赋权式规定，在法律中明确未成年人的数据透明权、被遗忘权等数据权利。相较于对于侵权损害的事后救济规定，明确赋权体现了欧盟立法中的保护前置思想。

11.1.1　禁止针对儿童的数字画像

在算法推荐技术日趋成熟的今天，互联网平台利用用户的个人数据记录、分析乃至预测用户的生物信息、族裔、宗教信仰、性取向、政治观点、工作和经济状况、个人兴趣与偏好、位置信息等内容已经成为一种常态。对此，GDPR 中多处明确提及欧盟禁止针对儿童展开数字画像。GDPR 指出，在欧盟或成员国法律的授权下，互联网服务提供商在保障所提供服务的安全性和可靠性的前提下，可以进行一定的自动化数据分析，但必须明确这些措施不得适用于儿童。GDPR 在序言中就强调，儿童在其个人数据方面值得特别保护，因为儿童并不了解相关的风险、后果和保障措施以及与处理个人数据有关的权利，尤其应将 GDPR 适用于将儿童的个人数据用于营销与创建个性或用户档案中，以及在直接向儿童提供服务时收集的与儿童有关的个人数据，即通常意义上针对用户的数字画像。这一点在《鉴于不断变化的市场现实，修订关于协调成员国有关提供视听媒体服务的法律、法规或行政行为的规定的指令》① 中也有所强调——即使是在通过技术保护未成年人权利过程中获取的个人数据也不得用于市场营销：在处理个人数据方面，儿童应得到特殊保护。在儿童保护技术措施框架内处理的未成年人个人数据不得应用于商业目的。

然而，值得指出的是，对未成年人的特殊保护，是建立在识别未成年人的

---

① 原名为：*The coordination of certain provisions laid down by law, regulation or administrative action in Member States concerning the provision of audiovisual media services（Audiovisual Media Services Directive）in view of changing market realities*。

基础上的。这就要求互联网服务提供商从海量的信息数据中完成对于儿童的甄选和识别，这无论是在技术上还是成本上都是难以准确实现的。此外，也有部分学者担心通过搜集信息数据来完成对于儿童的识别与筛查，反而更容易造成数据的过度搜集（付新华，2018），进一步侵害了用户的个人隐私与数据安全。这是因为，运营商为了对儿童加以特殊的保护，必须首先通过大量的数据收集和算法识别，来判断该用户是否属于儿童，才能在此基础上进一步做出准确的归类与处理，而这一点正是禁止儿童数字画像条款在执行层面所遇到的骨感现实。

在实践中，用来解决这一问题的技术手段主要有以下几种：用户自行输入年龄；服务商评审机制，通过其他网络数据进行综合判断；语义分析机制，通过用户语义进行分析；身份验证机制，指通过父母、家长进行年龄验证或通过生物识别信息推断（黄晓林等，2018）。然而，这些手段效果都并不十分理想。用户自行输入年龄可能存在谎报、漏报情况。通过其他网站数据以及用户语义分析，一是可能过度搜集用户数据，使得保护隐私目的事与愿违；二是只能推测出大致的范围，无法准确识别儿童年龄。但欧盟相关立法中，对于儿童年龄规定却是十分具体、精确的。身份验证机制则有极高的运营成本和技术门槛，实践存在较大困难，仍然有待解决。

11.1.2 数据授权需家长明示同意

欧盟立法中的另一重要内容是对于未成年人数据相关的任何行为规定了严格的父母同意制度。GDPR 第八条强调，对于未满 16 岁的未成年人，只有在负有父母责任的人给予或授权同意的情况下，此类处理才是合法的。同时强调，互联网服务提供商应在考虑可用技术的情况下做出合理努力，以核实在这种情况下对儿童负有父母责任的人已给予或授权同意。而关于"同意"和"合理努力"的范畴 GDPR 第二十五条进行了补充说明："控制者应采取适当的技术和组织措施，以确保默认情况下只处理每个特定处理目的所必需的个人数据。该义务适用于收集的个人数据量、处理范围、存储期限和可访问性。特别是此类措施应确保在没有个人干预的默认情况下，不会将个人数据提供给无限数量的自然人。"

可见，GDPR 所指的同意并不是一种默示的同意，而应当是明示的同意，个人数据适用于特定的目的时，都应当重新请求用户同意，许可的个人数据也只能提供给特定的授权对象。所谓默示同意，是指在不违反法律法规的情况下，没有明确表示反对，即视为同意。而明示同意，则是必须要做出清楚明确的授权行为，才能视为同意。

GDPR 的第三十二条介绍了构成明示同意的要件："同意应通过明确的肯定行为给予，形成自由、具体、知情和明确的指示，表明数据主体同意处理与其有关的个人数据，例如通过书面声明，包括电子方式或口头陈述。这可能包括在访问互联网网站时勾选方框、选择信息社会服务的技术设置或在此情况下明确表明数据主体接受对其个人数据的处理的其他声明或行为。因此，沉默、预先打勾或不活动不应构成同意。同意应涵盖为相同目的或多个目的进行的所有处理活动。当处理有多种目的时，应获得所有目的的同意。如果在通过电子方式提出请求后要获得数据主体的同意，则该请求必须清晰、简洁，并且不会对所提供服务的使用造成不必要的干扰。"

可以看出，欧盟对于明示同意的要求包括：（1）必须自主完成，足够具体，提供充分的信息；（2）必须明确表示同意，具体方式可以包括勾选方框等方式；（3）不做出授权或者网站预先的勾选，不被视为合法的同意方式；（4）不应该为用户了解信息造成负担与干扰。

根据 GDPR 规定，未满 16 岁（或各成员国选择的年龄）的未成年人进行任何涉及个人数据的互联网行为，都需要逐一请求家长同意，这在实践中存在许多困难。首先，如前文所述，对于未成年人的识别给互联网服务提供者课以了较高的注意义务及技术门槛，导致这一规则在实践中遇到了部分困境，并有可能造成个人数据与隐私的进一步泄露。其次，从用户的视角出发，GDPR 的规定意味着海量的授权许可需要完成，容易引起用户的"同意疲劳"。未成年人在网络中探索时，往往会做出一系列的指令与判断。如果全部指令和判断都仅仅依照简单的年龄标准加以区别，会导致家长要面临海量的授权许可工作，使得这一点在实践中难以完全落实，也使得规定的实施效果大打折扣。

此外，与他们的父母和监护人相比，未成年人往往才是互联网时代的原住民。他们的成长环境中充斥着各类网络视频、应用和社交网络，因此对于互联网往往有着更加敏锐的感知。一成不变的年龄限制，并不能真实、准确地反映未成年人的网络素养，僵化的限制反而可能影响他们在网络中自由探索发展的空间。比起未成年人而言，父母及监护人在互联网中所使用的应用类型和适用的场景，往往与未成年人有较大区别，甚至可能是更加单一、滞后的，他们对于互联网的知识与判断并不总是能与未成年人的需求相匹配，也是实行严格的父母同意制度的缺陷所在。

11.1.3 数据透明权

数据透明权是欧盟立法中对于未成年人数字保护的重要方式。GDPR 的序言第五十八条就强调，透明度原则要求任何向公众或数据主体发送的信息都必须简洁、易于访问和易于理解，并且使用清晰明了的语言，在适当的情况下使用可视化。此类信息可以通过电子形式提供，尤其适用于在线广告。鉴于儿童应得到特定保护，任何针对儿童的信息都应采用儿童易于理解的清晰明了的语言。

GDPR 正文的第十二条对于未成年人的数据透明权进行了更加详细的规定，互联网服务提供商应当采取相应措施以简明、透明、可理解和易于访问的形式，使用明确和通俗易懂的语言，特别是专门针对儿童的任何信息。信息应以书面形式或其他方式提供，包括在适当情况下可通过电子方式。当数据主体提出要求时，可以口头提供信息，但必须通过其他方式证明数据主体的身份。当数据主体向相关的平台、网站提出对于个人数据进行访问、整改、删除和限制处理等请求时，相关平台方"无论如何应在收到请求后的一个月内提供"。如数据数量过大或者过于复杂，可以适当延长两个月，但必须明确说明延期原因。而这些信息同样也应当是以易于查看、可理解和清晰易读的方式提供。

11.1.4 数据被遗忘权

数据的被遗忘权又称为删除权，同样是欧盟赋予个体的重要权利。GDPR 正文的第十七条规定，数据主体有权要求控制者及时删除与他或她有关的个人数据。而在 2018 年发布的《关于联盟机构、机构、办公室和机构在处理个人数据方面对自然人的保护以及此类数据的自由流动并废除（欧共体）第 45/2001 号法规和第 1247/2002/EC 号决定（与欧洲经济区相关的文本）规定》① 中，序言的第三十八条对儿童的被遗忘权进行了重申，数据主体有权纠正与他或她有关的个人数据，并且如果保留此类数据违反了控制者所遵守的本条例或

---

① 原名为：*Regulation（EU）2018/1725 of the European Parliament and of the Council of 23 October 2018 on the protection of natural persons with regard to the processing of personal data by the Union institutions, bodies, offices and agencies and on the free movement of such data*。

欧盟法律，则有权"被遗忘"。如果个人数据的收集不再必要，或数据主体已撤回其对于个人数据的授权或反对处理有关他或她的个人数据，又或者如果处理其个人数据过程中存在违规行为，则数据主体应有权删除其个人数据并不再对其进行处理。该权利尤其适用于数据主体在未成年时期就已给予同意且未完全意识到处理所涉及的风险，后来又想删除此类个人数据的情况。尽管数据主体不再是未成年人，但数据主体仍然可以行使该权利。

11.1.5　内容审查范围广泛

互联网与音视频业务的深度融合改变了音视频的传播方式，也改变了大众尤其是年轻一代接收视听内容的习惯。青少年们越来越习惯于通过移动设备、社交媒体来消费音乐、短视频、网络电影等内容。欧盟敏锐地感知到了这一媒介融合的趋势，及时更新了关于视听服务的法律法规[①]，以不断完善对未成年人在享受视听体验这一情境时的保护。同时，欧洲议会和理事会还指出，对于流媒体内容的审查与规制，不仅限于网络视频点播服务提供者或视频网站，还包括视频剪辑或用户原创内容（User Generated Content，UGC），涵盖范围十分广泛。

审查标准上，除前述提到的儿童色情内容外，指令还规定内容中不得包含煽动暴力、仇恨、歧视（包括但不限于年龄、性取向、残疾等）、恐怖主义、种族主义、仇外心理、破坏环境以及其他可能损害儿童身心健康的内容。

对于流媒体中的广告，欧盟限制尤为严格。首先，欧盟禁止在儿童节目中插入广告，研究表明，儿童通常无法识别商业内容，产品植入和嵌入广告会影响儿童的行为。其次，在常规的广告植入中，要求不得有鼓励未成年人进行酒精饮料消费的内容，并禁止烟草消费品赞助节目及内容。同时，儿童节目中涉及食品相关的内容时，不建议过量摄入不健康的营养元素，并特别列举了脂肪、反式脂肪酸、盐和糖。

在具体执行上，欧盟规定各成员国应当采取最严格的措施来限制可能损害未成年人身体、心理或道德发展的有害内容，比如采用内容加密或者严格的家

---

① 原名为：*The coordination of certain provisions laid down by law, regulation or administrative action in Member States concerning the provision of audiovisual media services (Audiovisual Media Services Directive) in view of changing market realities*。

长控制措施等。同时，指令中还特别指出，不排除各成员国采取刑事措施等更加严格的举措来加强保护。

11.1.6 严厉打击在线儿童色情

为了打击在线儿童色情问题，欧盟就先后出台了《儿童色情框架决定》[①]《保护未成年人和人权尊严建议》[②]《关于打击对儿童和儿童色情制品的性虐待和性剥削的决定》[③]，还在《鉴于不断变化的市场现实，修订关于协调成员国有关提供视听媒体服务的法律、法规或行政行为的规定的指令》[④]中针对在线视听服务中的儿童色情问题做出规定。这些法律法规从预防儿童色情犯罪、删除互联网中的儿童色情犯罪信息以及惩罚罪犯等角度，对在线儿童色情犯罪进行严厉打击。

欧盟法律指出，儿童色情制品，包括儿童性虐待的图像以及其他形式的对儿童的性虐待和性剥削，正在通过新媒体技术和互联网增加传播。欧盟各成员国应采取行动，提供有关如何识别性虐待和性剥削的信息。

为了打击儿童色情信息的传播，首先应当采取必要手段，阻止此类内容上传到可公开访问的网络，以减少儿童性虐待内容的传播。其次，应当采取行动删除相应的内容并逮捕那些制作、分发或下载儿童性虐待图像的人。欧盟在法律中还强调，为了打击儿童色情制品，欧盟各成员国应尽最大努力与第三国合作，以确保从其领土内的服务器上删除此类内容。对于色情信息源头不在欧盟境内、托管服务器的国家又不愿意合作的情况，欧盟法律提出应当通过建立相应的技术机制来阻止从欧盟领土访问被确定为包含或传播儿童色情制品的互联网页面。此外，欧盟还鼓励各成员国加强合作，罗列包含儿

---

① 原名为：*Council framework Decision 2004/68/JHA of 22 December 2003 on combating the sexual exploitation of children and child pornography*。

② 原名为：*Recommendation of the European Parliament and of the Council of 20 December 2006 on the protection of minors and human dignity and on the right of reply in relation to the competitiveness of the European audiovisual and on-line information services industry*。

③ 原名为：*Directive 2011/93/EU of the European Parliament and of the Council of 13 December 2011 on combating the sexual abuse and sexual exploitation of children and child pornography, and replacing Council Framework Decision 2004/68/JHA*。

④ 原名为：*The coordination of certain provisions laid down by law, regulation or administrative action in Member States concerning the provision of audiovisual media services (Audiovisual Media Services Directive) in view of changing market realities*。

童色情材料的国家网站列表和建立热线网络，以确保名单尽可能完整并避免重复工作。

对于在线进行儿童犯罪的不法分子，欧盟也制定了严格的处罚措施。对于在线获取儿童色情制品的用户，最高可判处一年以上监禁。对于通过信息和通信技术，招揽未达到性同意年龄的儿童会面，形成色情图片、视听内容的成年人，最高可判处 1 年监禁。

在法律中，欧盟还强调对于色情犯罪的预防，鼓励成员国酌情与相关民间社会组织和其他利益攸关方合作，采取适当行动，通过互联网开展相关活动、研究和教育计划，以提高儿童对于在线性犯罪的认识，降低儿童成为性虐待或性剥削受害者的风险。

11.2 治理体系：多主体广泛参与，注重数字发展

作为超国家的国际组织，制定统一的法律法规只是欧盟未成年人数字安全保护的一环。欧盟在数字安全领域更鲜明的特征是，在欧盟主导下，通过长期投入专项资金和制订长效计划的方式，充分调动来自各成员国的力量，促进互联网平台、研究机构、学校等主体的广泛参与，形成了跨国界、多平台的一体化治理体系。在保护未成年人数字安全的同时，还关注未成年人数字素养和能力的培养，将发展与保护并举，帮助未成年人更加自由、安全地探索网络世界。

11.2.1 官方行动：持续完善的未成年人网络安全计划

欧盟推动各成员国就未成年人数字安全加强合作，形成一体化的治理体系，并制订和持续完善网络安全计划。自 1999 年开始，欧盟已经制订了四次"更安全的互联网行动计划"，伴随着信息通信技术的更新升级和媒介环境的变化不断完善。

1. 1999 ~2004 年："更安全的互联网行动"计划（Action plan for a Safer Internet）

欧盟的"更安全的互联网行动"计划于 1999 年启动，这项计划是由欧洲

议会和理事会 1999 年 1 月 25 日的第 276/1999/EC 号决定通过的，获得了高达2500 万欧元的专项拨款，并在计划后期追加了 1330 万欧元。该计划旨在通过打击全球网络上的非法和有害内容来促进更安全地使用互联网。该计划最为重要的内容就是对于未成年人的保护，具体包括重点打击互联网中涉及儿童色情的非法内容，以及通过开发过滤工具和评级机制等技术手段避免未成年人接触不良信息。

这一阶段，行动计划十分强调协调欧洲各方力量，促进欧洲乃至国际层面加强网络安全的合作，培养家长、教师的网络安全意识。

该行动计划共分为四个部分。一是搭建欧洲"热线"网络，鼓励相关行业和组织加强自律，建立一个更安全的网络环境；二是创建并完善互联网内容的过滤和评级系统，促进内容监管的国际合作；三是积极开展宣传活动，让家长、教师和社会工作者等与未成年人高度相关的群体了解保护未成年人的最佳方式，防止未成年人在互联网中接触可能对其成长有害的内容；四是协调开展各项跨国的专项活动，发起国际倡议。

2. 2005 ~2008 年："更安全的'互联网＋'计划"（Safer Internet Plus）

2005 年 5 月 11 日，欧洲议会和理事会第 854/2005/EC 号决议通过了"更安全的'互联网＋'"计划。在第一期计划中，欧盟组织的调研发现，随着互联网普及率的大幅增长，互联网中出现了大量非法内容，对儿童的成长造成极大威胁。因此在其前身"更安全的互联网行动"计划（1999 ~ 2004）的目标之上，新计划将范围扩大到新媒体领域，包括在线视频等，并且明确提出打击种族主义以及"垃圾邮件"等内容。在主体上，也对家长、未成年人和教育工作者给予了更多关注，该计划获批预算高达 4500 万欧元，近一半的预算用于提升用户对网络安全的认知。

该计划的重点包括四个方面。一是打击非法内容。在欧洲范围内资助并搭建了打击非法内容的热线网络，为面临非法和有害内容的儿童提供电话帮助热线。二是处理不需要和有害的内容，比如垃圾邮件、非法内容等。三是建设更安全的网络环境。这部分行动主要是对网络内容进行评级审查。值得注意的是，在这一时期，欧盟就将网络游戏和手机移动端网络纳入了管理和评估的范畴。四是提高对于数字安全的认识。欧盟将大量预算用于资助并开展与提升家长、未成年人和教育工作者对于数字安全认知有关的研究及行动，比如"欧盟儿童在线"研究计划。"欧盟儿童在线"是一个多国研究网络，旨在加强对欧洲儿童在线机会、风险和安全的了解。欧盟儿童在线一直由欧盟委员会的"儿童更好的互联网"计划（最初是"更安全的互联网"）资助，由伦敦政治经济学院索尼娅·利文斯通（Sonia Livingstone）教授负责协调，在德国汉斯·布雷多研究所（Hans-Bredow-Institut）全球儿童在线专家组的指导下开展工作。欧盟儿童在线为研究全球儿童的在线行为开发了一个原创的理论框架和研究工具包，并创造了比较研究成果的公共数据库。

2006~2014 年的家长控制工具测试（SIP BENCH）研究旨在帮助父母和儿童看护者选择最适合他们需求的家长控制工具。2007 年开展的"为儿童提供更安全的互联网（OPTEM—Safer Internet for children）"研究则是一项针对9~10 岁和12~14 岁儿童的定性研究，研究结果显示，儿童往往会低估与使用互联网相关的风险及后果。此外，2006~2009 年还组织了青少年保护圆桌会议，探讨如何防止未成年人在互联网中接触到有害的内容，打造更加安全的网络文化环境。

3. 2009~2013 年："更安全的互联网"计划（Safer Internet Programme）

随着媒介环境的不断变迁，欧洲议会和理事会于 2008 年 12 月 16 日通过了第 1351/2008/EC 号决议，推进 2009~2013 年的"更安全的互联网"计划，总预算高达 5500 万欧元。该计划旨在确保在线环境中的未成年人安全，并侧重于两个目标：一是增加其对于新技术的知识；二是更好地识别和应对未成年人在网络中所面临的风险。该计划不仅针对互联网中非法和有害内容，还针对实际行为。

该计划主要包含四个方面的内容。一是提高公众意识，特别是未成年人、父母和教师的网络风险认知。二是打击非法内容和有害行为，尤其是网络中儿童性虐待信息、在线欺凌和网络诈骗问题，促进国家、欧洲和国际层面的合作，鼓励相关利益攸关方分享信息和实践。三是推动实现更安全的在线环境，尤其是鼓励未成年人参与，以塑造更安全的在线环境。四是建立知识库，该知识库与欧洲未成年人数字安全领域的专家合作建立，包含在线环境和新兴技术对未成年人带来的风险以及后果。

此外，还围绕着网络欺凌、儿童性虐待等实际问题资助了许多调查研究和行动计划。2015~2016 年与芬兰、爱沙尼亚和匈牙利的四个非政府组织一起开展了青年参与网络欺凌预防计划，旨在提高青年对预防骚扰、恐吓和欺凌的参与度。英国、爱尔兰、意大利、荷兰、丹麦五个国家参与了"打击欧洲变童信息网络（Combating Paedophile Information Networks in Europe，COPINE）"项目，开发针对下载、交易、制作儿童性虐待图像（儿童色情制品）的认知行为治疗。"儿童性虐待者个人信息获取与使用（The collection and use of personal information on child sex offenders，CUPISCO）"项目对追踪被定罪的儿童性虐待者的共同登记系统进行了可行性研究，并对他们就业的情况进行了监管。"国际网络检举论坛联盟（INHOPE）"则旨在将欧洲各地寻求应对互联网上的儿童色情制品的热线集合起来。

4. 2014 年至今："为儿童创造更好的互联网"欧洲战略（European strategy for a Better Internet for Children）

2012 年 5 月 2 日，欧洲议会和理事会通过了"为儿童创造更好的互联网"欧洲战略。该战略的研究重点主要有以下几方面：一是鼓励为未成年人提供高质量的在线内容；二是提高在线安全意识和能力；三是为未成年人创造一个安全的在线环境；四是打击在线儿童性虐待内容。

欧盟理事会着重指出，互联网的互动性为发展青少年的媒介素养特别是数字素养提供了许多机会，有助于未成年人批判性思维、分析能力、创新和创造能力的提升。促进未成年人安全地适应不断发展的新技术，以安全和创造性的方式塑造自己的世界非常重要。如果对影响儿童的政策投资不足，将会对社会长期发展造成深远影响。因此，必须充分认识到未成年人在互联网中的特殊需求和脆弱性，使互联网成为欧洲所有未成年人发展的机会，尤其是对于残疾和有特殊需求的未成年人，必须缩小数字差距，促进多方利益相关者的互动，特别是政府部门、非政府组织和行业在欧洲层面的合作。

具体包括：鼓励使用开源软件和开放标准制作优质在线内容；通过制定年龄评级和内容分类系统，对在线内容进行评级，推动系统在不同国家和设备之间的普遍适用；在创建高质量的在线内容时注意处理语言障碍，如改进机器翻译，从而促进统一数字市场的建立；在学校中纳入在线安全和数字能力的教学，鼓励在学校各学科中使用互联网，支持教师培训；加强家长和未成年人学习，包括在青年组织中培训等形式；改进家长控制工具，使其在任何设备上都能有效工作，并提供尽可能多的语言版本，使家长了解家长控制工具的存在，同时保护未成年人的隐私权、信息权和言论自由等。

11.2.2　平台自治：制定行业准则，加强自我管理

欧盟推动域内数字安全保护的另一方式是通过成立儿童保护小组、发布指导协议以及联系行业协会与组织，牵头编制行业准则，鼓励互联网服务提供商、互联网平台加强自律和自我监管，依照行业标准，提升服务意识，不断加强对未成年人在线安全的保护。

2007 年 2 月，欧盟委员会促成了 83 家移动运营商签署了青少年和儿童更安全使用移动设备的欧洲框架（European Framework for Safer Mobile Use by Younger Teenagers and Children），这些运营商覆盖了 96% 的欧盟移动设备用户。这是欧洲移动服务提供商的一项自我监管倡议，旨在确保年幼的青少年和儿童可以安全地访问手机上的内容，具体行动如下：一是商业内容分类，移动运营商按照国家现行标准进行分类，辨别不适合儿童和青少年观看的内容；二是访问控制机制，为父母提供适当的方法来控制孩子访问移动设备中的内容；三是教育和意识提升，移动运营商向家长提供关于更安全地使用移动服务的建议，并建立确保客户能够随时报告安全问题的机制；四是打击移动设备和互联网上的非法内容，移动运营商与执法机构、国家当局和有关机构合作，打击互联网上的非法内容。2009 年欧盟推动活跃在欧洲的主要社交网络服务提供商签署了欧盟更安全的社交网络原则，这是一项社交网络服务提供商的行业自律协议，共有 21 家公司签署了该协议，承诺采取措施确保未成年人在其服务中的安全。2011 年欧盟委员会推动了欧洲互联网公司的 CEO 联盟，签署公司承诺了在本公司产品中更广泛地使用内容分类，加强家长控制机制的设置与使用，承诺有效监管并删除儿童性虐待材料等。

11.2.3　社会力量：提供教育资源，提升数字素养

欧盟治理体系的特色还在于将未成年人数字安全保护与未成年人数字素养提升充分结合起来，通过家长、教师、学校、社会团体等多方协作，实现对于未成年人全方位、多角度的保护。

欧盟委员会通过发布号召和行动规划的形式，成立了更安全的互联网中心（Safer Internet Centres），就数字问题向未成年人、家长、教师和照顾者提供信息、建议及帮助，并打击在线儿童性虐待。该中心下进一步成立了国家认知中

心（National Awareness Centre），旨在提高未成年人对于在线安全以及潜在的网络风险的认知，观察新兴技术的发展趋势，开展系列活动为家长、未成年人和教师提供最新咨询，组织全球性的互联网安全信息会议和活动，并努力增强青少年、父母、照顾者和教师的数字素养，使他们具备必要的技能和策略，从数字技术可能带来的机遇中受益。更安全的互联网中心的主要服务还包括组织互联网求助热线、处理网络欺凌等问题，为公众提供举报非法内容（尤其是儿童性虐待信息）的渠道。该中心还包括成立青年小组，为青年群体提供表达和交流的平台，交换对新兴的在线技术的看法、相关知识和资源，并且成为青年代表，就如何实现在线安全向有关组织和协会提供建议。

如前面所述，欧洲议会和理事会 2014 年通过了"为儿童创造更好的互联网"欧洲战略，并建立了"为儿童创造更好的互联网"网络平台（Betterinternetforkids. eu），这一平台整合了大量欧洲未成年人网络安全保护与发展的资源，开放提供关于互联网最新技术、发展趋势和应用程序的相关信息，以及在线的教育资源和视频，帮助未成年人安全地探索网络世界。例如，网站上的专题"数字第一步"（The first digital steps）就为 0～6 岁儿童的家长以及老师提供了加强儿童在未来生活中使用数字技术的能力、信心、安全感、创造力和意识的学习资源，形式多种多样，包括指南、演示文稿、学习网站等。类似的专题学习资源在该网站上有近两千个条目，针对不同年龄层、学习能力和发展诉求的未成年人，给予了丰富的资源选择。

同时，平台还会组织每年的"更安全互联网日"，与世界各地的未成年人及有关组织协会展开交流。此外，还会将未成年人在线安全领域的专家和其他利益相关者聚集在一起，组织培训或互联网论坛等活动，提供了一个展示青年思想、观点和经验的平台，鼓励青年小组成员和大使代表同龄人表达对于互联网发展的观点，共同提出改善互联网的倡议。这些青年小组成员的意见与建议将反馈给相关部门和行业组织，推动改善未成年人的网络环境。与此同时，平台还会组织欧洲媒体素养周，提高相关组织之间的跨境合作，并为青少年、家长以及教师提供上网指导以及媒介素养培训。在此基础上，平台鼓励开展数字技能与就业培训，提升欧洲年轻一代的数字技能与媒介素养，使数字能力能够真正与青年群体的职业选择及未来发展有机结合。

11.3　小　结

经过长期、连续的战略规划和行动，欧盟形成了法律法规、专项计划、行业规范、教育服务、社会组织有机统一的未成年人数字保护与发展体系。在法律的制定与适用上，欧盟往往为各成员国保留了一定的空间，可以结合自身的国情与理念，将欧盟立法的精神与原则灵活运用于本国的未成年人保护之中。在不断的发展与完善中，欧盟形成了既区别于其他国家，也区别于欧盟各成员国的独具特色的全面、灵活、协作的特点。

11.3.1　全面的保护体系

理解欧盟的未成年人数字安全保护体系，需要将欧盟的未成年人数字安全保护法律、政策、战略和行动置于"欧盟"这一主体的大背景之下理解。作为一个超国家的实体，欧盟的数字安全体系首先应当解决的是欧盟成员国在数字安全领域各自为政的状态，形成欧洲内部的数字安全协作网络与文化，提升欧盟和成员国应对数字安全问题的能力，针对各欧盟成员国普遍面临的数字安全问题提出法案并制定政策。因此，欧盟的未成年人数字安全保护体系具有很强的综合性和全面性。

在具体内容上，欧盟针对未成年人数字安全的相关法律政策也非常全面细致。比如在《鉴于不断变化的市场现实，修订关于协调成员国有关提供视听媒体服务的法律、法规或行政行为的规定的指令》① 中，欧盟就特别强调由于视听服务和互联网的深度融合，未成年人的观看习惯已经发生了显著变化，年轻一代更倾向于通过便携式设备来接收视听内容，因此需要更新相关的法律规定，来反映不断变化的市场状况。除了常规的儿童数据保护条款外，这一法律还非常详细地规定了在互联网视听节目的广告中，需要加强对于高盐、高糖、含有饱和脂肪与反式脂肪酸的食品饮料广告的审查，减少未成年人在网络视听

---

① 原名为：*The coordination of certain provisions laid down by law, regulation or administrative action in Member States concerning the provision of audiovisual media services (Audiovisual Media Services Directive) in view of changing market realities*。

节目中接触酒精饮料广告和饮酒信息，避免未成年人接触宣传赌博的在线视听内容等。这些细致的规定足以展现欧盟未成年人数字保护政策之严密。

11.3.2 灵活的规则适用

作为超国家的国际组织，欧盟在制定统一的法律之余，保留了很强的灵活性，以确保能够适应各成员国的实际情况，以共同的理念、原则和文化，而非僵硬的条文规定来确保欧洲未成年人的数字安全。

首先，欧盟会在统一制定的法律中，为各成员国留有一定空间，选择其适用的对象及方式。比如《通用数据保护条例》（*General Data Protection Regulation*，GDPR）中多条涉及未成年人的知情同意。而关于同意的年龄界定，GDPR 第八条规定如下："对于直接向未成年人提供的信息服务，儿童个人数据的处理在其年满 16 岁的情况下是合法的。如果未成年人未满 16 岁，只有在对未成年人负有父母责任的人给予授权同意或授权的情况下，此类处理才是合法的。"在此基础上，为了确保法律的灵活性与可执行性，GDPR 为各成员国的法律适用保留了一定空间，规定"成员国可以以法律形式为此目的降低限制年龄，前提是该年龄不低于 13 岁。"在实际操作层面，各成员国确实适用着不同年龄的标准，如荷兰、德国选择与 GDPR 保持一致，但英国、比利时和瑞典等国的标准相对宽松，采取的是将 13 岁作为界限。西班牙、意大利选择将 14 岁作为门槛，而法国、希腊在这一问题上的选择是以 14 岁作为年龄的界限。

除了硬性的法律法规之外，欧盟保留灵活性的另一体现是不直接制定法律，而是通过发布一系列的战略规划和指令，来为各成员国提供宏观指导。各成员国在战略指导下，根据自身实际发展需要，出台针对本国的法律法规，设计具体的执法部门和管理机构，这些成员国的法律、政策和组织与欧盟相互交错，形成了覆盖全面而又保持灵活、贴合实际的治理体系。

11.3.3 多主体的广泛协作

欧盟作为国家间的国际组织，最基本的特征就是协作，维护统一的欧洲市场，是欧盟大量政策法规的逻辑起点。在未成年人的数字安全保护领域，协作也是欧盟重要的特征。

　　一是跨国家的协作，欧盟采用政府或非政府间协作的方式，主导了大量的欧洲未成年人数字安全合作，比如 2008 年成立的欧洲儿童安全在线非政府组织联盟（European NGO Alliance for Child Safety Online，eNACSO），是一个由来自欧盟 23 个儿童权利非政府组织组成的网络，其使命是促进和支持国家、欧洲和国际层面的行动，以保护并促进儿童在互联网和新技术方面的权利。这一组织的资金支持来自欧盟、欧洲议会和理事会 2008 年 12 月 16 日第 1351/2008/EC 号决定，该决定制定了一项关于使用互联网和其他通信技术保护儿童的欧盟方案，其中就包括对于这一组织的资金支持。这一非政府组织则通过制定联合战略，并向国家、欧洲和国际决策者以及其他利益相关方提出建议的方式影响欧盟及其各成员国的儿童数字安全政策。

　　二是多主体的广泛参与。欧盟的治理体系中，成员国只是其中一环，更为重要的是，欧盟十分强调社会组织、研究机构、互联网企业、学校和家长等主体广泛参与到儿童数字安全保护中来。除了主导了众多研究机构、社会组织参与的社会调查、研究和行动之外，在欧盟关于未成年人数字安全的立法中，也多次强调社会参与和教育培训的重要性。如在保护《未成年人和人权尊严建议》① 中就提出为了促进未成年人负责任地使用视听和在线信息服务，提高家长、教师和培训人员的媒体素养，应当通过在学校教育中的持续培训、在教育机构和公共场所提供信息获取途径等方式加强未成年人保护的社会参与。《2011 年 12 月 13 日欧洲议会和理事会关于打击对儿童的性虐待和性剥削及儿童色情制品的第 2011/93/EU 号指令》② 中第二十三条，也提及多主体的共同参与：

　　1. 成员国应采取适当的措施，例如教育和培训，以阻止和减少对儿童进行一切形式性剥削的需求助长；

　　2. 会员国应酌情与相关民间社会组织和其他利益相关方合作，采取适当行动（包括借助互联网），例如信息和提高认识运动、研究和教育计划，以提高认识并降低儿童成为性虐待或性剥削受害者的风险；

　　3. 对可能与性虐待或性剥削的儿童受害者接触的官员，包括一线警察，

---

　　① 原名为：*The protection of minors and human dignity and on the right of reply in relation to the competitiveness of the European audiovisual and on-line information services industry*。

　　② 原名为：*Directive 2011/93/EU of the European Parliament and of the Council of 13 December 2011 on combating the sexual abuse and sexual exploitation of children and child pornography，and replacing Council Framework Decision 2004/68/JHA*。

会员国应进行定期培训，以使他们能够识别和处理儿童受害者。

协作共治、共同参与成为欧盟未成年人数字安全体系的重要特征，在欧盟相关政策法规中得到不断重申与强调。

总体而言，欧盟通过统一的立法与欧盟主导下的一体化保护体系两线并举，以确保欧盟未成年人的数字保护与发展，形成了全面、灵活、协作的特征。

欧盟的治理体系坚持保护与发展并举。一方面，通过长期的专项资金投入和持续的战略计划，将欧盟各成员国以及互联网服务提供商、非政府组织、家长、学校、未成年人等主体牢牢编织在体系中，借助牵头编制行业准则的方式，引导互联网企业以及服务提供商加强行业自律与自我管理。另一方面，在加强保护的基础上，欧盟还非常注重对未成年人数字素养与能力的培养，通过提供教育资源、加强培训、组织交流活动等方式鼓励未成年人安全、自由地探索互联网世界，学习新兴技术，并最终实现自身发展。

索　引

45/2001 and Decision No 1247/2002/EC（Text with EEA relevance.）

6. 视听服务指令　Directive（EU）2018/1808 of the European Parliament and of the Council of 14 November 2018 amending Directive 2010/13/EU on the co-ordination of certain provisions laid down by law, regulation or administrative action in Member States concerning the provision of audiovisual media services（Audiovisual Media Services Directive）in view of changing market realities

7. "更安全的互联网行动" 计划　Action plan for a Safer Internet, 1999 – 2004

8. 更安全的 "互联网 +" 计划　Safer Internet Plus, 2005 – 2008

9. 更安全的互联网计划　Safer Internet Programme, 2009 – 2013

10. "为儿童创造更好的互联网" 欧洲战略　European strategy for a Better Internet for Children, 2014 年至今

11. 更好地保护在线未成年人联盟　Alliance to better protect minors online

12. 欧洲青少年和儿童更安全使用移动设备框架　European Framework for Safer Mobile Use by Younger Teenagers and Children

13. 欧盟 "更安全的社交网络原则" 自律倡议　The Safer Social Networking Principles for the EU

14. "让互联网成为儿童更好的空间" CEO 联盟　CEO Coalition to Make the Internet a better place for Kids

15. 欧盟儿童在线调查　EU Kids Online

16. 媒体教育应用研究　MEDIAPPRO

17. "更安全的互联网" 欧洲晴雨表研究　"Safer Internet" Eurobarometer Study

18. 家长控制工具测试　SIP BENCH

19. 青少年保护圆桌会议　Youth Protection Roundtable

20. 欧洲儿童安全在线非政府组织联盟　European NGO Alliance for Child Safety Online

21. 儿童移动网络研究　Net Children Go Mobile

22. 达芙妮倡议　The Daphne Initiative

23. 更安全的互联网中心　Safer Internet Centres

24. 更安全的互联网论坛　Safer Internet Forum

参 考 文 献

1. 艾云：《韩国互联网信息安全治理结构、特点》，载于《信息网络安全》2007 第 12 期，第 60~63 页。

2. 安琳：《儿童个人信息网络保护的困境与制度应对——基于对"监护人同意"模式的反思》，载于《图书馆研究》2022 年第 52 卷第 1 期，第 104~112 页。

3. 薄贵利：《论国家战略的科学内涵》，载于《中国行政管理》2015 年第 7 期，第 70~75 页。

4. 蔡韶莹：《美国公共图书馆儿童数字素养教育调研与分析》，载于《图书馆建设》2020 年第 6 期，第 142~151 页。

5. 蔡雄山、柳雁军、曹建峰：《未成年人沉迷网络游戏是个问题，但为何韩国"游戏宵禁"制度却招来一堆麻烦》，腾讯研究院（2016-11-01）[2022-04-09]，https：//www. huxiu. com/article/169206. html。

6. 陈昌凤：《网络治理与未成年人保护——以日韩青少年网络保护规制为例》，载于《新闻与写作》2015 年第 11 期，第 50~53 页。

7. 陈珑绮：《新加坡公众信息素养教育实践研究》，载于《图书馆学研究》2021 年第 6 期，第 65~74 页。

8. 陈尚文：《韩国这样管网游：半夜不让玩，花钱设上限，转移注意力》，人民网（2018-09-05）[2022-08-25]，http：//finance. sina. com. cn/roll/2018-09-05/doc-ihiixyeu3365774. shtml.

9. 程文：《美国"连接教育计划"解读》，载于《世界教育信息》2015 年第 28 卷第 9 期，第 43~48 页。

10. 程雪阳：《荷兰文化市场监管的经验及其启示》，载于《浙江社会科学》2013 年第 8 期，第 92~96 页。

11. 崔小倩：《网络儿童色情制品犯罪若干问题研究》，复旦大学硕士学位论文，2014 年。

12. 崔英玉：《韩国基础教育信息化战略研究》，载于《中国信息技术教育》2013 年第 12 期，第 99～101 页。

13. 董晓梦、满运玖：《潜藏在屏幕另侧的触手与凝视——防范未成年人网络性侵害呼吁多方共治》，载于《信息安全与通信保密》2021 年第 9 期，第 18～26 页。

14. 杜智涛、刘琼、俞点：《未成年人网络保护的规制体系：全球视野与国际比较》，载于《青年探索》2019 年第 4 期，第 17～30 页。

15. 方芳：《关于赴荷兰、英国考察未成年人保护工作的情况报告》，载于《预防青少年犯罪研究》2016 年第 3 期，第 118～123 页。

16. 冯帮、何淑娟：《澳大利亚中小学反校园欺凌政策研究——基于〈国家安全学校框架〉解读》，载于《外国中小学教育》2017 年第 11 期，第 35～43 页。

17. 冯瑞华：《发达国家信息素质教育的成功经验》，载于《继续教育研究》2008 年第 10 期。

18. 付新华：《大数据时代儿童数据法律保护的困境及其应对——兼评欧盟〈一般数据保护条例〉的相关规定》，载于《暨南学报：哲学社会科学版》，2018 年第 12 期，第 87 页。

19. 龚文庠、张向英：《美国、新加坡网络色情管制比较》，载于《新闻界》2008 年第 5 期，第 131～134 页，第 145 页。

20. 郭明飞、胡玲玲：《国外微博空间意识形态管理经验及其启示》，载于《淮阴师范学院学报（哲学社会科学版)》2015 年第 37 卷第 6 期，第 804～811 页。

21. 郭爽：《美国视频平台优兔涉嫌非法收集儿童信息》，新华网（2018 - 04 - 10）[2022 - 07 - 28]，http：//us. xinhuanet. com/2018 - 04/10/c_1122662571. htm。

22. 何恩基：《美国儿童网络保护政策分析》，载于《电化教育研究》2002 年第 4 期，第 62～66 页。

23. 胡诗慧：《儿少网安危机 立委、业界同关心》，雅虎新闻（2021 - 02 - 25），https：//tw. news. yahoo. com/兒少網安危機 - 立委 - 業界同關心 - 084703593. html。

24. 黄成宏：《儿童电话手表电池易爆炸？表带致癌？——〈消费者报道〉发布 6 款儿童手表检测结果》，载于《消费者报道》2018 年第 1 期，第 52～55 页。

25. 黄秋红：《美、日等国个人信息保护的立法特点》，载于《人民法院报》2022 年 1 月 21 日，第 8 版。

26. 黄天红：《联邦与州协同治理：美国防治青少年网络欺凌的立法实践》，载于《世界教育信息》2021 年第 34 卷第 7 期，第 73～77 页。

27. 黄先蓉、程梦瑶：《澳大利亚网络内容监管及对我国的启示》，载于《出版科学》2019 年第 3 期，第 104～109 页。

28. 黄晓林、张亚男、吴以源：《共同打造儿童数字未来——欧美儿童数据保护对我国的借鉴》，载于《信息安全与通信保密》，2018 年第 8 期，第 48～57 页。

29. 黄志雄、刘碧琦：《德国互联网监管：立法、实践及启示》，载于《中国欧洲学会欧洲法律研究会 . 中国欧洲学会欧洲法律研究会第九届年会论文集》，中国欧洲学会欧洲法律研究分会，2015 年，第 98～116 页。

30. 贾焰、李爱平、李欲晓、李树栋、田志宏、韩毅、时金桥、林彬：《国外网络空间不良信息管理与趋势》，载于《中国工程科学》2016 年第 18 卷第 6 期，第 94～98 页。

31. 姜闽虹：《德国对青少年的网络聊天管理及保护》，载于《北京青年研究》2014 年第 1 期，第 82～86 页。

32. 匡林：《国外网游如何分级管理：澳大利亚禁止销售未分级游戏》，参政消息（2015 - 06 - 16）［2022 - 08 - 06］，http：//ihl. cankaoxiaoxi. com/2015/0616/820083. shtml？fr = pc。

33. 雷雪：《图书馆未成年人数字素养培育研究进展》，载于《图书馆建设》2021 年第 6 期，第 131～138 页，第 164 页。

34. 李宝敏、李佳：《美国网络素养教育现状考察与启示——来自 Lee Elementary School 的案例》，载于《全球教育展望》2012 年第 41 卷第 10 期，第 69～75 页。

35. 李斌：《澳大利亚如何依法治网》，载于《青年记者》，2015 年第 15 期，第 84～85 页。

36. 李静、王晓燕：《新加坡网络内容管理的经验及启示》，载于《东南亚研究》2014 年第 5 期，第 27～34 页。

37. 李子仪、姬德强：《数字劳工的"罢工"？——作为加速社会"减速策略"的数字反连接研究》，载于《新闻界》2021 年第 11 期，第 43～55 页。

38. 刘伯贤：《网络舆论引导艺术：与领导干部谈识网用网》，新华出版社

2015 年版，第 308 页。

39. 刘恩东：《美国网络内容监管与治理的政策体系》，载于《治理研究》2019 年第 35 卷第 3 期，第 102～111 页。

40. 刘恩东：《新加坡网络监管与治理的组织机制》，载于《理论导报》2016 年第 9 期，第 46～47 页。

41. 刘慧、刘玲玲、沈小晓：《多国出招助未成年人摆脱网瘾（国际视点）》，手机人民网（2022 - 01 - 19），http：//m. people. cn/n4/2022/0119/c23 - 15401882. html。

42. 刘磊、李文静：《新加坡应对青少年网络成瘾的对策与启示》，载于《内蒙古教育（职教版）》2013 年第 1 期，第 28 页，第 80 页。

43. 刘名洋：《儿童色情网站调查：八百余万注册会员，服务器隐藏境外》，新京报（2020 - 03 - 27）［2022 - 07 - 25］，https：//www. bjnews. com. cn/detail158532191915841. html。

44. 刘宪权、林雨佳：《青少年网络欺凌现象的刑法规制》，载于《青少年犯罪问题》2017 年第 4 期，第 43～50 页。

45. 刘亚轩：《国外小学安全教育及其启示》，载于《教学与管理》2010 年第 26 期，第 55～58 页。

46. 卢家银：《德国青少年在线活动的法律保护框架》，载于《青年记者》2012 年第 31 期，第 79～80 页。

47. 卢家银：《利益平衡：英美青少年在线活动的法律保护原则》，载于《中国青年政治学院学报》2012 年第 31 卷第 6 期，第 20～24 页。

48. 罗皓：《新加坡国家图书馆网络素养教育探析》，载于《图书馆学研究》2014 年第 23 期，第 98～101 页。

49. 马菲、彭敏：《依法治理网络乱象，净化网络生态》，人民日报（2022 - 05 - 10）［2022 - 08 - 24］，https：//m. gmw. cn/baijia/2022 - 05/10/35722888. html。

50. 马宁、周鹏琴、谢敏漪：《英国基础教育信息化现状与启示》，载于《中国电化教育》2016 年第 9 期，第 30～37 页。

51. 马致远：《大数据时代下被遗忘权研究》，载于《山东理工大学学报（社会科学版）》2019 年第 35 卷第 4 期，第 61～65 页。

52. 明乐齐：《暗网犯罪的趋势分析与治理对策》，载于《犯罪研究》2019 年第 4 期，第 65～76 页。

53. 牛静：《新加坡网络管理体制探究》，电子政务网（2012 - 04 - 14）［2022 - 05 - 26］，http：//www. e - gov. org. cn/article-83623. html。

54. 申玹丞：《试论韩国的信息网络犯罪及相关文化政策》，载于《东疆学刊》2007 年第 3 期，第 16～21 页。

55. 沈达：《美国的未成年人网络保护立法》，载于《网络传播》2020 年第 9 期，第 64～68 页。

56. 沈霄、王国华：《基于整体性政府视角的新加坡"智慧国"建设研究》，载于《情报杂志》2018 年第 11 期，第 69～75 页。

57. 宋颖超：《韩国〈青少年儿童保护法〉研究》，上海外国语大学 2019 年硕士学位论文。

58. 孙彩月：《〈联合国儿童权利公约〉与美国法律下的儿童权利》，载于《山西省政法管理干部学院学报》2016 年第 29 卷第 3 期，第 30～33 页。

59. 孙慧娟：《德国对未成年人犯罪社会危险因素的立法及启示》，载于《预防青少年犯罪研究》2020 年第 5 期，第 89～96 页。

60. 孙云晓等：《当代未成年人法律译丛：日本卷》，中国检察出版社 2005 年版，第 1～2 页。

61. 汤盛佳、周崇文、金华捷：《未成年人网络性侵害犯罪的惩治与预防》，载于上海市法学会《上海法学研究》集刊 2020 年第 20 卷，第 76～82 页。

62. 唐家鸿：《触爱网络健全服务推出 地铁车厢信息提高国人网络霸凌意识》，联合早报网（2018 - 02 - 07）［2022 - 07 - 04］，https：//www. zaobao. com. sg/news/singapore/story20180207 - 833348。

63. 汪靖：《美国儿童网络隐私保护的二十年：经验与启示》，载于《媒介批评》2019 年第 1 期，第 18 页。

64. 王春迎、李良瑜：《新加坡公共图书馆公众信息素养教育发展实践及启示》，载于《图书馆学研究》2021 年第 7 期，第 94～101 页。

65. 王大可：《网络游戏中未成年人保护法律问题研究》，辽宁大学 2018 年硕士学位论文。

66. 王崇兴：《美国拒绝批准联合国〈儿童权利公约〉原因探析》，载于《南京师大学报（社会科学版）》2006 年第 2 期，第 53～57 页。

67. 王家瑜：《孩子网游戏成瘾是警讯？研究：恐酿 5 种精神疾病》，TVBS 新闻网（2020 - 12 - 02）［2022 - 08 - 04］，https：//news. tvbs. com. tw/life/1426056。

68. 王素、姜晓燕、王晓宁：《全球"数字化"教育在行动》，中国教育新闻网（2019 – 11 – 15）［2022 – 05 – 11］，http：//www. jyb. cn/rmtzgjyb/201911/t20191115_274718. html。

69. 王婉妮：《美国预防网络淫秽色情信息危害未成年人的规制研究》，载于《首届长三角影视传媒研究生学术论坛论文集》，2015 年，第 213 ~ 223 页。

70. 王莺、孙力：《军民融合与国家战略体系的一体化》，载于《理论与改革》2018 年 4 期，第 70 ~ 78 页。

71. 王贞会、王大可：《韩国预防性侵未成年人犯罪的立法发展与经验启示》，载于《中国青年社会科学》2021 年第 5 期，第 132 ~ 140 页。

72. 王峥、刘译阳、崔颖：《近十年国外图书馆营销理论与实践进展及其启示》，载于《图书情报工作》2020 年第 64 期第 24 卷，第 122 ~ 132 页。

73. 王正青：《大数据时代美国学生数据隐私保护立法与治理体系》，载于《比较教育研究》2016 年第 38 卷第 11 期，第 28 ~ 33 页。

74. 魏小梅：《荷兰中小学生数字素养学习框架与实施路径》，载于《比较教育研究》2020 年第 12 期。

75. 温静：《德国保护青少年的网络媒体法制》，上海交通大学 2011 年硕士学位论文。

76. 夏勇、杨新绿：《美国和德国关于网络服务提供者制止儿童色情材料之义务设定》，来读网（2017 – 01），http：//www. raduga. com. cn/skwx_eypt/LiteratureReading. aspx？ID = 937416。

77. 肖君、李雪娇：《ICT 与教育平衡下的荷兰基础教育信息化》，载于《中国电化教育》2017 年第 3 期，第 44 ~ 49 页，第 57 页。

78. 肖婉、张舒予：《澳大利亚反网络欺凌政府监管机制及启示》，载于《中国青年研究》2015 年第 11 期，第 114 ~ 119 页。

79. 徐斌艳：《德国青少年数字素养的框架与实践》，载于《比较教育学报》，2020 年第 5 期，第 76 ~ 87 页。

80. 徐金毅：《韩国互联网未成年人有害信息监管法律制度研究》，西南大学硕士学位论文，2013 年。

81. 徐晶晶：《中、美教育信息化可持续发展比较研究及启示》载于《中国电化教育》2017 年第 11 期，第 28 ~ 35 页，第 51 页。

82. 许欢、尚闻一：《美国、欧洲、日本、中国数字素养培养模式发展述评》，载于《图书情报工作》2017 年第 61 卷第 16 期，第 98 ~ 106 页。

83. 薛澜、陈玲：《制度惯性与政策扭曲：实践科学发展观面临的制度转轨挑战》载于《中国行政管理》2010 年第 8 期，第 7 ~ 9 页。

84. 薛前强：《论大数据时代未成年人被遗忘权的法律构建——兼评美国加州第 568 号法案》，载于《中国青年社会科学》2015 年第 34 卷第 5 期，第 126 ~ 131 页。

85. 学校管理工作指导小组：《学校网络安全与教育活动（下）》，沈阳：辽海出版社 2011 年第 3 版，第 62 页。

86. 闫德利：《数字英国：打造世界数字之都》载于《新经济导刊》2018 年第 10 期，第 28 ~ 33 页。

87. 严三九：《论网络内容的管理》，载于《广州大学学报（社会科学版）》2002 年第 5 期，第 67 ~ 71 页。

88. 姚立：《法国依法监管互联网》，光明网（2010 - 07 - 26）［2022 - 08 - 25］，https：//www. gmw. cn/01gmrb/2010 - 07/26/content_1192197. htm。

89. 叶伟强：《媒体通识理事会推出 两新素材加强国人辨识假信息能力》，联合早报网（2019 - 03 - 12）［2022 - 07 - 04］，https：//www. zaobao. com. sg/znews/singapore/story20190312 - 939094。

90. 叶依宁：《实名制管理 新加坡多方面促进社交媒体健康发展》，中国日报中文网（2014 - 09 - 24）［2022 - 07 - 04］，http：//world. chinadaily. com. cn/2014 -09/24/content_18650874. htm。

91. 尹睿：《未来学习者，你准备好了吗——美国 ISTE〈学生标准〉解读及启示》，载于《现代远程教育研究》2018 年第 1 期，第 58 ~ 67 页。

92. 于佳靓：《韩国：教育信息化有哪些新动向》，中国教育新闻网（2022 - 05 - 10）［2022 - 07 - 26］，http：//www. jyb. cn/rmtzgjsb/202205/t20220510_692600. html。

93. 于靓：《大数据时代未成年人被遗忘权的法律保护》，载于《江海学刊》2018 年第 2 期，第 149 ~ 155 页，第 239 页。

94. 张晨婧、王瑛、汪晓东、焦建利、张英华：《国内外教育信息化评价的政策比较、发展趋势与启示》，载于《远程教育杂志》2015 年第 33 卷第 4 期，第 22 ~ 33 页。

95. 张慧中、马菲、彭敏：《依法治理网络乱象，净化网络生态》，互联网大会（2022 - 05 - 10）［2022 - 05 - 11］，http：//www. wicwuzhen. cn/web21/news/cqwl/202205/t20220510_24205444. shtml。

96. 张建军、高启明：《新加坡互联网公共教育制度研究》，载于《新媒体研究》2018 年第 5 期，第 81～83 页。

97. 张秋菊：《美国发布〈2018－2023 年 STEM 教育战略规划〉》，中国科学院科技战略咨询研究院（2019－01－29），http：//www.casisd.cn/zkcg/ydkb/kjzcyzxkb/kjzczxkb2019/kjzczxkb201902/201901/t20190129_5236494.html。

98. 张咏华：《中外网络新闻业比较》，清华大学出版社 2004 年版，第 85 页。

99. 张云晓、张美英：《当代未成年人法律译丛（美国卷）》，北京：中国检察出版社 2006 年版，第 6 页。

100. 赵合俊：《禁止儿童性剥削——国际法与国内法之比较研究》，载于《妇女研究论丛》2013 年第 1 期，第 40～46 页。

101. 赵建华、蒋银健、姚鹏阁、李百惠：《为未来做准备的学习：重塑技术在教育中的角色——美国国家教育技术规划（NETP2016）解读》，载于《现代远程教育研究》2016 年第 2 期，第 3～17 页。

102. 周慧莲：《他山之石——国外儿少个人资料保护与教育》，载于《台湾教育评论月刊》2020 年第 9 卷第 4 期，第 81～88 页。

103. 周佳贵：《宽带普及背景下美国对公共图书馆数字素养教育的支持研究》，载于《山东图书馆学刊》2020 年第 1 期，第 102～107 页。

104. 周平艳、魏锐、刘晟、师曼、陈有义、刘霞、刘坚：《提出 21 世纪核心素养的驱动力研究》，载于《华东师范大学学报（教育科学版）》2016 年第 34 期第 3 版，第 22～28 页，第 114 页。

105. 周小李、王方舟：《数字公民教育：亚太地区的政策与实践》，载于《比较教育研究》2019 年第 41 卷第 8 期，第 3～10 页。

106. 周学峰：《未成年人网络保护制度的域外经验与启示》，载于《北京航空航天大学学报（社会科学版）》2018 年第 31 卷第 4 期，第 1～10 页。

107. 朱健齐、陈用恒、苟万幸：《浅析韩国互联网监管机制及"善意回帖"运动对网络暴力的治理成效》，载于《汕头大学学报（人文社会科学版）》2017 年第 11 期，第 148～151 页。

108. 朱晶：《国外校园网络欺凌的干预策略》，载于《中国社会科学报》2021 年第 9 期。

109. 朱松岭、王颖：《青少年网络暴力的治理路径初探》，载于《中国青年社会科学》2020 年第 39 期第 3 卷，第 126～133 期。

110. 庄腾腾、谢晨：《我国中小学生技术素养测评工具设计探析——基于国际科学与技术素养测评框架》，载于《华东师范大学学报（教育科学版）》2018 年第 36 卷第 6 期，第 42~53 页，第 155 页。

111. 自正法：《韩国少年刑事诉讼程序的运行模式及其启示》，载于《兰州学刊》，2020 年第 10 期。

112. ［美］海伦娜·罗森布拉特（Helena Rosenblatt）：《自由主义被遗忘的历史：从古罗马到 21 世纪》，徐曦白译，社会科学文献出版社 2020 年版。

113. ［英］萨利·斯皮尔伯利：《媒体法》，周文译，武汉大学出版社 2004 年版。

114. 《［新华网］美国政府再度推动实施〈儿童在线保护法〉》，中国扫黄打非网（2006 – 11 – 15），http：//www. shdf. gov. cn/shdf/contents/769/48942. html。

115. 《惩防网络谣言是国际社会共同选择》，人民网（2013 – 06 – 21）［2022 – 08 – 24］，http：//media. people. com. cn/n/2013/0621/c40606 – 21921183. html。

116. 《惩治网络暴力，是法不责众还是法要责众？暴力如何立法入刑》，澎湃（2022 – 03 – 14）［2022 – 05 – 11］，https：//m. thepaper. cn/newsDetail_forward_17104804。

117. 《出海韩国必备指南：详解 3000 万万件的游戏市场》，新浪游戏（2020 – 04 – 20）［2022 – 04 – 09］，http：//games. sina. com. cn/y/n/2020 – 04 – 20/irczymi7369181. shtml。

118. 《德国：推动媒介素养融入终身教育》，《中国教育报》2021 年 4 月 29 日第 9 版，［2022 – 05 – 25］，http：//www. jyb. cn/rmtzgjyb/202104/t20210429_553852. html。

119. 《德国警方一举捣毁超大型儿童色情平台》，Deutsche Welle（2021 – 05 – 04）［2022 – 06 – 14］，https：//www. dw. com/zh/德国警方一举捣毁超大型儿童色情平台/a-57420467。

120. 《德国性侵儿童网络大案：线索指向 3 万嫌疑人》，Deutsche Welle（2020 – 06 – 29）［2022 – 05 – 14］，https：//www. dw. com/zh/德国性侵儿童网络大案线索指向 3 万嫌疑人/a-53986003。

121. 《德警方捣毁儿童色情网络 会员近九万》，Deutsche Welle（2017 – 07 – 06）［2022 – 06 – 14］，https：//www. dw. com/zh/德警方捣毁儿童色情网

络－会员近九万/a-39573885。

122.《对性侵儿童的恶人，这些国家都怎么治?》，新华报业网（2019－
07－04）［2022－05－02］，http：//www. xhby. net/index/201907/t20190704_
6250422. shtml。

123.《儿童隐私问题不可忽视，新加坡欲新增儿童隐私保护法》，快读网
（2021－03－20）［2022－07－27］，https：//fastread. xyz/posts/256363。

124.《法国严禁学生带手机进校园，新加坡却恰恰相反，你怎么看?》，
壹读网（2018－02－26），https：//read01. com/oLBn456. html。

125.《游戏成瘾被 WHO 列为精神病，韩国文体部反对》，观察者网
（2019－05－27）［2022－05－11］，https：//baijiahao. baidu. com/s? id=
1634692854050066505&wfr=spider&for=pc。

126.《防止未成年人沉迷网游，这道题到底应该怎么解》，亚洲日报
（2021－09－03）［2022－05－11］，https：//www. yazhouribao. com/view/2021
0903141349488。

127.《国脉观察｜中国应该从韩国网络监督学习什么》，国脉电子政务网
（2015－01－06）［2022－04－02］，http：//www. echinagov. com/news/39900.
htm。

128.《国外网络信息立法情况综述》，中国人大网（2012－11－16）
［2022－07－25］，http：//www. npc. gov. cn/npc/c16115/201211/a4fa87828d0
444d7904a3372b1ad800e. shtml。

129.《韩国戒网瘾学校扩招 实效性遭医学界质疑》，新浪游戏（2012－
01－25）［2022－05－11］，http：//games. sina. com. cn/y/n/2012－01－25/
1410576469. shtml。

130.《韩国实名制兴废记》，南方周末（2012－01－12）［2022－5－11］
http：//www. infzm. com/contents/67455。

131.《韩国通过"郑仁法"加强儿童保护》，南昌新闻网（2021－01－
10）［2022－05－02］，https：//www. ncnews. com. cn/xwzx/gjxw/202101/t2021
0110_1662971. html。

132.《韩国修法杜绝网络性犯罪，从9月开始实施》，亚洲日报（2021－
03－23）［2022－05－03］，https：//www. yazhouribao. com/view/202103230805
53305。

133.《韩媒回顾2019：因网络暴力而沉重，相应法律能否出台?》，中国

新闻网（2020－01－02）［2022－05－11］，https：//www. chinanews. com. cn/gj/2020/01－02/9049451. shtml。

134.《韩调查：韩国学生遭受的校园暴力有所减少，但网暴增加 3 倍》，环球网（2021－04－21）［2022－05－10］，https：//news. mydrivers. com/1/653/653024. htm。

135.《家长监护对儿童账号的影响》，EA 协助中心（2021－09－10），https：//help. ea. com/hk/help/account/online-access-for-child-accounts/。

136.《家长监护对儿童账号的影响》，EA 协助中心（2021－09－10），https：//help. ea. com/hk/help/account/online-access-for-child-accounts/。

137.《解读：2021 新加坡网络安全战略》，安全内参（2021－11－12）［2022－05－26］，https：//www. secrss. com/articles/36020。

138.《联合国公布全球网络安全指数 新加坡排名第一》，人民网（2017－07－07）［2022－09－09］，http：//it. people. com. cn/n1/2017/0707/c1009－29389130. html。

139.《美国严密管控互联网 专门机构监管网络》，搜狐网（2011－04－29），https：//it. sohu. com/20110429/n280452934. shtml。

140.《美国政体的结构与运作》，美国国务院国际信息局出版物（2005－10），https：//web-archive-2017. ait. org. tw/infousa/zhtw/PUBS/AmGov/federal. htm。

141.《你的孩子安全上网了吗？76% 的新加坡教师：家长努力的不够》，狮城新闻（2019－03－19），https：//www. shicheng. news/v/7o69q。

142.《欧盟议会：关于保护儿童免遭性剥削和性虐待公约》，coe. int［2022－03－28］，https：//www. coe. int/en/web/conventions/full-list/-/conventions/rms/0900001680084822。

143.《日本网络欺凌对策：加入中小学教育、公开欺凌者信息，有效遏止事件发生吗？》，端传媒（2020－09－14）［2022－08－04］，https：//theinitium. com/roundtable/20200914-roundtable-international-cyberbullying-jp/。

144.《手机沉迷严重！韩国开设青少年网瘾治疗中心：30% 青少年过度依赖》，快科技（2019－10－22）［2022－05－11］，https：//news. mydrivers. com/1/653/653024. htm。

145.《外国对互联网监管有哪些"狠招"？》，中华人民共和国国家互联网信息办公室（2015－01－14），http：//www. cac. gov. cn/2015－01/14/c_1113

995015_4. htm。

146.《西方国家互联网企业的免疫系统——建立行业自律组织》，新浪财经（2010 - 08 - 11）［2022 - 07 - 25］，http：//finance. sina. com. cn/roll/2010 0811/21318465407. shtml。

147.《新加坡政界提出"互联网开关"概念以阻止未成年人访问不适当内容》，DailyClipper（2021 - 10 - 28）［2022 - 07 - 04］，https：//dailyclipper. net/news/2021/10/28/148666/。

148.《亚洲观察：重新认识新加坡》，搜狐网（2018 - 11 - 11）［2022 - 07 - 04］，https：//www. sohu. com/a/274552178_481520。

149.《营造良好网络空间 保护青少年健康成长（国际视点)》，新浪科技（2021 - 06 - 22）［2022 - 05 - 26］，https：//finance. sina. com. cn/tech/2021 - 06 - 22/doc-ikqcfnca2418573. shtml。

150.《与受监管账号有关的家长常见问题解答》，YouTube 帮助［2021 - 09 - 17］，https：//support. google. com/youtube/answer/10315824？hl = zh-Hans。

151.《中外资讯》：载于《中外玩具制造》2017 年第 3 期，第 78、80、82、84 页。

152. About Us，PDPC［2022 - 09 - 09］，https：//www. pdpc. gov. sg/Who-We-Are/About-Us.

153. Agencies，Ministry of Communications and Information［2022 - 09 - 08］，https：//www. mci. gov. sg/agencies.

154. Alex Scroxton，"UK tech companies launch online safety body"，Computer Weekly（2020 - 04 - 27）［2022 - 03 - 15］，https：//www. computerweekly. com/news/252482195/UK-tech-companies-launch-new-online-safety-body.

155. Aslan，A.，and Z. Chang. "Pre-Service Teachers' Perceptions of ICT Integration in Teacher Education in Turkey." Turkish Online Journal of Educational Technology，2015，14（3)，pp. 97 - 110.

156. B Vrettos，M Bacina："Bolstering eSafety with Blockchain?"，BITS OF BLOCKS（2021 - 01 - 29）［2022 - 04 - 20］，https：//www. bitsofblocks. io/post/bolstering-esafety-with-blockchain.

157. Bert-Jaap Koops. Cybercrime Legislation in the Netherlands. Electronic Journal of Comparative Law，2010，14（3)，pp. 24 - 25.

158. Blake J. Harris. "Part 7: Think Globally，Act Digitally"，ESRB（2020 -

01 – 13），https：//www. esrb. org/about/part- 7 -think-globally-act-digitally/.

159. CHARLES R. BREYER，PATRICIA K. CUSHWA，JONATHAN J. WROBLEWSKI，"2021 GUIDELINES MANUAL ANNOTATED"，United States Sentencing Commission（2021 – 11 – 01）［2022 – 07 – 29］，https：//www. ussc. gov/guidelines/2021-guidelines-manual/annotated- 2021-chapter- 2 -e-k#NaN.

160. Children and Social Work Act 2017，［2022 – 04 – 01］，https：//www. legislation. gov. uk/ukpga/2017/16/contents.

161. CNN，"Arizona radio station PSA tells listeners how to 'hide' child porn"，abc15 Arizona（2017 – 05 – 12）［2022 – 07 – 28］，https：//www. abc15. com/news/national/arizona-radio-station-psa-tells-listeners-how-to-hide-child-porn.

162. Common Sense. ［2022 – 05 – 02］，https：//www. commonsense. org/.

163. Corinne Singleton，Linda Shear，Emi Iwatani，Natalie Nielsen，Ann House，Sara Vasquez，Tallie Wetzel，Sarah Gerard，"The Apple and ConnectED Initiative：Baseline and Year 2 Findings from Principal，Teacher，and Student Surveys"，SRI（2018 – 08）［2022 – 09 – 01］，https：//www. sri. com/wp-content/uploads/2021/12/appleandconnectedsurveyrpt. pdf.

164. Cyber Youth Singapore. ［2022 – 07 – 04］，https：//www. cyberyouth. sg/about-us.

165. CYNTHIA CHOO，"Two New Media Literacy Resources to Teach Youth How to Spot Fake News"，Today（2019 – 03 – 11），https：//www. todayonline. com/singapore/two-new-media-literacy-resources-teach-youth-how-spot-fake-news.

166. Deutsches Kinderhilfswerk，"Kinderrechte-Index：Die Umsetzung von Kinderrechten in den deutschen Bundesländern——eine Bestandsanalyse 2019"，［2022 – 10 – 6］ https：//www. dkhw. de/fileadmin/Redaktion/1 _ Unsere _ Arbeit/1_Schwerpunkte/2_Kinderrechte/2. 25 _Kinderrechte-Index_alle-Dokumente/Kinder-rechte-Index_2019_WEB. pdf.

167. Dieter Baacke Preis ［2022 – 06 – 27］，https：//dieter-baacke-preis. de/.

168. Digital Economy Act 2017，［2022 – 03 – 12］，https：//www. legislation. gov. uk/ukpga/2017/30/contents/enacted.

169. Digital Media and Information Literacy Framework，Ministry of Communicationsand Information ［202 – 07 – 05］，https：//www. mci. gov. sg/literacy/Library/Individual.

170. Digitale Agenda ［2022 – 05 – 09］, https：//www. deutschland. de/de/ topic/politik/deutschland-europa/digitale-agenda.

171. Dominic Low, "New Programme to Educate Secondary School Students on Safe Cyber Habits in the Works", The Straits Times （2022 – 01 – 17）, https： // www. straitstimes. com/tech/tech-news/new-program-to-educate-secondary-school- students-on-safe-cyber-habits-in-the-works.

172. Draft Online Safety Bill 2021, ［2022 – 03 – 15］, https：//www. gov. uk/government/publications/draft-online-safety-bill.

173. Emily DiRoma. "Kids Say the Darndest Things：Minors and the Inter- net", Cardozo Law Review （2019）, http：//cardozolawreview. com/kids-say-the- darndest-things-minors-and-the-internet/.

174. Eric Tresh, Todd Lard, Charles Capouet, "New Cingular Wireless PCS LLC v. Comm'r of Revenue", Bloomberg Tax （2020 – 09 – 16）［2022 – 07 – 29］, https：//news. bloombergtax. com/daily-tax-report-state/insight-massachusetts-ap- peals-court-upholds-internet-access-tax-preemption-against-screening-software-challenge.

175. Frank Fechner. *Medienrecht：Lehrbuch des gesamten Medienrechts unter be- sonderer Berücksichtigung von Presse, Rundfunk und Multimedia.* Tübingen：Mohr Siebeck Verlag, 2021. Seite 5.

176. GDPR-info ［2022 – 09 – 14］, https：//gdpr-info. eu/art-25-gdpr/.

177. Georgette Yakman & Hyonyong Lee. （2012）. Exploring the Exemplary STEAM Education in the U. S. as a Practical Educational Framework for Korea. J Ko- rea Assoc. Sci. Edu, 32 （6）. 1072 – 1086.

178. Gutes Aufwachsen mit medien ［2022 – 06 – 15］, https：//www. gutes- aufwachsen-mit-medien. de/.

179. Hariz Baharudin, "Teaching young to navigate Internet safely key in tack- ling prohibited content online：Rahayu", the Straits Times （2021 – 08 – 03） ［2022 – 07 – 05］, https：//www. straitstimes. com/singapore/politics/teaching-young- to--navigate-internet-safely-key-in-tackling-prohibited-content.

180. Help123 ［2022 – 07 – 05］, https：//www. help123. sg/.

181. Iain Freeman, James Barrett："What Australia's New Online Safety Laws Mean for You", LAVAN （2021 – 12 – 10）［2022 – 04 – 07］, https： // www. lavan. com. au/advice/cyber-and-data-protection/what_australias_new_online_

safety_laws_mean_for_you.

182. Infocomm Media Development Authority, "Annual Survey on Infocomm Usage in Households and by Individuals for 2019", IMDA［2022 – 07 – 04］, https：//www. imda. gov. sg/-/media/Imda/Files/Infocomm-Media-Landscape/Research-and-Statistics/Survey-Report/2019-HH-Public-Report_09032020. pdf.

183. Internet Matters website,［2022 – 05 – 10］, https：//www. internetmatters. org/.

184. iWIN 防护专区官网［2021 – 09 – 20］, https：//i. win. org. tw/protection. php? Target = 1。

185. Jan-Bart de Vreede, "The Dutch National OERS trategy", WIKIWIJS (2016 – 10 – 11)［2021 – 11 – 20］, https：//upload. wikimedia. org/wikipedia/commons/9/9a/Wikiwijs_ – _The_Dutch_National_OER_Strategy. pdf.

186. Jedidiah Bracy, "Will Industry Self-Regulation Be Privacy's Way Forward?", iapp (2014 – 06 – 24), https：//iapp. org/news/a/will-industry-self-regulation-be-privacys-way-forward/.

187. John Falzone. "2019-Another Historic Year for Children's Privacy", ESRB PRIACY CERTIFIED (2020 – 02 – 24), https：//www. esrb. org/privacy-certified-blog/2019-another-historic-year-for-childrens-privacy-coppa/.

188. Joost Schellevis, "Politiek zegt'nee' tegen internetfilter" ("Politics says no to internet filter"), Tweakers. net, (2011 – 05 – 18)［2022 – 05 – 05］, https：//tweakers. net/nieuws/74508/politiek-zegt-nee-tegen-internetfilter. html.

189. Joseph Johnson, Cyber bullying-statistics & facts, Statista. (2022 – 07 – 06), https：//www. statista. com/topics/1809/cyber-bullying/#topicHeader__wrapper.

190. Jugendschutz. net［2022 – 06 – 27］, https：//www. jugendschutz. net/.

191. Justin W. Patchin, Sameer Hinduja, "Tween Cyberbulling in 2020", Cyberbulling Research Center (2020 – 09 – 30)［2022 – 07 – 26］, https：//cyberbullying. org/tween-statistics.

192. Kevin Collier, "Hackers Are Leaking Children's Data — and There's Little Parents Can Do", NBCnews (2021 – 09 – 10)［2022 – 07 – 28］, https：//www. nbcnews. com/tech/security/hackers-are-leaking-childrens---data-s-little-parents-can-rcna1926.

193. kinder-ministerium［2022 – 06 – 15］-https：//www. kinder-ministeri-

um. de/.

194. Kommission für Jugendmedienschutz：Jugendmedienstaatsvertrag, KJM ［2022 - 05 - 16］, https：//www. kjm-online. de/fileadmin/user_upload/Rechts-grundlagen/Gesetze_Staatsvertraege/JMStV_geaend. _durch_19. _RAEStV. pdf.

195. Korea Communications Standards Commision ［2022 - 07 - 25］, http：//www. safenet. ne. kr/.

196. Kral, M. Vijftien jaar onderwijs & ict in vogelvlucht, In：Geerdink, G. (2009)：Het kind, de leerkracht en het onderwijs；terugblikken en vooruitzien. Arnhem：hogeschool van Arnhem en Nijmegen.

197. Latest resources for everyone, TOUCH Cyber Wellness ［2022 - 09 - 22］, https：//www. betterinternet. sg/Resources/Resources-Listing? topic = everything& persona = everyone.

198. Legislaturbericht-Digitale Agenda ［2022 - 05 - 09］, https：//www. bvdw. org/fileadmin/bvdw/Upload/bilder/themen/digitalpolitik/Legislaturbericht. Digitale Agenda. pdf.

199. Lim Sun Sun, "Protecting the Digital Rights of the Young in Internet-Saturated Singapore", Singapore Computer Society (2019 - 09 - 11)［2022 - 07 - 06］, https：//www. scs. org. sg/articles/protecting-the-digital-rights-of-the-young-in-internet-saturated-singapore.

200. Lindsey Tonsager, "FCC Adopts Rules Implementing the Protecting Children in the 21st Century Act", CONVINGTON (2011 - 08 - 25), https：//www. insideprivacy. com/childrens-privacy/fcc-adopts-rules-implementing-the-protec-ting-children-in-the-21st-century-act/.

201. Lisa Lindgren, "Adobe Joins President Obama's ConnectED Initiative", Adobe (2014 - 02 - 28)［2022 - 09 - 01］, https：//blog. adobe. com/en/pub-lish/2014/02/28/adobe-joins-president-obamas-connected-digital-literacy-initiative.

202. MandyLi：《正视儿少网络安全!「儿童版 IG」成为 Instagram H1 优先开发任务》, (2021 - 03 - 19), https：//www. inside. com. tw/article/22909 -脸书-instagram-for-children-under-13.

203. Mark Tomlinson, Sharon Kleintjes, Lori Lake. "South African Child Gauge 2021/2022：Child and adolescent mental health", Children's Institute (2021)［2022 - 08 - 01］, http：//www. ci. uct. ac. za/ci/cg2021 - 2022 -child-

and-adolescent-mental-health.

204. Media Literacy Council［2022 – 07 – 04］, https：//www. betterinternet. sg/.

205. Mediawijsheid. Media Diamant［2022 – 03 – 01］, https：//www. mediawijsheid. nl/mediadiamant/.

206. Melinda Wenner Moyer. Kids as Young as 8 Are Using Social Media More Than Ever, Study Finds, The New York Times（2022 – 03 – 24）, https：//www. nytimes. com/2022/03/24/well/family/child-social-media-use. html.

207. Michael L. Rustad & Sanna Kulevska, Reconceptualizing the Right to Be Forgotten to Enable Transatlantic Data Flow, Harvard Journal of Law & Technology, 28, 2015, pp. 387 – 389, 380.

208. Min Ang Hwee, "Secondary 1 Students to Own a Personal Learning Device by 2024 Under New Digital Literacy Measures", CAN（2020 – 05 – 04）［2022 – 07 – 25］, https：//www. channelnewsasia. com/singapore/secondary-1-students-own-device-digital-learning-769431.

209. Ministerie van Onderwijs, Cultuur en Wetenschap, Staatsblad van het Koninkrijk der Nederlanden［2022 – 05 – 10］, https：//zoek. officielebekendmakingen. nl/stb-2015 – 238. html.

210. MLC［2022 – 07 – 05］, https：//www. betterinternet. sg/Resources.

211. Mokhtar I A, Chang Y K, Majid S, et al., "National Information Literacy Survey of Primary and Secondary School Students in Singapore-A Pilot Study", European Conference on Information Literacy. Springer, Cham, 2013：485 – 491.

212. National Internet Advisory Committee, "Singapore（NIAC）. NIAC Report 2001"（2002 – 02）, https：//eoasis. rajahtann. com/eoasis/lu/pdf/NIAC-v3. pdf.

213. National Research Foundation. AI Singapore. https：//www. aisingapore. org/html.

214. Nummer gegen Kummer［2022 – 06 – 27］, https：//www. nummergegenkummer. de/.

215. Oommen-Halbach, Anne. "Verankerung der Kinderrechte im Grundgesetz? Über die Geschichte und aktuelle Konjunktur einer Debatte". *Kinder und Jugendliche in der COVID- 19 -Pandemie：Perspektiven aus Praxis und Wissenschaft*, edited by Anne Oommen-Halbach, Simone Weyers and Maria Griemmert, Berlin,

Boston： düsseldorf university press, 2022, pp. 131 – 144.

216. Oregon STEM Investment Council, "2021 – 2025 STEM Education Plan", OREGON. GOV (2021), https：//www. oregon. gov/highered/institutions-programs/workforce/Documents/STEM/2021 – 2025% 20Oregon% 20STEM% 20Education% 20Plan. pdf.

217. Press Releases, TOUCH Cyber Wellness [2022 – 09 – 22], https：// www. betterinternet. sg/Press-Room？

218. Prof. Dr. Friederike Wapler, Nadja Akarkach, Mariam Zorob： "Umsetzung und Anwendung der Kinderrechtskonvention in Deutschland". Bundesministerium für Familien, Senioren, Frauen und Jugend, (2017 – 09 – 25) [2022 – 07 – 26], https：//www. bmfsfj. de/resource/blob/120474/a14378149aa3a881242c5b1a6a2aa941/2017 -gutachten-umsetzung-kinderrechtskonvention-data. pdf.

219. Relationships and sex education (RSE) and health education 2019, Department for Education. [2022 – 04 – 01], https：//assets. publishing. service. gov. uk/government/uploads/system/uploads/attachment＿data/file/1019542/Relationships_Education__Relationships_and_Sex_Education__RSE__and_Health_Education. pdf.

220. Ryan Mac, Craig Silverman. "Facebook Is Building An Instagram For Kids Under The Age Of 13", BuzzFeed News (2021 – 03 – 18), https：//www. buzzfeednews. com/article/ryanmac/facebook-instagram-for-children-under-13.

221. Sable Communications, Inc. v. FCC, 492 U. S. 115, 126 (1989) ("We have recognized that there is a compelling interest in protecting the physical and psychological well-being of minors."); Melanie L. Hersh, Note, Is COPPA a Cop Out? The Child Online Privacy Protection Act as Proof That Parents, Not Government, Should Be Protecting Children's Interests on the Internet, 28 Fordham Urb. L. J. 1831, 1833 (2000).

222. Sameer Hinduja, "Cyberbullying Statistics 2021 ‖ Age, Gender, Sexual Orientation, and Race", Cyberbulling Research Center (2021 – 10 – 21) [2022 – 07 – 26], https：//cyberbullying. org/cyberbullying-statistics-age-gender-sexual-orientation-race.

223. Sara Morrison. "The Danger of Making the Internet Safe for Kids", Vox (2022 – 03 – 14), https：//www. vox. com/recode/2022/3/14/22971618/earn-it-

他山之石：未成年人数字安全保护与素养发展的国际实践

sesta-fosta-children-safety-internet-laws.

224. Sara Morrison. "The Danger of Making the Internet Safe for Kids", Vox（2022 – 03 – 14）, https：//www. vox. com/recode/2022/3/14/22971618/earn-it-sesta-fosta-children-safety-internet-laws.

225. Sarah L. Bruno John P. Feldman Elle Todd Edward A. Fultz., "The Kids Online Safety Act", Reed Smith（2022 – 02 – 24）, https：//www. reedsmith. com/en/perspectives/2022/02/the-kids-online-safety-act.

226. Schau hin![2022 – 06 – 15], https：//www. schau-hin. info/.

227. Scout, Scout Magazin［2022 – 05 – 20］, https：//www. scout-magazin. de/printausgaben/hefte. html.

228. Serious Crime Act 2015,［2022 – 03 – 25］, https：//www. legislation. gov. uk/ukpga/2015/9/contents/enacted.

229. Smahel D., Machackova H., Mascheroni G., Dedkova L., Staksrud E., Ólafsson K., Livingstone S. and Hasebrink U.："EU Kids Online 2020：Survey results from 19 countries", EU Kids Online［2020］, http：//eprints. lse. ac. uk/103294/1/EU_Kids_Online_2020_March2020. pdf.

230. Strategie "Bildung in der digitalen Welt", Kultusminister Konferenz［2022 – 06 – 14］, https：//www. kmk. org/fileadmin/Dateien/pdf/PresseUndAktuelles/2018/Digitalstrategie_2017_mit_Weiterbildung. pdf.

231. The Hon Paul Fletcher MP, "Online Safety Act Now In Force and Leading the Way", Australian Government（2022 – 01 – 23）［2022 – 04 – 20］, https：//minister. infrastructure. gov. au/fletcher/media-release/online-safety-act-now-force-and-lea ding-way?_ga = 2. 220052953. 1790982759. 1649211152 – 382319309. 1649211152.

232. Tim Wu. "Network Neutrality FAQ",（2014 – 03 – 21）［2022 – 05 – 05］, http：//www. timwu. org/network_neutrality. html.

233. Ton Koenraad & Aike van der Hoeff. National Competence Standards for Initial Teacher Education：AResult of Collaboration by Faculties of Education in the Netherlands, Journal of Teacher Education and Educators, 2013, 2（2）：167 – 194.

234. TOUCH Cyber Wellness［2022 – 07 – 04］, https：//www. touch. org. sg/about-touch/our-services/touch-cyber-wellness-homepage.

264

235. US Digital Literacy ［2021 -09 -13］, http：//digitalliteracy. us/about-us/.

236. Vgl. Bundesgesetzblatt：Gesetz zur Regelung des Datenschutzes und des Schutzes der Privatsphäre in der Telekommunikation und bei Telemdien. aus Nr. 35 vom 28. 06. 2021, Seite 1982 - ［2022 -06 -23］-https：//www. bgbl. de/xaver/ bgbl/start. xav#＿＿bgbl＿＿% 2F% 2F * % 5B% 40attr＿id% 3D% 27bgbl121s1982. pdf% 27% 5D＿1655976606801.

237. Youtube Kid, Google Play ［2022 - 08 - 06］, https：//play. google. com/store/apps/details？ id = com. google. android. apps. youtube. kids&hl = zh&gl = US.

238. 여경수. "헌법상 성범죄자의 취업제한 명령제도의 현안." 동아 법학 79 (2018)：1 -25.

239. 이시영, "올해부터성범죄자모바일고지본격시행", 性別平等与家庭 部 (2020 - 12 - 31) ［2022 - 05 - 04］ http：//www. mogef. go. kr/nw/rpd/nw＿ rpd_s001d. do？ mid = news405&bbtSn = 707476.

240. 교육부. 2011 년 교육정보화 백서 ［R］. 서울：교육부, 2011. 20.

241. 정경오. "번방 방지법 -②관련 쟁점 분석 및 보완점." KISO 저널 40 (2020)：14 -17.

242. 김태명. "성폭력범죄의 실태와 대책에 대한 비판적 고찰, 형사정 책연구" 2011 (9), pp. 5 -44.

243. "15 U. S. Code § 6501 -Definitions", Legal Information Institute ［2022 - 06 -22］, https：//www. law. cornell. edu/uscode/text/15/6501.

244. "20 U. S. Code § 9134 -State plans", Legal Information Institute ［2022 - 06 -22］, https：//www. law. cornell. edu/uscode/text/20/9134#f.

245. "2015 update to the NAI Code of Conduct", NAI (2017 -06) ［2022 - 04 -02］, https：//thenai. org/wp-content/uploads/2021/07/NAI_Code15encr. pdf.

246. "2020 Child Online Safety Index", DQ Institution (2020) ［2022 - 09 - 11］, https：//www. dqinstitute. org/impact-measure/.

247. "47 U. S. Code § 231 -Restriction of access by minors to materials commercially distributed by means of World Wide Web that are harmful to minors", Legal Information Institute ［2022 - 04 - 02］, https：//www. law. cornell. edu/uscode/text/47/231.

248. "A Transatlantic Youth Dialogue on the Future of Digital Safety", Family Online Safety Institute (2022 -03 -01), https：//www. fosi. org/events/a-transat-

lantic-youth-dialogue-on-the-future-of-digital-safety.

249. "Acts and Regulations", Infocomm Media Development Authority〔2022 –
07 – 05〕. https：//www. imda. gov. sg/regulations-and-licensing/Regulations/Acts-
and-Regulations.

250. "Adam Walsh Child Protection and Safety Act of 2006", CONGRESS.
GOV（2006 – 07 – 27）, https：//www. congress. gov/bill/109th-congress/house-
bill/4472/text? q = % 7B% 22search% 22% 3A% 5B% 22minor + online% 22% 2C%
22minor% 22% 2C% 22online% 22% 5D% 7D&r = 485&s = 1.

251. "Advice on child internet safety 1. 0", UKCCIS〔2022 – 03 – 20〕, ht-
tps：//assets. publishing. service. gov. uk/government/uploads/system/uploads/attac
hment_data/file/251455/advice_on_child_internet_safety. pdf.

252. "Advisory Guidelines on the Personal Data Protection Act for Selected Top-
ics", PDPC（2013 – 09 – 24）（Revised 2022 – 05 – 17）〔2022 – 07 – 04〕, ht-
tps：//www. pdpc. gov. sg/-/media/Files/PDPC/PDF-Files/Advisory-Guidelines/AG-
on-Selected-Topics/Advisory-Guidelines-on-the-PDPA-for-Selected-Topics-17-May-2022.
ashx? la = en.

253. "America's Children：Key National Indicators of Well-Being, 2021",
（2021 – 09 – 22）, https：//www. childstats. gov/americaschildren/demo. asp.

254. "Annual report 2021", IWF〔2022 – 05 – 10〕, https：//annualre-
port2021. iwf. org. uk/pdf/IWF-Annual-Report-2021. pdf.

255. "Apple and ConnectED", Apple〔2022 – 09 – 01〕, https：//www. apple.
com/connectED/.

256. "Art. 25 GDPR Data protection by design and by default".

257. "Art. 32 GDPR Security of processing", GDPR-info〔2022 – 09 – 09〕,
https：//gdpr-info. eu/art-32-gdpr/.

258. "Art. 8 GDPR Conditions applicable to child's consent in relation to infor-
mation society services", GDPR-info〔2022 – 09 – 14〕, https：//gdpr-info. eu/
art-8-gdpr/.

259. "Article 17 Article Droit à l'effacement（"droit à l'oubli"）", GD-
PR. expert〔2022 – 06 – 12〕, https：//www. gdpr-expert. eu/article. html? id =
17#textesofficiels.

260. "Article 226 – 1 Version en vigueur depuis le 01 août 2020", Législation

（2020 - 07 - 30）［2022 - 07 - 28］, https：//www. legifrance. gouv. fr/codes/article_ lc/LEGIARTI000042193566? init = true&page = 1&query = 226 - 1&searchField = ALL&tab_selection = all.

261. "Article 227 - 22 - 1 1Version en vigueur du 07 mars 2007 au 23 avril 2021", Législation（2021 - 04 - 23）［2022 - 09 - 16］, https：//www. legifrance. gouv. fr/codes/article_lc/LEGIARTI000006418086/2020 - 08 - 01.

262. "BBC editorial guidelines：Section 9. Children and Young People as Contributors-Guidelines", BBC［2022 - 03 - 13］, https：//www. bbc. com/editorial-guidelines/guidelines/harm-and-offence/guidelines/.

263. "Being young in Europe today-digital world", Eurostat［2022 - 09 - 14］.

264. "Bestrijding Kinderporno", Rijksoverheid［2022 - 03 - 30］, https：//www. rijksoverheid. nl/onderwerpen/seksuele-misdrijven/kinderporno/bestrijding-kinderporno.

265. "BMJ | Aktuelle Gesetzgebungsverfahren | Gesetz zur Änderung des Strafgesetzbuches-Versuchsstrafbarkeit des Cybergroomings", Bundesministerium der Justiz［2022 - 05 - 07］, https：//www. bmj. de/SharedDocs/Gesetzgebungsverfahren/DE/Cybergrooming. html.

266. "Breach of Protection Obligation by Aviva", PDPC（2017 - 10 - 11）［2022 - 07 - 04］, https：//www. pdpc. gov. sg/-/media/Files/PDPC/PDF-Files/Commissions-Decisions/grounds-of-decision—aviva-ltd—111017. pdf.

267. "Broadcasting（Class Licence）Notification", Singapore Statutes Online （1996 - 07 - 15）（Revised 2004 - 02 - 29）［2022 - 09 - 11］, https：//sso. agc. gov. sg/SL/BA1994 -N1? DocDate = 20200622&WholeDoc = 1.

268. "Bullying：Schoolmates 'told me to die' in online posts", BBC（2020 - 12 - 15）［2022 -03 - 12］, https：//www. bbc. com/news/uk-wales- 55133454.

269. "Bundesministerium für Wirtschaft und Energie：Digital Strategie 2025", de. digital［2022 - 05 - 17］, https：//www. de. digital/DIGITAL/Redaktion/EN/Publikation/digital-strategy -2025. pdf? __blob = publicationFile&v = 9.

270. "Bundesregierung：Digitale Agenda 2014 - 2017", Bundesministerium für Wirtschaft und Klimaschutz,［2022 -05 -09］, https：//www. bmwk. de/Redaktion/DE/Publikationen/Digitale-Welt/digitale-agenda. pdf? _ _ blob = publicationFile&v = 3.

271. "Central Bureau of Statistics of the Netherlands", ［2022 - 05 - 10］, https：//www. cbs. nl/-/media/imported/documents/2015/09/veiligheidsmonitor_2014_cbs. pdf? la = nl-nl.

272. "CERO 倫理規定", コンピュータエンターテインメントレーティング機構 （2020 - 10 - 16） ［2022 - 04 - 23］, https：//www. cero. gr. jp/relays/download/3/43/2/291/? file = /files/libs/291/202010162348223320. pdf.

273. "Changes to Personal, Social, Health and Economic （PSHE） and Relationships and Sex Education （RSE）", Department for Education ［2022 - 04 - 01］, https：//www. gov. uk/government/publications/changes-to-personal-social-health-and-economic-pshe-and-relationships-and-sex-education-rse.

274. "CHILD PORNOGRAPHY AND SENTENCING GUIDELINES", Jerry Merrill Attorney at Law （2021 - 04 - 01） ［2022 - 07 - 29］, https：//www. merrillfirm. com/blog/child-pornography-and-sentencing-guidelines/.

275. "Child Sexual Abuse and Exploitation", NCA ［2022 - 03 - 17］, https：//www. nationalcrimeagency. gov. uk/what-we-do/crime-threats/child-sexual-abuse-and-exploitation.

276. "Children and parents media use and attitudes report 2020 - 21", Ofcom ［2022 - 03 - 10］, https：//www. ofcom. org. uk/__ data/assets/pdf _ file/0025/217825/children-and-parents-media-use-and-attitudes-report- 2020 - 21. pdf.

277. "Children and Parents：Media Use and Attitudes Report 2018", Ofcom ［2022 - 03 - 15］, https：//www. ofcom. org. uk/research-and-data/media-literacy-research/childrens/children-and-parents-media-use-and-attitudes-report- 2018.

278. "Children's Media Use and Attitudes", Ofcom ［2021 - 09 - 15］, https：//www. ofcom. org. uk/research-and-data/media-literacy-research/childrens.

279. "Children's Rights in the Netherlands 2019", Coalition for Children's Rights ［2022 - 04 - 20］, https：//resourcecentre. savethechildren. net/pdf/LOIPR_Dutch_Coalition_on_Children_s_Rights_ENG. pdf/.

280. "CITIZEN'S GUIDE TO U. S. FEDERAL LAW ON CHILD PORNOGRAPHY", the United States Department of Justice ［2022 - 07 - 28］, https：//www. justice. gov/criminal-ceos/citizens-guide-us-federal-law-child-pornography.

281. "CNIL publishes 8 recommendations to enhance the protection of children online", CNIL （2021 - 08 - 09） ［2022 - 06 - 12］, https：//www. cnil. fr/en/

cnil-publishes-8-recommendations-enhance-protection-children-online.

282. "Communications and media in Australia: How we use the internet", Australia Communications and Media Authority [2022 – 04 – 20], https://www. acma. gov. au/publications/2021 – 12/report/communications-and-media-australia-how-we-use-internet.

283. "Controle parental", e-enfance [2022 – 06 – 12], https://e-enfance. org/informer/controle-parental/.

284. "Court of Justice Midden-Nederland ECLI", RBMNE, (2020 – 05 – 29) [2022 – 05 – 10], https://linkeddata. overheid. nl/front/portal/document-viewer? ext-id = ECLI: NL: RBGEL: 2020: 2521.

285. "Cyberbullying among Young People", European Parliament [2022 – 03 – 12], https://www. europarl. europa. eu/RegData/etudes/STUD/2016/571367/ IPOL_STU (2016) 571367_EN. pdf.

286. "Cyberbullying Support", Ditch the Label [2022 – 05 – 20], https:// www. ditchthelabel. org/bullying-support-hub/.

287. "Die Medienanstalten Jahrbuch 2021", Die Medienanstalten [2022 – 05 – 15], https://www. die-medienanstalten. de/publikationen/jahrbuch/jahrbuch-2021.

288. "Die Schul-Cloud: Digitale Lernangebote für den Unterricht", BMBF [2022 – 05 – 19], https://www. bmbf. de/bmbf/de/home/_documents/die-schul-cloud-digitale-lernangebote-fuer-den-unterricht. html.

289. "Digital Media and Information Literacy Framework", Ministry of Communications and Information [2022 – 07 – 05], https://www. mci. gov. sg/literacy/library/programme-owner.

290. "Digital Passport", UKCIS [2022 – 03 – 10], https://www. gov. uk/government/publications/ukcis-digital-passport.

291. "Digital Resilience Framework", UKCIS [2022 – 03 – 10], https:// assets. publishing. service. gov. uk/government/uploads/system/uploads/attachment_data/file/831217/UKCIS_Digital_Resilience_Framework. pdf.

292. "Digitization agenda for primary and secondary education 2019", Nederland Digital [2022 – 05 – 10], https://www. nederlanddigital. nl/english/digital-isation-agenda-for-primary-and-secondary-education.

fhhhh

293. "Directive 2011/93/EU of the European Parliament and of the Council of 13 December 2011 on combating the sexual abuse and sexual exploitation of children and child pornography, and replacing Council Framework Decision 2004/68/JHA", EUR-Lex [2022 - 09 - 09], https://eur-lex.europa.eu/legal-content/EN/TXT/? uri=celex%3A32011L0093.

294. "Dutch Data Protection Collective Act data guidance", One Trust Technology Netherlands (2020 - 07 - 28) [2022 - 03 - 01], https://www.brinkhof.com/app/uploads/2020/08/Netherlands_Dutch_Data_Protection_Collective_Act_Data_Guidance.pdf.

295. "Dutch DPA-TikTok Fined for Violating Children's Privacy", European Data Protection Board (2021 - 07 - 22) [2022 - 03 - 01], https://edpb.europa.eu/news/national-news/2021/dutch-dpa-tiktok-fined-violating-childrens-privacy_en.

296. "Dutch Man Charged in Amanda Todd Case Says He Wants to Come to Canada for Trial", CBC [2022 - 03 - 08], https://www.cbc.ca/news/canada/british-columbia/aydin-coban- 2017 -trial-appeal-extradition-delay---cleared-legal-cases-2018 - 1.5492731.

297. "Education for a Connected World Framework", UKCIS [2022 - 03 - 10], https://www.gov.uk/government/publications/education-for-a-connected-world.

298. "Eline van Lindenberg-Visscher. Froukje de Both zoekt uit: bescherm je kroost tegen phishing", spoofing en moneymuling (2022 - 02 - 08) [2022 - 03 - 30], https://www.linda.nl/persoonlijk/opvoeden/froukje-online-podcast-phishing-spoofing/.

299. "England and Wales Court of Appeal (Criminal Division) Decisions, R v Bowden", BAILII (1999 - 11 - 10) [2022 - 03 - 20], https://www.bailii.org/ew/cases/EWCA/Crim/1999/2270.html.

300. "Enquête 2021 des pratiques numériques des 11 - 18", Génération Numérique [2022 - 06 - 12], https://asso-generationnumerique.fr/wp-content/uploads/2021/03/Enque%CC%82te-2021-des-pratiques-nume%CC%81riques-des-11 - 18-ans.pdf.

301. "EUKO Country Factsheet_Nederlands", EU-kids-online [2022 - 05 - 10], https://www.lse.ac.uk/media-and-communications/assets/documents/research/eu-kids-online/participant-countries/netherlands/EUKOCountryFactsheet-Nether-

lands. pdf.

302. "European Commission. Proposal for a Council Recommendation on Key Competences for Lifelong Learning 2018", europa. eu（2018 – 05 – 22）［2022 – 05 – 21］, https：//eur-lex. europa. eu/resource. html? uri = cellar：395443f6-fb6d-11e7-b8f5 – 01aa75ed71a1. 0001. 02/DOC_1&format = PDF.

303. "Exclusive Rise in Child Abuse Images Online Threatens to Overwhelm UK Police Officers-warn", the guardian（2021 – 02 – 09）［2022 – 03 – 17］, https：//ww. w. theguardian. com/global-development/2021/feb/09/exclusive-rise-in-child-abuse-images-online-threatens-to-overwhelm-uk-police-officers-warn.

304. "Facts and Case Summary-In re Gault", United States Courts［2022 – 08 – 31］, https：//www. uscourts. gov/educational-resources/educational-activities/facts-and-case-summary-re-gault.

305. "Fake News", e-enfance［2022 – 06 – 12］, https：//e-enfance. org/informer/fake-news/.

306. "Films Act 1981", Singapore Statutes Online（Revised 2021 – 12 – 31）［2022 – 07 – 04］, https：//sso. agc. gov. sg/Act/FA1981? ViewType = Custom& WiAl = 1&CustomSearchId = 43ce9396 -f067 – 4ecc-b4cc- 07edeef566c1&Timeline = On#pr31 – .

307. "Formal Media Education", WP3［2021 – 11 – 20］, http：//www. gabinetecomunicacionyeducacion. com/sites/default/files/field/investigacion-adjuntos/netherlandsd. pdf.

308. "Four in Balance Monitor 2015", Kennisnet［2022 – 03 – 01］, https：//www. kennisnet. nl/app/uploads/kennisnet/corporate/algemeen/Four_in_balance_monitor_2015. pdf.

309. "Gaming the system 2019", Children's Commissioner［2022 –03 –15］, https：//www. childrenscommissioner. gov. uk/wp-content/uploads/2019/10/CCO-Gaming-the-System- 2019. pdf.

310. "Gesetz zur Bekämpfung des Rechtsextremismus und der Hasskriminalitätaus Nr. 13 vom 01. 04. 2021", Bundesgesetzblatt［2022 – 06 – 23］, https：//www. bgbl. de/xaver/bgbl/start. xav# _ _ bgbl _ _% 2F% 2F ∗ % 5B% 40attr _ id% 3D% 27bgbl121s0441. pdf%27%5D__1655984018919.

311. "Gesetz zur Bewahrung der Jugend vor Schund-und Schmutzschriften

(1926 – 1935)", Bundeszentrale für Kinder-und Jugendmedienschutz〔2022 – 07 – 27〕, https：//www. bzkj. de/resource/blob/136080/e888b5c2c47a17b0913bf34d9 9009432/2-gesetz-zur-bewahrung-der-jugend-vor-schund-und-schmutzschriften-1926-data. pdf.

312. "Gesetz zur Regelung des Datenschutzes und des Schutzes der Privatsphäre in der Telekommunikation und bei Telemdien. aus Nr. 35 vom 28. 06. 2021", Bundesgesetzblatt〔2022 – 06 – 23〕, https：//www. bgbl. de/xaver/bgbl/start. xav#__bgbl__%2F%2F * %5B%40attr_id%3D%27bgbl121s1982. pdf%27%5D__ 1655976606801.

313. "Ginsberg v. New York, 390 U. S. 629（1968）", JUSTIA US Super Court〔2022 – 08 – 31〕, https：//supreme. justia. com/cases/federal/us/390/629/.

314. "Good Digital Parenting Video Series", Family Online Safety Institute 〔2022 – 03 – 01〕, https：//www. fosi. org/how-to-be-good-digital-parent.

315. "Google and You Tube Will Pay Record $170 Million for Alleged Violations of Children's Privacy Law", Federal Trade Commission（2019 – 09 – 04） 〔2022 – 07 – 28〕, https：//www. ftc. gov/news-events/news/press-releases/2019/ 09/google-youtube-will-pay-record-170-million-alleged-violations-childrens-privacy-law.

316. "Gouden Kolibrie voor beste online content voor en door kinderen", Saferinternetcentre〔2022 – 03 – 30〕, https：//saferinternetcentre. nl/portfolio/gouden-kolibrie/.

317. "GRAC Yearbook 2020 on rating classification & post management of game", GRAC〔2022 – 07 – 26〕, https：//www. grac. or. kr/english/statistics/ 2020. aspx.

318. "Growing Up in a Connected World", UNICEF（2019）〔2022 – 08 – 01〕, https：//www. unicef-irc. org/publications/pdf/GKO% 20Summary% 20Report. pdf.

319. "Happy Death Day", Kijkwijzer〔2022 – 05 – 10〕, https：//www. kijkwijzer. nl/winnaars-ontwerpwedstrijd-nieuw-pictogram-bekend/page53 – 0 – 566. html.

320. "Harcèlement en ligne：Bodyguard mobilise son écosystème pour lutter contre ce fléau intergénérationnel", e-enfance（2020 – 04 – 11）〔2022 – 06 – 12〕, https：//e-enfance. org/harcelement-en-ligne-bodyguard-mobilise-son-ecosysteme-pour-lutter-contre-ce-fleau-intergenerationnel/.

321. "Harcèlement scolaire et cyberharcèlement: mobilisation générale pour mieux prévenir, détecter et traiter", Sénat (2021 – 09 – 21) [2022 – 06 – 12], http: //www. senat. fr/rap/r20 – 843/r20 – 843_mono. html#toc157.

322. "Harmful info. filtering support system", i-NET [2022 – 07 – 26], http: //www. greeninet. or. kr/.

323. "Hiervoor is het Meldpunt niet bedoeld", Meldpunt-kinderporno [2022 – 03 – 30], https: //www. meldpunt-kinderporno. nl/wat-melden/.

324. "HSI investigation results in 17-and-a-half-year prison sentence for south Texas man possessing child pornography", U. S. Immigration and Customs Enforcement (2022 – 06 – 10), https: //www. ice. gov/news/releases/hsi-investigation-results-17-and-half-year-prison-sentence-south-texas-man-possessing.

325. "I Want Help With", eSafety Commissioner [2022 – 04 – 20], https: //www. esafety. gov. au/kids/i-want-help-with.

326. "Iedereen moet Kijkwijzer-icoontjes gebruiken", Kijkwijzer [2022 – 05 – 08], https: //www. kijkwijzer. nl/nieuws/iedereen-moet-kijkwijzer-icoontjes-gebruiken/.

327. "Internet Code of Practice", IMDA (1996 – 07 – 15), https: //www. imda. gov. sg/-/media/Imda/Files/Regulation-Licensing-and-Consultations/content-and-standards-classification/PoliciesandContentGuidelines _ Internet _ InterneCodeOfPractice. pdf? la = en.

328. "INTERPOL Report Highlights Impact of COVID- 19 on Child Sexual Abuse", INTERPOL (2020 – 09 – 07) [2022 – 05 – 10], https: //www. interpol. int/News-and-Events/News/2020/INTERPOL-report-highlights-impact-of-COVID- 19 -on-child-sexual-abuse.

329. "Interventions pour les jeunes adultes (18/25 ans)", e-enfance [2022 – 06 – 12] https: //e-enfance. org/nos-interventions/interventions-pegagogiques/enfants/jeunes-adultes- 18 – 25 -ans/.

330. "Interventions pour les lycéens", e-enfance [2022 – 06 – 12], https: //e-enfance. org/nos-interventions/interventions-pegagogiques/enfants/lyceens/.

331. "iTeenNet", [2022 – 07 – 25], https: //iteennet. or. kr/.

332. "Je protège mon enfant", Je protège Mon enfant [2022 – 06 – 12], https: //jeprotegemonenfant. gouv. fr/.

333. "JIM-Studie- 2021", MpfS [2022 – 05 – 07], http: //www. mpfs. de/

fileadmin/files/Studien/JIM/2021/JIM-Studie_2021_barrierefrei. pdf.

334. "Jugendschutzgesetz aus Nr. 51 vom 26. 07. 2002", Bundesgesetzblatt [2022 – 06 – 23], https：//www. bgbl. de/xaver/bgbl/start. xav#__bgbl__% 2F% 2F ∗ % 5B% 40attr_id% 3D% 27bgbl102s2730. pdf% 27% 5D__1655985569280.

335. "Jugengdstrategie", Bundesministerium für Familien, Senioren, Frauen und Jugend [2022 – 06 – 15], https：//www. bmfsfj. de/bmfsfj/themen/kinder-und-jugend/jugendbildung/jugendstrategie.

336. "Keeping Children Safe in Education 2021", Department for Education [2022 – 03 – 12], https：//assets. publishing. service. gov. uk/government/uploads/system/uploads/attachment _ data/file/1021914/KCSIE _ 2021 _ September _ guidance. pdf.

337. "Keeping children safe, working with school", NSPCC [2022 – 03 – 12], https：//www. nspcc. org. uk/keeping-children-safe/our-services/working-with-schools/.

338. "Kids and teens online", Australian Government eSafety Commissioner [2022 – 05 – 05], https：//www. esafety. gov. au/research/kids-teens-online.

339. "KIM-Studie 2020", MpfS [2022 – 05 – 07], https：//www. mpfs. de/fileadmin/files/Studien/KIM/2020/KIM-Studie2020_WEB_final. pdf.

340. "Kinderen weerbaar tegen cybercrime met Hack Shield", Saferinternet-centre [2022 – 03 – 30], https：//saferinternetcentre. nl/portfolio/kinderen-weer-baar-tegen-cybercrime-met-hackshield/.

341. "La CNIL publie 8 recommandations pour renforcer la protection des mineurs en ligne", CNIL (2021 – 06 – 09) [2022 – 06 – 12], https：//www. cnil. fr/fr/la-cnil-publie-8-recommandations-pour-renforcer-la-protection-des-mineurs-en-ligne.

342. "La Gendarmerie Nationale signe une convention de partenariat avec l'Association e-Enfance/3018", e-enfance (2021 – 09 – 23) [2022 – 06 – 12], https：//e-enfance. org/gendarmerie-nationale-convention-partenariat-2/.

343. "La loi Informatique et Libertés", CNIL (2021 – 03 – 14) [2022 – 06 – 12], https：//www. cnil. fr/fr/la-loi-informatique-et-libertes#article45.

344. "L'accès à la culture, au savoir et à la connaissance (ex France tv éducation)", Lumni [2022 – 09 – 15], https：//www. lumni. fr/.

345. "Le gouvernement veut protéger les mineurs contre la pornographie en",

landepeche（2019 – 07 – 17）［2022 – 06 – 19］，https：//www. ladepeche. fr/ 2019/07/17/le-gouvernement-veut-proteger-les-mineurs-contre-la-pornographie-en-li gne，8317877. php.

346. "LES PARENTS ET LES TEMPS D'USAGE DES PRÉ-ADOLESCENTS ET DES ADOLESCENTS"，Xooloo（2016 – 10 – 03）［2022 – 07 – 19］，https：// www. xooloo. com/fr/parents-comportements-numeriques-pre-adolescents-adolescents/.

347. "Loi contre la manipulation de l'information"，Wikipedia［2022 – 06 – 12］，https：//fr. wikipedia. org/wiki/Loi＿contre＿la＿manipulation＿de＿l%27infor mation.

348. "Loi du 2 mars 2022 visant à renforcer le controle parental sur les moyens d'accès à internet"，Vie publique（2022 – 03 – 03）［2022 – 06 – 12］，https：// www. vie-publique. fr/loi/283359 -loi-studer- 2 -mars- 2022 -controle-parental-sur-in ternet-par-defaut.

349. "LOI n° 2022 – 299 du 2 mars 2022 visant à combattre le harcèlement scolaire（1）"，Législation（2022 – 03 – 04）［2022 – 06 – 12］，https：//www. legifrance. gouv. fr/loda/id/JORFTEXT000045287658/? isSuggest = true.

350. "LOI n°2013 – 595 du 8 juillet 2013 d'orientation et de programmation pour la refondation de l'école de la République"，Législation（2013 – 07 – 08）［2022 – 06 – 12］，https：//www. legifrance. gouv. fr/jorf/id/JORFTEXT00002767 7984.

351. "LOI n°2020 – 1266 du 19 octobre 2020 visant à encadrer l'exploitation commerciale de l'image d'enfants de moins de seize ans sur les plateformes en ligne"，Législation（2020 – 10 – 19）［2022 – 06 – 12］，https：//www. legifrance. gouv. fr/loda/id/JORFTEXT000042439054? init = true&page = 1&query = 2020 – 1266&searchField = ALL&tab＿selection = all.

352. "LOI n°2020 – 936 du 30 juillet 2020 visant à protéger les victimes de vi olences conjugales"，Législation（2020 – 07 – 30）［2022 – 06 – 12］，https：// www. legifrance. gouv. fr/jorf/id/JORFTEXT000042176652.

353. "Megan's Story"，Megan Meier Fundation［2022 – 08 – 30］，https：// www. meganmeierfoundation. org/megans-story.

354. "N°4646 ASSEMBLÉE NATIONALE CONSTITUTION DU 4 OCTOBRE 1958 QUINZI? ME L? GISLATURE"，Assemblée nationale［2022 – 06 – 12］，

https：//www. assemblee-nationale. fr/dyn/15/textes/l15b4646_proposition-loi#.

355. "NAEP Technology & Engineering Literacy（TEL）Report Card：About the TEL Assessment", NAEP Report Card, ［2021 – 11 – 18］, https：//www. nationsreportcard. gov/tel/about/assessment-framework-design/.

356. "National Center for Education Statistics：Children's Internet Access at Home." Condition of Education. U. S. Department of Education, Institute of Education Sciences.（2021）, https：//nces. ed. gov/programs/coe/indicator/cch.

357. "National Cyber Security Strategy 2", ITU［2022 – 08 – 23］, https：// www. itu. int/en/ITU-D/Cybersecurity/Documents/National_Strategies_Repository/ Netherlands_2013_national-cyber-security-strategy-2_tcm92 – 520278. pdf.

358. "Netherlands Population2022", world population review［2022 – 05 – 05］, https：//worldpopulationreview. com/countries/netherlands-population.

359. "Netwerk Mediawijsheid. Kinderen en Experts Formuleren tien Mediawijze Kinderrechten in Manifest 'Recht op mediawijsheid'", Netwerk Mediawijsheid （2014 – 11 – 24）［2022 – 03 – 20］, https：//netwerkmediawijsheid. nl/tien-mediawijze-kinderrechten-manifest/.

360. "New Cingular Wireless PCS LLC v. Comm'r of Revenue", Casetext （2020 – 09 – 04）［2022 – 07 – 29］, https：//casetext. com/case/new-cingular-wireless-pcs-llc-v-commr-of-revenue#N196640.

361. "New Council to Oversee Cyber Wellness, Media Literacy Initiatives", Media Literacy Council（2012 – 07 – 30）［2022 – 09 – 11］, https：//www. betterinternet. sg/Press-Room/2018/New-Council-to-Oversee-Cyber-Wellness-Media-Literacy-Initiatives.

362. "NIAC Launches Two Major Initiatives to Address Concerns Over Data Protection and Undesirable Content", IMDA（2002 – 02 – 05）（Revised 2019 – 06 – 10）［2022 – 07 – 25］, https：//www. imda. gov. sg/news-and-events/Media-Room/archived/mda/Media-Releases/2002/niac-launches-two-major-initiatives-to-address-concerns-over-data-protection-and-undesirable-content.

363. "No Place for Bullying in our Schools",（2012 – 12 – 29）［2022 – 04 – 20］, http：//ministers. deewr. gov. au/garrett/no-place-bullying-our-schools-enter-safe-schools-are-smart-schools-competition-0.

364. "Online Is the New Frontline in Fight Against Organized Crime-says NCA

on Publication of Annual Threat-assessment", NCA (2021 – 05 – 21) [2022 – 03 – 17], https：//www. nationalcrimeagency. gov. uk/news/online-is-the-new-frontline-in-fight-against-organised-crime-says-national-crime-agency-on-publication-of-annual-threat-assessment.

365. "Online Safety Audit Tool", UKCIS [2022 – 03 – 10], https：//www. gov. uk/government/publications/ukcis-online-safety-audit-tool.

366. "Online-nation", Ofcom (2022 – 03 – 25) [2022 – 03 – 10], https：// www. ofcom. org. uk/_ _ data/assets/pdf _ file/0013/220414/online-nation-2021-report. pdf.

367. "Overzicht van de Beginselen", Code voor Kinderrechten website [2022 – 03 – 20], https：//codevoorkinderrechten. nl/overzicht-van-de-beginselen/.

368. "Paragraphe 2：Des infractions sexuelles commises contre les mineurs Article 227 – 22", Législation [2022 – 06 – 12], https：//www. legifrance. gouv. fr/ codes/article_ lc/LEGIARTI000043409063？ init = true&page = 1&query = 227 – 22&searchField = ALL&tab_selection = all.

369. "PERMANENT INTERNET TAX FREEDOM ACT", U. S. Government (2014 – 07 – 03) [2022 – 07 – 29], https：//www. govinfo. gov/content/pkg/ CRPT – 113hrpt510/html/CRPT – 113hrpt510. htm.

370. "Personal Data Protection Act 2012", Singapore Statutes Online (2022 – 04 – 01) [2022 – 07 – 04], https：//sso. agc. gov. sg/Act/PDPA2012？ ProvIds = P14 – P22 – &Timeline = On#P14 – P22 – .

371. "PISA 2009 result", OECD [2022 – 02 – 20], https：//www. oecd. org/pisa/pisaproducts/46619703. pdf.

372. "Pornographie en ligne, comment protéger vos enfants？", CAF (2022 – 03 – 25) [2022 – 06 – 19], https：//www. caf. fr/allocataires/vies-de-famille/articles/pornographie-en-ligne-comment-proteger-vos-enfants.

373. "Pornographie et contenus", e-enfance [2022 – 06 – 12], https：//e-enfance. org/informer/pornographie-et-contenus-choquants/.

374. "Prescribed Personal Data and Prescribed Circumstances Under Section 26B (2) of Act", Singapore Statutes Online (2021 – 01 – 29) [2022 – 07 – 04], https：//sso. agc. gov. sg/SL-Supp/S64 – 2021/Published/20210129？ DocDate = 20210129&ProvIds = Sc-#Sc-.

375. "Présentation", e-enfance ［2022 – 06 – 12］, https：//e-enfance. org/qui-sommes-nous/presentation/.

376. "President Biden's State of the Union Address", the White House（2022 – 03 – 01）, https：//www. whitehouse. gov/state-of-the-union-2022/.

377. "Privacy Part I：How Do We Define Privacy in the Digital Age?", Teen Safe（2015 – 05 – 06）, http：//www. teensafe. com/blog/privacy-part-define-privacy-digital-age.

378. "Project Safe Childhood", THE UNITED STATES DEPARTMENT OF JUSTICE ［2022 – 04 – 02］, https：//www. justice. gov/psc.

379. "Ratings Guide", ESRB ［2022 – 04 – 02］, https：//www. esrb. org/ratings-guide/.

380. "Regulating video-sharing platforms：what you need to know", Ofcom ［2022 – 03 – 17］, https：//www. ofcom. org. uk/online-safety/advice-for-consumers/video-sharing-platforms.

381. "Relationships and sex education（RSE）and health education 2019", Department for Education ［2022 – 04 – 01］, https：//assets. publishing. service. gov. uk/government/uploads/system/uploads/attachment_data/file/1019542/Relationships_Education__Relationships_and_Sex_Education__RSE__and_Health_Education. pdf.

382. "Regulation（EU）2016/679 of the European Parliament and of the Council of 27 April 2016 on the protection of natural persons with regard to the processing of personal data and on the free movement of such data, and repealing Directive 95/46/EC（General Data Protection Regulation）（Text with EEA relevance）", EUR-Lex ［2022 – 09 – 14］, https：//eur-lex. europa. eu/legal-content/EN/TXT/?qid = 1552662547490&uri = CELEX%3A32016R0679.

383. "Revenge Porn", e-enfance ［2022 – 06 – 12］, https：//e-enfance. org/informer/cyber-harcelement/le-revenge-porn/.

384. "SAFER INTERNET FRANCE", SAFER INTERNET FRANCE ［2022 – 06 – 12］, https：//www. saferinternet. fr/programme/.

385. "Section 1：De l'atteinte à la vie privée", Législation ［2022 – 06 – 12］, https：//www. legifrance. gouv. fr/codes/section_lc/LEGITEXT000006070719/LEGISCTA000006165309/#LEGISCTA000006165309.

386. "Section 1: De l'escroquerie (Articles 313 – 1 à 313 – 3)", Législation [2022 – 06 – 12], https://www. legifrance. gouv. fr/codes/section_lc/LEGITEXT000006070719/LEGISCTA000006165331/#LEGISCTA000006165331.

387. "Section 3 bis: Du harcèlement moral Article 222 – 33 – 2 – 2", Législation [2022 – 06 – 12], https://www. legifrance. gouv. fr/codes/article_lc/LEGIARTI000045292599? init = true&page = 1&query = 222 – 33 – 2 – 2&searchField = ALL&tab_selection = all.

388. "Section 5: Des atteintes aux droits de la personne résultant des fichiers ou des traitements informatiques. (Articles 226 – 16 à 226 – 24) Article 226 – 18 – 1", Législation [2022 – 06 – 12], https://www. legifrance. gouv. fr/codes/article_lc/LEGIARTI000006417969? init = true&page = 1&query = 226 – 18&searchField = ALL&tab_selection = all.

389. "Select Committee on Communications Growing up with the Internet", UK Parliament [2017 – 03 – 21], https://publications. parliament. uk/pa/ld201617/ldselect/ldcomuni/130/13002. htm.

390. "Sexual Violence", UNICEF [2022 – 07 – 25], https://data. unicef. org/topic/child-protection/violence/sexual-violence/.

391. "SMAJについて", 一般社団法人ソーシャルメディア利用環境整備機構 [2022 – 04 – 23], https://smaj. or. jp/about-smaj/.

392. "Social Media Use Continues to Rise in Developing Countries but Plateaus Across Developed Ones", Pew Research Center (2018 – 06 – 19) [2022 – 04 – 20], https://www. pewresearch. org/global/2018/06/19/social-media-use-continues-to-rise-in-developing-countries-but-plateaus-across-developed-ones/.

393. "Stephanie Rap. How to Improve the Implementation of Children's Rights?", leidenlawblog (2016 – 01 – 18) [2022 – 05 – 15], https://leidenlawblog. nl/articles/how-to-improve-the-implementation-of-childrens-rights.

394. "Survey of schools 2012: ICT in education country profile: Netherlands", European schoolnet & Liege University [2021 – 11 – 20], https://ec. europa. eu/information_society/newsroom/image/document/2018 – 3/netherlands_country_profile_2FE28D05 – 0DDC – 4AEB – 3400625E40C86921_49448. pdf.

395. "Teaching Online Safety In School", Department for Education [2022 – 03 – 12], https://assets. publishing. service. gov. uk/government/uploads/system/

uploads/attachment_data/file/811796/Teaching_online_safety_in_school. pdf.

396. "Technology & Engineering Literacy Framework for the 2018 National Assessment of Educational Progress", U. S. Department of Education (2018 - 01), https：//www. na-gb. gov/content/dam/nagb/en/documents/publications/frameworks/ technology/2018-technology-framework. pdf.

397. "Teen Literacies Toolkit", YALSA (2017 - 07), https：//www. ala. org/yalsa/sites/ala. org. yalsa/files/content/TeenLiteraciesToolkit_WEB. pdf.

398. "The Common Sense Census：Media Use by Tweens and Teens, 2021", Common Sense Media (2022 - 03 - 09), https：//www. commonsensemedia. org/ research/the-common-sense-census-media-use-by-tweens-and-teens-2021.

399. "Theatertour Shame on you", Saferinternetcentre. [2022 - 03 - 30], https：//saferinternetcentre. nl/portfolio/theatertour-shame-on-you/.

400. "TikTok déploie une campagne en partenariat avec l'Association e-Enfance pour sensibiliser sa communauté au cyber-harcèlement", e-enfance (2021 - 11 - 18) [2022 - 06 - 12], https：//e-enfance. org/TikTok-partenariat-e-enfance-cyber-harcelement/.

401. "TikTok", 一般社団法人ソーシャルメディア利用環境整備機構 [2022 - 04 - 23], https：//smaj. or. jp/safety-tiktok/.

402. "TITLE 1. 2A. VIOLENT VIDEO GAMES [1746 - 1746. 5]", California LEGISLATIVE INFORMATION (2005), https：//leginfo. legislature. ca. gov/ faces/codes_displaySection. xhtml？ sectionNum = 1746. 1. &nodeTreePath = 8. 4. 6& lawCode = CIV.

403. "U. S. internet users who have experienced cyber bullying 2021", Statista (2022 - 07 - 07) [2022 - 07 - 26], statista. com/statistics/333942/us-internet-online-harassment-severity/.

404. "Uitvoeringswet Algemene verordening-gegevensbescherming", Overheid [2022 - 05 - 10], https：//wetten. overheid. nl/BWBR0040940/2021 - 07 - 01.

405. "UK Digital Strategy 2017", gov. uk [2022 - 03 - 10], https：//www. gov. uk/government/publications/uk-digital-strategy.

406. "UK Internet Safety Strategy greenpaper 2017", gov. uk [2022 - 03 - 10], https：//assets. publishing. service. gov. uk/government/uploads/system/uploads/attachment_data/file/650949/Internet_Safety_Strategy_green_paper. pdf.

407. "UKCIS Principles for Social Work in Childrens Social Care", UKCIS〔2022 – 03 – 10〕, https：//www. gov. uk/government/publications/ukcis-principles-for-social-work-in-childrens-social-care.

408. "UPDATE UK ISP BT Launch Parental Controls with Network Level Filtering", ISP news〔2022 – 03 – 15〕, https：//www. ispreview. co. uk/index. php/2013/12/uk-isp-bt-launches-parental-controls--network-level-filtering. html.

409. "Who We Are". Australian Government eSafety Commissioner〔2022 – 04 – 20〕, https：//www. esafety. gov. au/about-us/who-we-are.

410. "World data on Educatino-Netherlands 2010", OECD〔2022 – 04 – 20〕, http：//www. ibe. unesco. org/sites/default/files/Netherlands. pdf.

411. "Worlds of Influence-understanding What Shapes Child Wellbeing in Rich Countries 2020", UNICEF〔2022 – 05 – 05〕, https：//www. unicef-irc. org/publications/pdf/Report-Card- 16 -Worlds-of-Influence-child-wellbeing. pdf.

412. "Zweites Gesetz zur Änderung des Jugendschutzgesetzes", Bundesministerium für Familien, Senioren, Frauen und Jugend,〔2022 – 07 – 26〕, https：//www. bmfsfj. de/bmfsfj/service/gesetze/zweites-gesetz-zur-aenderung-des-jugendschutzgesetzes- 147956.

413. "インターネット異性紹介事業を利用して児童を誘引する行為の規制等に関する法律", e-Gov 法令検索（2018 – 06 – 20）〔2022 – 04 – 23〕, https：//elaws. e-gov. go. jp/document? lawid = 415AC0000000083 _20220401 _430 AC0000000059&keyword＝インターネット異性紹介事業を利用して児童を誘引する行為の規制等に関する法律.

414. "お子さまの安心・安全な利用に関する取り組み", 株式会社ソニー・インタラクティブエンタテインメント〔2022 – 04 – 23〕, https：//www. sie. com/jp/csr/safety. html.

415. "コンテンツの創造、保護及び活用の促進に関する法律", e-Gov 法令検索（2021 – 05 – 19）〔2022 – 04 – 23〕, https：//elaws. e-gov. go. jp/document? lawid = 416AC1000000081_20210901 _503AC0000000036&keyword＝コンテンツの創造、保護及び活用の促進に関する法律.

416. "ご挨拶", 一般財団法人マルチメディア振興センター（2022 – 04）〔2022 – 04 – 23〕, https：//www. fmmc. or. jp/about/.

417. "スマートフォン安心安全ガイド", テレコムサービス協会〔2022 –

04 – 23］, https：//www. telesa. or. jp/mvno-spaa-guide.

418. "ニッポン一億総活躍プラン（平成 28 年 6 月 2 日閣議決定）", 首相官邸（2016 – 06 – 02）［2022 – 04 – 23］, http：//www. kantei. go. jp/jp/sin-gi/ichiokusoukatsuyaku/pdf/plan1. pdf.

419. "レーティング制度", コンピュータエンターテインメントレーティング機構［2022 – 04 – 23］, https：//www. cero. gr. jp/publics/index/17/.

420. "保護者・教育関係者の皆さんへ", LINE セーフティセンター［2022 – 04 – 23］, https：//linecorp. com/ja/safety/parents.

421. "第 3 期教育振興基本計画（平成 30 年 6 月 15 日閣議決定）", 文部科学省（2018 – 06 – 15）［2022 – 04 – 23］, https：//www. mext. go. jp/content/1406127_001. pdf.

422. "電気通信事業法施行規則", e-Gov 法令検索（2022 – 02 – 28）［2022 – 04 – 23］, https：//elaws. e-gov. go. jp/document? lawid = 360M50001000025_20220401_504M60000008007&keyword = 電気通信事業法施行規則.

423. "独立行政法人国立青少年教育振興機構法", e-Gov 法令検索（2015 – 07 – 08）［2022 – 04 – 23］, https：//elaws. e-gov. go. jp/document? lawid = 411AC0000000167_20160401_427AC0000000051&keyword = 独立行政法人国立青少年教育振興機構法.

424. "児童の性的搾取等に係る対策の基本計画（子供の性被害防止プラン）", なくそう、子供の性被害（2017 – 04 – 18）［2022 – 04 – 23］, ht-tps：//www. npa. go. jp/policy_area/no_cp/uploads/20170418_honbun. pdf.

425. "会員社", 映画倫理機構（映倫）［2022 – 04 – 23］, https：//www. jva-net. or. jp/member/.

426. "教育の情報化加速化プラン", 文部科学省（2016 – 07 – 29）［2022 – 04 – 23］, https：//www. mext. go. jp/b_menu/houdou/28/07/__icsFiles/afieldfile/2016/07/29/1375100_02_1. pdf.

427. "青少年が安全に安心してインターネットを利用できる環境の整備等に関する法律", e-Gov 法令検索（2017 – 06 – 23）［2022 – 04 – 23］, ht-tps：//elaws. e-gov. go. jp/document? lawid = 420AC1000000079_20180201_429AC0000000075&keyword.

428. "青少年が安全に安心してインターネットを利用できる環境の整備等に関する法律, 世界最先端 IT 国家創造宣言・官民データ活用推進基本計

画（平成 29 年 5 月 30 日閣議決定）", 首相官邸（2017 – 05 – 30）［2022 – 04 – 23］, https：//www. kantei. go. jp/jp/singi/it2/kettei/pdf/20170530/siryou1. pdf.

429. "青少年のインターネット環境整備に取り組む民間団体活動事例集", 内閣府［2022 – 04 – 23］, https：//www8. cao. go. jp/youth/youth-harm/chousa/h28/minkan_katsudou/pdf-index. html.

430. "青少年の安心・安全なインターネット利用環境整備に関するタスクフォース", 総務省（2016 – 04 – 11）［2022 – 04 – 23］, https：//www. soumu. go. jp/main_sosiki/kenkyu/ict_anshin/index_12. html.

431. "青少年の携帯利用環境整備におけるこれまでの取組みについて", 一般社団法人電気通信事業者協会（2013 – 08 – 26）［2022 – 04 – 23］, https：//www. tca. or. jp/mobile/img_1/20130826 青少年保護規制に関するTCA 見解. pdf.

432. "任天堂から保護者のみなさまへ", 任天堂［2022 – 04 – 23］, https：//www. nintendo. co. jp/parents/index. html.

433. "日本再興戦略 2016 —第 4 次産業革命に向けて—（平成 28 年 6 月 2 日閣議決定）", 首相官邸（2016 – 06 – 02）［2022 – 04 – 23］, http：//www. kantei. go. jp/jp/singi/keizaisaisei/pdf/2016_zentaihombun. pdf.

434. "設立について", 安心ネットづくり促進協議会［2022 – 04 – 23］, https：//www. good-net. jp/anshinkyo/establish_228.

435. "世界最先端 IT 国家創造宣言・官民データ活用推進基本計画（平成 29 年 5 月 30 日閣議決定）", 首相官邸（2017 – 05 – 30）［2022 – 04 – 23］, https：//www. kantei. go. jp/jp/singi/it2/kettei/pdf/20170530/siryou1. pdf.

436. "未成年の保護についてのガイドライン", 一般社団法人コンピュータエンターテインメント協会（2022 – 04 – 01）［2022 – 04 – 23］, https：//www. cesa. or. jp/uploads/guideline/guideline20220401. pdf.

437. "未来投資戦略 2018 —「Society 5.0」「データ駆動型社会」への変革—（平成 30 年 6 月 15 日閣議決定）", 首相官邸（2018 – 06 – 15）［2022 – 04 – 23］, https：//www. kantei. go. jp/jp/singi/keizaisaisei/pdf/miraitousi2018 _zentai. pdf.

438. "協会概要", 一般社団法人コンピュータエンターテインメント協会［2022 – 04 – 23］, https：//www. cesa. or. jp/about/index. html.

439. "協議会について", 青少年ネット利用環境整備協議会（2017 –

07－26）［2022－04－23］，https：//www. jilis. org/seishonen/about. htmlml.

440. "一般社団法人ソーシャルメディア利用環境整備機構"，SMAJ
［2022－04－23］，https：//smaj. or. jp/safety-tiktok/.

441. "映画4区分の概要"，映画倫理機構（映倫）［2022－04－23］，ht-
tps：//www. eirin. jp/img/4ratings. pdf.

442. "映画倫理綱領（2017改訂）"，映画倫理機構（映倫）（2017－06－
09）［2022－04－23］，https：//www. eirin. jp/img/code_of_ethics2017. pdf.

443. "映倫の概要"，映画倫理機構（映倫）［2022－04－23］，https：//
www. eirin. jp/outline/index. html.

444. "総務省におけるインターネット上の誹謗中傷や海賊版対策に係る
普及啓発の取組について"，総務省（2021－02－12）［2022－04－23］，ht-
tps：//www. soumu. go. jp/main_content/000733056. pdf.

445. "인터넷내용등급서비스란"，KCSC［2022－07－26］，http：//www.
safenet. ne. kr/dstandard. do.